英語を話す力が
飛躍的にアップする
新メソッド

10秒
スピーキング

小西麻亜耶

SANSHUSHA

はじめに

東京・青山にある㈱コミュニカ（以下コミュニカ）という英語塾の代表取締役副社長を務めています、小西麻亜耶です。本書『10秒スピーキング』はベストセラーとなった『10秒リスニング』シリーズの第2弾です。

スピーキングの勉強と言うと、毎日たくさん話さなければいけないのではないか？　と思っている方も多く、「毎日だと負担が多すぎる」「毎日話す内容がない」といった声を多く耳にします。そんな悩みに応えて生み出された学習法が「10秒スピーキング」です。

様々なテーマの素材を扱った60本の英文を使って、10秒程度の英文を話すことから鍛えていきます。10秒という短い英文ですが、まずは、英作文の組み立て力、つまり日本語から英語にするときの思考力をトレーニングするところから始めます。日本語から英語に翻訳するとき、その英文の発想が日本人的すぎると、英語圏の人に伝わらないということが多々あります。つまり、思考が日本語モードのままなので英語モードに変える必要があるのです。わかりやすいところでいうと、「しょうがない」「仕方ない」といった中庸的な意見を述べるのはあまりにも日本人的思考すぎて、通じない場合があります。

また何度か本書内の「意見を述べるときの視点・考え方のヒント」でも触れているのですが、テーマに対して直球で答えようとする必要はありません。言葉に詰まるテーマが出てきても自分が語れる何らかの話題に結びつけて話題を広げることが大事です。野球のテーマで話を振られたからと言って野球の話をしなければいけないわけではなく、「野球は詳しくないんだけど、テニスなら任せて」と言って話を広げていって相手を楽しませることこそおもてなしだと思っているアメリカ人は多くいます。

アメリカではLanguage Arts「言語科目」という授業があります。英語を使って論理的に話したり、ディベートしたり、要約したりする、英作文や話し方を学ぶ授業です。こういった授業を小中学生のうちから受けているから、彼らはスピーキングに慣れているのかもしれません。

そのような脱・日本人思考を学習したら、次は発音と話し方を学ぶ2段構成で学習します。発音はオリジナルメソッドの「ルールハンティング」を取り入れています。スクリプトを見て、瞬時にルールを拾えるということは、とっさに音声変化や音の読み方を理解できているということです。そのルールを拾う訓練をした後は、さらにイントネーションや内容語・機能語の理解を深めましょう。

スピーキングの練習はひとりではできないと思われがちです。しかし、本書を使えば、丁寧なステップを一緒に踏んで着実にスピーキング力をつけられるでしょう。本書は1日1本、60本で約2カ月の完成を目指していますが、ご自分のペースで進んでも構いません。『10秒スピーキング』で一緒にスピーキング力をつけていきましょう。

小西麻亜耶

Contents

本書の使い方

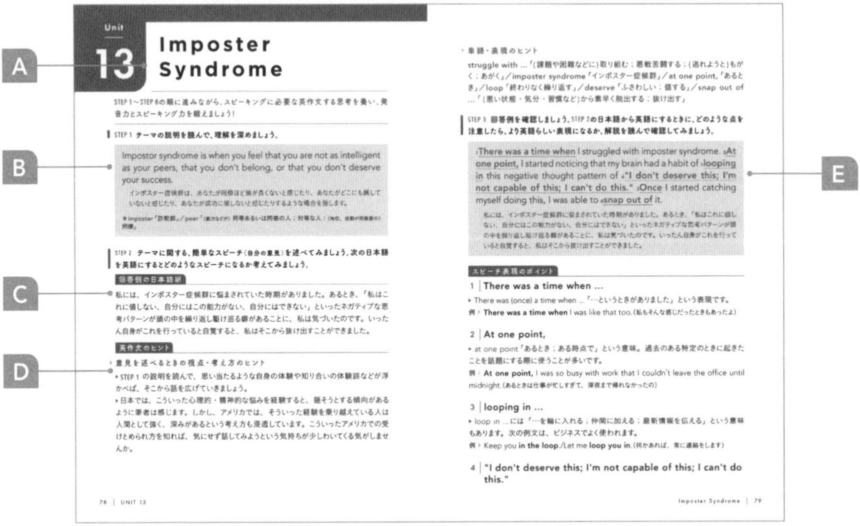

Unit 13 Imposter Syndrome

STEP 1～STEP 6の順に進みながら、スピーキングに必要な英作文する思考を養い、発音力とスピーキング力を鍛えましょう!

STEP 1 テーマの説明を読んで、理解を深めましょう。

Impostor syndrome is when you feel that you are not as intelligent as your peers, that you don't belong, or that you don't deserve your success.

インポスター症候群は、あなたが同僚ほど頭が良くないと感じたり、あなたがどこにも属していないと感じたり、あなたが成功に値しないと感じたりするような場合を指します。

＊imposter「詐欺師」／peer「(能力などが)同等あるいは同格の人：対等な人：(地位、役割が同程度の)同僚」

STEP 2 テーマに関する、簡単なスピーチ(自分の意見)を述べてみましょう。次の日本語を英語にするとどのようなスピーチになるか考えてみましょう。

回答例の日本語訳

私には、インポスター症候群に悩まされていた時期がありました。あるとき、「私はこれに値しない、自分にはこの能力がない、自分にはできない」といったネガティブな思考パターンが頭の中を繰り返し駆け巡る癖があることに、私は気づいたのです。いったん自身がこれを行っていると自覚すると、私はそこから抜け出すことができました。

英作文のヒント

› 意見を述べるときの視点・考え方のヒント

▸STEP 1 の説明を読んで、思い当たるような自身の体験や知り合いの体験談などが浮かべば、そこから話を広げていきましょう。

▸日本では、こういった心理的・精神的な悩みを経験すると、隠そうとする傾向があるように筆者は感じます。しかし、アメリカでは、そういった経験を乗り越えている人は人間として強く、深みがあるという考え方も浸透しています。こういったアメリカでの受けとめられ方を知れば、気にせず話してみようという気持ちが少しわいてくる気がしませんか。

78 | UNIT 13

› 単語・表現のヒント

struggle with ...「(課題や困難などに)取り組む；悪戦苦闘する；(逃れようと)もがく；あがく」／imposter syndrome「インポスター症候群」／at one point,「あるとき」／loop「終わりなく繰り返す」／deserve「ふさわしい：値する」／snap out of ...「(悪い状態・気分・習慣など)から素早く脱出する：抜け出す」

STEP 3 回答例を確認しましょう。STEP 2の日本語から英語にするときに、どのような点を注意したら、より英語らしい表現になるか、解説を読んで確認してみましょう。

1There was a time when I struggled with imposter syndrome. 2At one point, I started noticing that my brain had a habit of 3looping in this negative thought pattern of 4"I don't deserve this; I'm not capable of this; I can't do this." 5Once I started catching myself doing this, I was able to 6snap out of it.

私には、インポスター症候群に悩まされていた時期がありました。あるとき、「私はこれに値しない、自分にはこの能力がない、自分にはできない」といったネガティブな思考パターンが頭の中を繰り返し駆け巡る癖があることに、私は気づいたのです。いったん自身がこれを行っていると自覚すると、私はそこから抜け出すことができました。

スピーチ表現のポイント

1 | **There was a time when ...**

▸There was (once) a time when ...「…というときがありました」という表現です。

例 › **There was a time when** I was like that too.(私もそんな感じだったときもあったよ)

2 | **At one point,**

▸at one point「あるとき；ある時点で」という意味。過去のある特定のときに起きたことを話題にする際に使うことが多いです。

例 › **At one point,** I was so busy with work that I couldn't leave the office until midnight.(あるときは仕事が忙しすぎて、深夜まで帰れなかったの)

3 | **looping in ...**

▸loop in ...には「…を輪に入れる；仲間に加える；最新情報を伝える」という意味もあります。次の例文は、ビジネスでよく使われます。

例 › Keep you **in the loop**./Let me **loop you in**.(何かあれば、常に連絡をします)

4 | **"I don't deserve this; I'm not capable of this; I can't do this."**

Imposter Syndrome | 79

A ユニットタイトルです。全部で60ユニットあります。

B ユニットテーマに関する説明文です。このテーマの説明を読んで理解を深め、意見文を考える準備をしましょう。

C 各ユニットに関する、意見文の一例の日本語訳です。この日本語の意見文を見て、どのように英語に訳すのかを考えてみましょう。

D 意見文を作る際の視点や考え方のヒントを掲載しています。意見文を作るときに、日本語の思考で考えていると、いくら英訳が正しくても通じないことが多々あります。例えば、英語では中庸な意見はあまり好まれません。日本語でよくある「仕方がない」という意見は通用しないのです。そのようなときに英語ではどういった発想で意見を練ったら良いのか?というヒントを与えてくれる項目です。また、意見を練るにあたって、回答例の意見文以外の視点も提示しています。大事なポイントは、与えられたテーマに対して必ずしもテーマに厳密に沿って意見を述べなければいけないというわけではなく、テーマから話を広げて相手との会話を楽しむことが重要ということです。

単語・表現のヒントは日本語の意見文から英語にする際に、使えると良い単語や表現

▸ セミコロン（；）は、文としてピリオドで切って1文にするほどでもないときに使える記号です。文をつなぐことができるのでとても便利です（コンマ（,）には、接続詞が必要ですが、セミコロンは接続詞なしで文をつなげられます）。

5 | Once ...

▸「いったん…を自覚すると」、つまり「…を自覚した瞬間」にネガティブな思考から抜け出せた、という意味なので「瞬間」を表すonceを接続詞として選ぶのが適切です。

6 | snap out of ...

▸「[悪い状態・気分・習慣など] から素早く脱出する；抜け出す」という意味の句動詞。

例 › **Snap out of** it!（うじうじするのはやめなさい！）

STEP 4 **回答例のスクリプトから、巻頭の「ルールハンティング・リスト」を使って、「ルールハンティング」しましょう。注意すべき発音をあらかじめ押さえます。**

There was a time 1when I 2struggled 3with 4imposter syndrome. At one point, I 5started 6noticing that my brain had a 7habit of looping in this 8negative 9thought 10pattern of "I 11don't deserve this; I'm 12not 13capable of this; I can't do this." Once I 14started catching myself doing this, I 15was able 16to 17snap 18out 19of it.

ルール一覧

1	when I	連結→リストM-09	11	don't	Long O→リストS-09
2	struggled	過去形-d→リストS-19	12	not	short O→リストS-10
3	with imposter	連結→リストM-09	13	capable	Dark L→リストS-03
4	imposter	short O→リストS-10	14	started	過去形-id→リストS-19
5	started	過去形-id→リストS-19	15	was	wasはウズ→リストS-14
6	noticing	弱くなる音→リストM-08	16	to	「前置詞」toはル→リストS-25
7	habit of	弱くなる音→リストM-08	17	snap out	連結→リストM-09
8	negative	弱くなる音→リストM-08	18	out of	弱くなる音→リストM-08
9	thought	Voiceless th→リストS-13	19	of it	連結→リストM-09
10	pattern	弱くなる音→リストM-08			

80 | UNIT 13

STEP 5 STEP 4**のルールと意味の句切れ目とイントネーション、内容語・機能語などを意識してスクリプトを読み上げてみましょう。音声は、アメリカ人男性ナレーター→アメリカ人女性ナレーター→日本人著者の順に3回読み上げられます。** DL-013

There was a time ↑ when I struggled with ↑ imposter syndrome. ↓
At one point, ↓ I started noticing ↑ that my brain ↑ had a habit ↑ of looping ↑
in this negative thought pattern of ↑
"I don't deserve this; ↓ I'm not capable of this; ↓ I can't do this." ↓
Once I started ↑ catching myself ↑ doing this, ↓
I was able ↑ to snap out of it. ↓
※白色ハイライトは内容語

複合名詞・形容詞などひとかたまりで発音する単語

▸ imposter syndrome/negative thought pattern

注意すべきアクセントの位置

▸ **imposter** (imPOster) [uhm-**paa**-str] | STEP 4 でも出てきたshort Oを意識してアクセント部分を大げさな「あ」の音で発音しましょう。
▸ **noticing** (NOticing) [**now**-tuh-suhng] | 語頭にアクセント。no部分は［ノゥ］と発音します。
▸ **deserve** (deSERVE) [duh-**zurv**] | 後半serveにアクセント。serve部分は[zurv]とzの音で発音することに注意。

STEP 6 STEP 5**までの発音やリズム（句切れ目）に慣れてきたら、音声をもう一度聞きながらシャドーイングしてみましょう。**

Column

インポスター症候群とは、詐欺師症候群やペテン師症候群などとも呼ばれます。仕事で成功したり、名声を得たりした人が客観的な評価を得られているにもかかわらず、自分自身を必要以上に過小評価してしまう自己不信感の心理状態のことです。
日本や海外でも有名人や芸能人に多いと言われていて、特に女性に多いとされています。有名なところでは、ミシェル・オバマ前大統領夫人やフィンランド首相のサンナ・マリン、ナタリー・ポートマンなどがインポスター症候群を告白しています。
克服するには自己肯定感を高めることが必要だと言われています。

Imposter Syndrome | 81

の一例です。提示している単語や表現を使って英文の意見文を作りましょう。

E 意見文の回答例です。意見文の英文の中でポイントとなる表現部分を解説しています。このような表現が使えると、よりネイティブに伝わりやすい表現になります。

F「ルールハンティング」のステップです。回答例の英文から、特に間違いやすく、注意すべき音声ルールをピックアップしています。巻頭にある「ルールハンティング・リスト」を使ってルールをピックアップしているのであわせて参照してみてください。

G「ルールハンティング」に加えて、読むときに注意したい、内容語・機能語、複合名詞・形容詞などひとかたまりで発音する語、注意すべきアクセントを説明しています。発音記号は使わず、ネイティブが理解するときに補足的に使うローマ字表記を取り入れています。

H テーマに関するコラムです。このコラムを読んで、テーマの周辺知識をさらに深めましょう。

「10秒スピーキング」とは？

▶10秒スピーキングって？

東京・青山に拠点を置く、主にビジネスパーソン向けの英語塾、㈱コミュニカの代表取締役副社長小西麻亜耶が編み出した学習法、「10秒スピーキング」。

「10秒スピーキング」とは、10秒程度の長さの英文で意見文（スピーチ）を述べるようにトレーニングする学習法です。10秒程度の長さの英文だから簡単に意見を述べられそうですが、10秒という長さにエッセンスや伝えたいことをいかに凝縮できるかがカギとなります。

1日10秒程度の英語のスピーキングトレーニングなので毎日気楽にできる、という学習者が続出しました。

本書では、社会問題、政治、国際問題、ジェンダー…などの幅広いテーマを扱っているので、様々な意見文（スピーチ）を楽しめる構成になっています。

ビジネスシーンでの雑談やディスカッションはもちろん、英検やTOEIC®などの検定試験でのSpeakingで「意見を述べる」際にも役に立つことでしょう。

▶Maaya式 6ステップ ～1日10秒！ スピーキングトレーニング～

Maaya式6ステップを踏んでトレーニングするだけで、スピーキング力がみるみるUPします。6ステップがどのようなものか見ていきましょう。

STEP 1 **テーマの説明を読んで、理解を深めましょう。**

› テーマに関する基礎知識や補足説明をしています。テーマに関する理解を深めて意見文を考える準備をしましょう。

STEP 2 **テーマに関する、簡単なスピーチ（自分の意見）を述べてみましょう。次の日本語を英語にするとどのようなスピーチになるか考えてみましょう。**

› 10秒程度の意見文の回答例の日本語訳です。まずは、この回答例の日本語訳を英語にするとどうなるかを考えて、英語の思考を訓練しましょう。そのときに「意見を述べるときの視点・考え方のヒント」の項目を参考に、どのような視点で回答例を作ると良いのかを学習しましょう。日本語脳の思考では英文法や英文構造が正しくても伝

MODULATION (CONNECTION)「つながり」	
AND	リストM-01
変換	リストM-02
t/dの脱落(poor T)	リストM-03
w-insertion	リストM-04
y-insertion	リストM-05
小さいつ	リストM-06
同化	リストM-07
弱くなる音	リストM-08
連結	リストM-09

▶AND　リストM-01

通じないと、よりカタカナ英語ではっきりと発音してしまうのが日本人にはよくある傾向。しかしカタカナ発音をすればするほど本来の英語の発音から遠のいてしまうのです。

単語と単語の間に挟まれているandは「アンド」ではありません。「ん」の発音に近く、A and Bは「AんB」と発音します。「ん」の前後に境界を作らないで滑らかになじませるように発音しましょう。

例）P&G

▶変換　リストM-02

youの前の単語が子音で終わる場合、子音とyouがつながって新たな音に変換されます。具体的な例を挙げて見てみましょう。

例）Can I help you?　→　×「ヘルプユー」　○「ヘルピュー」

　What's your name?　→×「ワッツヨァ」　○「ワッチョア」

▶t/dの脱落（poor T）　リストM-03

日本語の「た・ち・つ・て・と」という音として発音されることのほうが少ない音。

語頭にこない限り、t/dの音としての役割は小さく、語末のt/dは発音もされません。

口ではt/dの形を作りますが、音は出しません。口の形を作って、空気の流れを止めるのがPoor Tの発音。破裂音（p,b,t,d,k,g）はすべて同様の発音をしますが、日本人が最も発音してしまっているのがt/dの音なので要注意です。

例）but, target, promote, need, secret, end, decided

▶w-insertion　リストM-04

ふたつの母音が続く場合、母音が混ざらないようにしましょう。

母音＋母音と続くと発音しにくくなるので、流れるような英語を話すためにはその間に子音を挿入します。具体的な例を挙げて見てみましょう。

/u/で終わる単語＋母音で始まる単語→ /w/を挿入

Who is that?　→　Who/w/ is that?

You only live once.　→　You/w/ only live once.

Did you look through our estimation?　→　Did you look through/w/ our estimation?

▶y-insertion　リストM-05

/i/で終わる単語＋母音で始まる単語→ /y/を挿入

I agree.　→　I/y/ agree.

単語のスペルではなく、音で判断することを忘れずに。Iは(ai)という発音なので、母音aに母音iが続いていると判断します。

I appreciate it.　→　I/y/ appreciate it.

Tell me a story.　→　Tell me/y/ a story.

▶小さいっ　リストM-06

tの前の音が母音またはnまたはrで、tの後がn, m, lもしくはsyllabic n, syllabic m, syllabic lのとき、tの音が日本語の小さい「っ」のように変わります。具体的にどういうことかfitnessという単語で見てみましょう。

fitness→ tの前が母音で、tのあとがn

「フィットネス」ではなく、「フィッネス」という発音になります。

▶同化　リストM-07

この章のはじめにも触れましたが、日本語は「子音＋母音」で1音になっているので必ず母音で終わります。この癖が英語でも出てしまうと、子音が強調されすぎて耳障りに聞こえてしまうのです。この癖を脱却させるためのルールが「同化」です。

隣接するふたつの単語で、最初の単語が破裂音（p, b, t, d, k, g）で終わっていて、その次の単語が子音で始まる場合、前の破裂音は発音しません。ふたつの単語を合体させてひとつの単語のように発音します。具体的な例を挙げて見てみましょう。

What do you mean?→ (whado you mean)

part time job → (par time job)
drop the ball → (dro the ball)
I want to sound like a native English speaker! → (I wan to soun like a ...)

▶弱くなる音　リストM-08

母音と母音の間に挟まれた/t/の音はやわらかく、弾かれるような/d/や/r/に近い音に変わります。

巻き舌ができるなら巻き舌で話すようなつもりで発音すると英語らしく聞こえます。ただし、アメリカ英語特有の特徴でイギリス英語にはありません。一番よく知られている例がwaterです。「ウォーター」でなはく、「ワラ」に聞こえるのは、このルールがあるためです。waterのtの部分がwararもしくはwadarのように聞こえるので、カタカナ表記すると「ワラ」のほうが英語発音に近いのです。他にもいくつか例を見てみましょう。

例）not at all　② Let it be　③ Get out!　④ matter

▶連結　リストM-09

隣接するふたつの単語で、ふたつの単語を合体させて1つの単語のように発音すること全般を筆者は「連結」と呼んでいます。

①子音で終わる単語＋母音で始まる単語→子音が後ろの母音に引き寄せられて連結
②子音＋子音→don't youのような連結は「変換」Transformationへ
③母音＋母音→ do itのような連結は「音の挿入」Insertionへ

Silent eの単語（スペルでeが表記されていても発音しないeの音のこと。例えばmake, take, cakeなど）は母音として認識されないのでSilent eの1つ前の音が次の母音と連結するという例外があります。つまり、make itはmak it (meikit)のような発音になるという訳です。

SOUND「音」

canはクン	リストS-01
CC-Lemon★	リストS-02
Dark L★	リストS-03
erと発音	リストS-04
forはフォ	リストS-05
gの脱落	リストS-06
hの脱落	リストS-07
Light L★	リストS-08
Long O★	リストS-09
short O★	リストS-10
Schwatch★	リストS-11
Voiced th★	リストS-12
Voiceless th★	リストS-13
wasはウズ	リストS-14
willはウォ	リストS-15
ィウン	リストS-16
えの口であ★	リストS-17
おの口であ★	リストS-18
過去(分詞)形-d/-id/-t★	リストS-19
子音クラスター★	リストS-20
シュン	リストS-21
所有格のs	リストS-22
スタバのar★	リストS-23
スポーツのor★	リストS-24
(前置詞)toはル	リストS-25
鼻からng	リストS-26
複数形・三単現・isの短縮のs	リストS-27
リーダーのer★	リストS-28
唇をかんでv★	リストS-29
本当のr★	リストS-30
zzziploc★	リストS-31
asはウズ	リストS-32
beenはベン	リストS-33
mentはムン	リストS-34
wannaと発音	リストS-35
キャ	リストS-36

▶canはクン　リストS-01

キャンではなく、「キュン」「クン」に近い音で。肯定文のときは特にそのように発音しよう。否定のときは「キャーん」のように音をはっきり伸ばして発音するので、canを「キャン」と言うと、ネイティブがかえって混乱します。

▶CC-Lemon　リストS-02　★

CC-Lemonの音は日本語に似て非なる音があるため、発音の際に注意が必要な子音のひとつです。

上の歯と下の歯の間に狭い隙間を作ります。その隙間からするどく、勢いよく息を吐き出します。そのときに左右の口を広げながら口角をあげるよう意識します。

特に注意したいのはCC-Lemonの後に「い」の母音が続くときです。日本人の多くは「し」という発音をしていることが多いのです。「い」以外の他の母音が続くときは、問題ないので心配しなくても良いです。
例）New York City, sister, silver, sit down, Are you serious?, system engineer

▶Dark L　リストS-03　★

単語の語末のLまたは子音の前のLはDark Lでの発音になります。「う」と「お」を足して割ったような音です。舌先を前歯の裏にゆるく当て、舌の根元を飲み込みます。

のどの奥で響かせるような低く、暗い音です。例えば、apple「アップル」ではなく「アッポー」、miracle「ミラクル」ではなく「ミラコー」、milk「ミルク」ではなく「ミオク」のように聞こえます。

▶erと発音　リストS-04

ourはerと発音します。[áuər] と発音しますが、特に文中では [ɑːr] と音が弱くなります。

▶forはフォ　リストS-05

forは「フォ」と短く発音します。「フォー」とは言いません。

▶gの脱落　リストS-06

語末のgは発音されないで脱落することが多いです。特に-ingのgは発音されないことが多いです。
例）working, big, morning,

▶hの脱落　リストS-07

his/herのh脱落。his/herの前の単語が子音で終わっている場合hの音は脱落します。

▶Light L　リストS-08　★

単語の最後にくるLはDark Lと呼び、単語の語頭にくるLをLight Lと呼びます。

単語の語頭のLまたは母音の前のLはLight Lでの発音になります。発音も日本人には発音しやすい音でしょう。日本語の「ラ行」との違いは舌を前歯の後ろに強く押し当てること。舌先を前歯の裏（特には歯茎と歯の生え際の境界線に）にベタっとつけて、舌先を強く押し当ててから弾かせるようにLを発音します。具体的には次のような単語があります。

例）lunch, pilot, believe, live, Los Angeles

▶Long O　リストS-09

日本語には5つの母音「あ、い、う、え、お」しかありませんが、英語には20以上の母音があります。そのため日本語よりも細かい母音の区別が必要になってきます。例えば、アルファベットOには2種類の発音がありますが、いずれも日本語の「お」の音ではありません。

頬をすぼめて「お」を出し、口先をとがらせて「う」で終わる音です。長く、丁寧に、粘る発音がLong Oです。ローマ字表記に慣れているとO=「お」と刷り込まれているので無意識に「お」と発音していることが多いのです。

「お」→「う」と二重母音の発音をしましょう。発音記号では/ou/と表記します。

例）iPhone, negotiate, ocean, promote, No, don't, so

▶short O　リストS-10　★

アルファベットOには2種類の発音がありますが、いずれも日本語の「お」の音ではありません。自分が思っている以上に大げさに「あ」の発音をやってみましょう。これがshort Oの音です。

口を大きく縦に開いて、あくびをするかのように口を開けて「あ」と発音する音です。発音記号では、/ɑ/という記号に当たります。具体的な単語を例に挙げてみましょう。

例）follow, opportunity, office, logic

▶Schwatch　リストS-11　★

Schwatchは日本語で似て非なる音があるため、発音の際に注意が必要な子音のひとつです。

唇を軽く突き出して、「シュ」と空気を勢いよく吐き出す音です。

日本語の「し」に限りなく近い音ですが、「し」よりSchwatchはhの音を多めに発音するように意識します。CC-Lemonとの区別をすることが大事です。

例）shirt, shoes, short, sunshine, issue

▶Voiced th　リストS-12　★

日本語に存在しない音です。Voiced thとルール S-13にあるVoiceless thは綴りは同じですが、発音が違うので注意が必要です。

舌の先端を前歯の上下に軽く挟みます。舌を口内に引き戻しながら舌の表面を伝うように息を吐き出します。そのときに声帯を振動させるのはVoiced thの音です。喉元に手を当てると指に振動を感じるのが特徴です。

また、日本語の「ざ、じ、ず、ぜ、ぞ」との区別が必要です。Voiced thは吐き出す息の量が重要なので、ティッシュペーパーに向かって発音してみると良いです。息が出ていればティッシュペーパーがふわっとめくれ上がるはずです。

例）the, that, leather, father, although, another, these

▶Voiceless th　リストS-13　★

これも日本語に存在しない音です。Voiced th同様、綴りは同じですが発音が違うので注意が必要です。

舌の先端を前歯の上下に軽く挟みます。舌を口内に引き戻しながら舌の表面を伝うように息を吐き出します。ここまではVoiced thと同じですが、Voiceless thはかすかな音で音量を上げて発音することはありません。

日本語の「さ、し、す、せ、そ」との区別が必要です。Voiceless thが単語の最後にあるとき（例えば、month, wealth, fifthなどのような単語）、最後まで気を抜かないで丁寧に息を吐き出すようにしましょう。

例）think, Earth, something, athlete, healthy

▶wasはウズ　リストS-14

isの過去形、wasは「ウズ」のように発音します。

▶willはウォ　リストS-15

willは「ウォ」と発音します。もしhe'llのように短縮形を使わないのであれば、willは「ウォ」と聞こえるように発音しましょう。He willであれば「ヒィ ウォ」のように。

▶ィウン　リストS-16

Sixty one point four billion dollarsのbillionはビリオンではなく「ビリィウン」と読みます。millionなども「ミリィウン」と読みます。

▶えの口であ　リストS-17　★

日本語には5つの母音しかありませんが、英語には20個以上の母音があります。細かい母音の区別が必要になりますが、この「えの口であ」の母音は日本語にはないので、新たに習得する必要があります。発音記号では/æ/と表記される音です。

「え」の口で「あ」と発音します。口を横に広く開く意識で発音しましょう。

躊躇していると「あ」の母音で代替していることが多いですが、「え」と「あ」を順番に言うつもりで発音しましょう。

例）back, bat, bank, thank, ask, sad

▶おの口であ　リストS-18　★

short Oと混同しやすいですが、short Oよりも少し口の開きが小さいのが違いです。発音記号では/ɔ/という記号に当たります。また、スペルではau, aw, alと綴られることが多いのも特徴です。short O同様、日本語では「お」の母音で代用されることが多いので混乱しがちですが、「お」よりは「あ」の音に近いです。

例）audio, because, authentic, launch, talk

▶過去（分詞）形-d/-id/-t　リストS-19　★

過去形-edの発音方法は主に3パターン。①-d　②-id　③-tの3つです。

①一般動詞の語末の音が「有声音」で終わる場合（-edの直前の発音が有声音のとき）、-dと発音されます。この音で発音する一般動詞が最も多いです。

有声音とは声帯の振動がある音、/b/ /v/ /g/ /z/ /dʒ/ /l/ /m/ /n/ /r/ /ŋ/ /ʒ/ /ð/、母音などです（dは有声音ですが例外で-tと同じ扱いで-idになります）。

例）moved, returned, stayed, studied, traveled, engaged, opened, lived, surprised, buzzed

②一般動詞の語末の音が/d/または/t/である場合、-edは-idと発音されます。startやattendのように動詞がdやtで終わっていたら、-idと発音されると考えて良いです。/d/は有声音ですが、例外的に-edは/d/,/t/と発音せず、-idと発音します。

-idと発音する一般動詞の数は多くありません。

例）started, graduated, visited, dated, attended, ended, wanted, added, rested

③一般動詞の語末の音が「無声音」で終わる場合、-edは-tと発音されます。無声音は、/p/ /k/ /f/ /s/ / θ / /ʃ/ /tʃ/ などが挙げられます。-edを-tと発音する一般動詞の数は限られています。

例）dressed, worked, dropped, finished, laughed, coughed, watched, talked, walked

▶子音クラスター　リストS-20　★

prやblという子音の組み合わせをConsonant Cluster（子音クラスター）と呼びます。

日本語にはない音のルールなので本書で発音になれましょう。例えば、problemのprやblがこれに当たります。

日本語は子音と母音がペアでのみ存在できます。ヤマモトという名字を分解するとYA・MA・MO・TO。子音ひとつに対して母音もひとつ。日本語は他言語と比較しても母音の使用頻度の多い言語と言えるでしょう。世界の言語には子音だけが5つ、6つ、7つとつながるものもあります。母音なしでも音が存在します。人間の言語はその文化や環境に大きく影響を受けると言われますが、その顕著な例が母音の数と気候の関係性でしょう。母音は口を大きく開けて発声するので、赤道に近い国々には母音の多い言語が多いのです。例えば、フィリピンのタガログ語、インドネシア語、スワヒリ語などです。逆に寒い地域の言語、ロシア語やポーランド語をイメージするとわかりやすいと思いますが、寒い地域では口を大きく開けない子音の多い言語が多いのです。

▶ シュン　リストS-21

語末の -tion はションではなくシュンと発音。語尾が station, vacation などになると「シュン」という音が近くなります。

▶ 所有格のs　リストS-22

sの音がないがしろにされる傾向にあります。しっかりと文法的な役割があるsなので、発音すること。この音を発音しないと、信頼が落ちていく原因になります。日本語「てにをは」が抜けているのと同じことです。

▶ スタバのar　リストS-23　★

母音とrが組み合わさった母音をR-controlled vowel（R音性母音）と呼びます。rは非常に影響力の強い子音なので、母音と組み合わさるとその母音の発音が大きく変化します。

きれいに「あ」と口を縦に開いて発音し、それから舌を巻き込んで「r」を発音します。「あ」も「r」も同じ程度のばして発音することを意識しましょう。とにかく舌を巻けば英語らしく聞こえると思い込んでいる人も多く、逆にrの音が出ずに「あー」に近い音になってまっているのも正しい発音ではないので気をつけましょう。この音になる単語の例をいくつか紹介します。発音記号では/ɑ:r/と表記します。
例）art, star, Harvard, park, car

▶ スポーツのor　リストS-24　★

スタバのar同様、母音とrが組み合わさったR-controlled vowel（R音性母音）

です。

のどの奥で「を」と発音し、それから舌を巻き込んで「r」を発音します。「を」も「r」も同じ程度伸ばして発音することを意識しましょう。これもとにかく舌を巻けばいいものでもなく、「おー」と伸ばすだけの発音も正しい音になりませんので気をつけましょう。

この音になる単語の例をいくつか紹介します。発音記号だと/ɔːr/と表記します。

例）corporate, fork, short, born

▶（前置詞）toはル　リストS-25

例えばway to goの場合、wayの音が母音で終わっているので（/i/の音で終わっている）、その直後のtoは「ル」と発音したほうが馴染みやすいです。特に前置詞toは「トゥー」としないように、「ル」と発音しましょう。

例）look forward to

→dが脱落して、forwarと「リーダーのer」の母音で終わるので、toが「ル」と発音するルールが適応される。

▶鼻からng　リストS-26

鼻からng以外の英語の音はすべて、口から発音しています。鼻からngの場合は口に流れ込む空気の流れを鼻へ誘導していきます。いわゆる鼻音です。発音記号では/ŋ/と表記されます。

舌の根っこで口の中をせき止め、口は開いたまま、鼻から抜ける音を出します（口の天井には舌先が触れないのが特徴）。鼻からngを発音している最中に鼻をつまんでみて、音が止まったら鼻からngの発音ができている証拠です。-ingの音はすべて鼻からngです。

例）ring, jumping, starting, calculating, sing, Hong Kong

▶複数形・三単現・isの短縮のs　リストS-27

sの音がないがしろにされる傾向にあります。しっかりと文法的な役割があるsなので、発音するようにしましょう。

このsを発音しないと、信頼が落ちていく原因になります（日本語には複数・単数の意識がないのであまり意識して発音しませんが、英語では文法的な意味があるのでしっかりと発音しましょう）。

特に単数形・複数形は日本語にはない概念なので、感覚的に捉えることが難しいのはよくわかります。筆者が教える多くの生徒さんもここで苦しみます。日本語で名詞の数を意識して話すことがないので、単数形・複数形への注意が行き届かないのは仕方のないことです。しかし実は、上下関係に敏感な日本人が相手によって丁寧語や謙譲語など使い分けるのと同じくらい、英語ネイティブスピーカーが気にしているのが単数・複数形です。そして英語において複数形のsを落とすのは、日本語で言うところの「てにをは」を間違えて使っているのと同じような感覚とも言えます。何の名詞なのか？が聞き取れることは大事ですが、そこに慣れてきたら単数形・複数形どちらなのかを適切に判断できるような注意力を持つように心がけましょう。日本語では数えられる（複数形にできる）名詞でも英語では数えられなかったり、そもそも単数形のものと複数形のものが日本語と英語では異なったりするので、知識として英語の可算名詞と不可算名詞を少し整理しておくと便利かもしれません。

▶リーダーのer　リストS-28　★

スタバのarやスポーツのor同様、母音とrが組み合わさったR-controlled vowel（R音性母音）です。

舌を巻きながら思いっきり奥に引いて喉を鳴らし、口先をすぼめます。腹式呼吸ができて初めて出る音で口先では音が出ません。「あー」と伸ばすだけのカタカナ英語の発音は正しくなく、例えば「オールダー」、「スローアー」ではなく、語尾の「アー」を舌を巻きながら思いっきり奥に引いて音を鳴らして口先をすぼめるように言いましょう。
覚えておきたいのは、このerの音は、他にもir, ar, or, ur, ear, ourといくつかスペルがあります。発音記号では/ər/と表記します。

スペルに惑わされることなく、erの音を発音しましょう。この音になる単語の例をいくつか紹介します。

例）teacher, dollar, director, nurse, bird, earth, bourbon, courage

▶唇をかんでv　リストS-29　★

ネイティブスピーカーにとってvとbの音はまったく異なる別の子音です。例えば、veryとberryはvとbの音だけでこのふたつの単語が区別されています。

vは上の前歯を下唇の内側に軽く乗せながらゆっくり空気を押し出します。口の形はfの音のときと同じです。vは有声音なので、下唇に振動を感じるのが特徴です。

多くの日本人はvを「ば、び、ぶ、べ、ぼ」で発音しています。bで発音する「ば、び、ぶ、べ、ぼ」の音は上唇と下唇を重ね合わせて発音していて、前歯を下唇の内側に軽く乗せながら発音するvとの音の違いは前歯を使って発音しているかどうかです。
vとbの口の形を意識しながら発音練習しましょう。

例）curve, vacuum, elevator, very

▶本当のr　リストS-30　★

日本人が苦手意識を持っている代表的な音のひとつです。実はアメリカ人の赤ちゃんでも生まれたてのときは発音できず、wの音で代用しています。筋肉が発達していくにつれ、「本当のr」が発音できるようになります。つまり、第二外国語として英語を習得したければ、この筋肉をつけていく必要があります。

舌を丸めて、お腹の底から空気を送り出します。語頭のrはwの音で助走をつけてからrを発音するように意識してみましょう。reallyはwreallyのように、です。

rの音がどうしても発音できない方は、「あー――――――」と発声している途中で舌先を上の前歯の後ろあたりに近づけてみるようにしましょう。

例）recently, recover, realize, umbrella, real

▶zzziploc　リストS-31　★

zzziplocの音は日本語に似て非なる音があるので発音の際に注意が必要な子音のひとつです。

上の歯と下の歯の間に狭い隙間を作り、その隙間から鋭く、勢いよく息を吐き出します。そのときに左右に口を広げながら口角を上げるように意識しましょう。声帯は振動させます。注意すべき点は日本語の「ざ、じ、ず、ぜ、ぞ」の音を捨てることです。

例）zip code, exist, magazine, crazy

▶asはウズ　リストS-32

asは文中で弱くなると、/əz/「ウズ」と発音されます。「ウズ」の「ウ」もほぼ発音されず、「ズ」だけで発音されることもしばしばです。

▶beenはベン　リストS-33

beenは「ビーン」と習うことが多いようですが、実際は「ビン；ベン」と発音されます。機能語なので、弱く短く発音されることが多いのです。

▶mentはムン　リストS-34

-mentで終わる単語はたくさんありますが、「メント」と発音すると思っていると聞き取れません。

発音記号だと/mənt/となり、meの部分があいまい母音で発音されてtの音がほぼ発音されないので「ムン」のように聞こえます。

ちなみに-mentは単語を名詞化する接尾語です。
例）achieve**ment**, agree**ment**, enforce**ment**, govern**ment**, state**ment**, treat**ment**

▶ wannaと発音　リストS-35

want toはwannaと省略されます。このような省略して音が変化する語は他に、going toがgonna、got toがgottaに変わるパターンがあります。

▶ キャ　リストS-36

「えの口であ」のルールと少し被りますが、calendarは /kǽləndər/と発音するので、「カレンダー」では通じません。どちらかと言うと「キャレンダー」。他にもCaliforniaやCanadaも「カリフォルニア」や「カナダ」ではなく「キャリフォルニア」、「キャナダ」などがあります。

ルールハンティング以外の基本ルール

本書で扱っているルールはルールハンティングだけではありません。STEP 5 で触れている内容語・機能語の扱い、複合名詞・複合形容詞の扱い、引用符、アクセント、イントネーション、息継ぎについても説明しておきましょう。

▶内容語・機能語について

内容語とは、語彙的な意味を表す名詞、形容詞、副詞、一般動詞など文章の内容が伝わる品詞を指します。一方で**機能語とは、人称代名詞、関係代名詞、助動詞、前置詞や冠詞、接続詞など内容を表しているわけではない品詞**のことです。

日本語と英語で文章全体のリズムや抑揚に違いを感じるのは、英語では内容語にストレスを乗せて機能語は弱く発音することで強弱をつけて話すためです。逆を言うと、機能語は語彙的な意味を持たないので聞き取れなかったとしても意味を把握する上でそこまで大きな問題になりませんし、強調する必要もありません。小さく、短く発音しましょう。

本書では STEP 5 で内容語にはハイライトを入れていますので練習してみてください。

▶複合名詞・形容詞について

簡単に言うと、ふたつ以上の単語が組み合わさって新たに作られたひとつの単語を複合語(compound words)と呼びます。日本語にもあり、例えば電話会議は、電話（名詞）＋会議（名詞）でできている複合名詞です。まずは、複合名詞から説明しましょう。

名詞①＋名詞②で新たに作られた名詞③のことです。主に下記の3パターンの表記の違いが見られます。

①1語として表記

例：laptop, bookstore

②ハイフンでつなげて1語で表記

例：father-in-low, T-shirt

③2語（以上）でそのまま表記

例：ice cream, child care

明確な表記方法の違いはないですが、③→②→①の順に、1語としてポピュラーかつ、浸透していている単語と言えます。②のようにハイフンでつなげないとまだ読者を混乱させてしまうかもしれないものから①のように完全に1語として扱っても多くの人が理解できる単語まで表記が時代とともに変わっています。書き取る際に意識しながら、進めてみましょう。

また、**複合名詞であることをリスニング中に判断するときの重要な目安がアクセントの位置**です。複合名詞の場合、**先頭の単語にアクセント**を置きます。

複合形容詞のほうがルールはもう少しシンプルかもしれません。たいていの場合、形容詞①+（-）ハイフン+形容詞②で新しく形容詞③を作ります。good-looking, five-year-old, ten-storyなどです。five-year-old, ten-storyのように数字が入った複合名詞は複数形になりません（five-years-oldやten-storiesのようにはなりません）ので、リスニングの際には複数形になっていないことで複合形容詞だと判断できるでしょう。

複合名詞や複合形容詞の仕組みがわかると自分でも造語が作れるようになります。言いたいことに対して適切な単語が思い浮かばない場合、自分で作って表現できるようになる便利なツールですのでぜひ覚えてください。TOEICやビジネス、ニュースなどでも頻出です。

▶引用符について

クォーテーションマークとも言います。日本語のかぎかっこ、（「　」）のことだと思ってください。シングルクオテーションマーク（'）とダブルクオテーションマーク(")があります。アメリカ英語とイギリス英語で使い方が少し異なります。

› ダブルクオテーションマーク(")の使い方

①セリフを示すとき
②引用するとき
③新聞記事、本の章タイトル、曲名など
④強調するとき
⑤通常の意味とは異なる意味で使うとき

あわせて覚えておきたいのが⑤のように皮肉さを実際の会話でニュアンスを表現したい場合にはair quotesというジェスチャーを使います。両手をピースサインにして、それぞれの人差し指と中指をクロスさせて2回曲げる動作を英語でair quotesと呼びます。
日本人にとっては馴染みがないので不自然に映るかもしれませんが、アメリカ人にとってはごく普通の仕草なので恐れず使ってみてください。

› シングルクオテーションマーク(')の使い方
セリフの中にセリフがあるときに使います。

› イタリック体
ダブルクォーテーションマークの使い方③と混同してしまうことが多いのでここで整理しましょう。引用符（クォーテーションマーク）とイタリック体の使い分けは慣れないとややこしいと思いますが、おおまかに次のように言えると思います。

①英語にとっての外国語
②本のタイトル、新聞名、映画名、TV番組名など
③強調するとき

▶アクセントについて

アクセントは、特定のSyllable(音節）を他のSyllableよりも強調して発音することです。
個々の単語のアクセントの位置は辞書を調べると表記されています。記憶があいまいな場合は単語のアクセントの位置を必ず確認しましょう。アクセントのあるSyllableの母音を伸ばします。音量を大きく発音することでアクセントを表現するよりもアクセントのある音節の母音を伸ばす意識です。日本語にはなかなかないので最初は慣れないと思いますが、このアクセントが実は発音そのものよりも大事なのです。
例）**com**・mon, de・**cide**, **re**・cord(名詞)

▶イントネーションについて

日本語はもともとフラットな言語ということもあり、日本人の英語は音程の高低が少ない傾向にあります。文単位で抑揚のつけ方を紹介します。

肯定文はイントネーションを下げます。疑問符で始まる疑問文もイントネーションを下げます。文章の終わりにかけて音量を下げないように気をつけましょう。イントネーションは語尾だけではなく、頭から2つ目の単語も同様のイントネーションになることを注意しましょう。1文の中に2回抑揚の波を作るイメージです。

例) What do ↓ you do for a living? ↓
Where is ↓ the conference room? ↓
How was ↓ your flight? ↓

反対に、イントネーションが上がるときは、次のようなときです。

Yes/No Questionはイントネーションを上げます。語尾だけでなく、ふたつ目の単語も同様にイントネーションを上げるようにしましょう。ここでも1文の中に2回抑揚の波を作るイメージです。

例) Are you ↑ on Facebook? ↑
Is that ↑ Mr.Yamamoto? ↑
Would you ↑ like a cup of tea? ↑

文単位での抑揚のつけ方を学んできましたが、Listingは少し例外があります。Listingとは、A, B and Cのように羅列された事象のことです（事象を羅列するのであれば3つまでが理想的）。イントネーションは、上げて、上げて、最後は下げる(A ↑ , B ↑ and C ↓)ことで終わりを聞き手に伝えます。

▶ 息継ぎについて

文章が長くなればなるほど注意したいのが息継ぎ。一定の息を出し続けることが必要です。日本語よりも腹式呼吸で発音する音が多いですが、ストローで息をずっと出し続けるイメージで話していくことが大切です。最初は意識しすぎてしまうかもしれませんが、リラックスしてやれるようになるとよりいいですね。

また、ワンランク上を目指すには声の質も大事です。日本人は特に女性だと比較的高い声が良いとされる風潮がありますが、実は英語圏の人には聞き取ってもらえないのと少し幼くみられてしまう傾向があります。英語圏の女性キャスターがニュースを読む動画を見てみてください。日本のニュースキャスターに比べると低めの声で落ち着いている印象を受けるでしょう。

10秒
スピーキング
2カ月間
トレーニング!

Unit

01

まずは
1日1ユニットから
進めてみましょう。

Unit

60

Unit

01 Hate Crimes

STEP 1～STEP 6の順に進みながら、スピーキングに必要な英作文する思考を養い、発音力とスピーキング力を鍛えましょう！

STEP 1 テーマの説明を読んで、理解を深めましょう。

Eight people were killed and one wounded in shootings at three spas in the Atlanta area. Of the eight killed six were women of Asian descent.

アトランタエリアの3つのスパでの銃撃で8人が死亡し、ひとりが負傷しました。8人のうち死亡した6名はアジア系の女性でした。

＊descent「家系；血統」

STEP 2 テーマに関する、簡単なスピーチ（自分の意見）を述べてみましょう。次の日本語を英語にするとどのようなスピーチになるか考えてみましょう。

回答例の日本語訳

アメリカでの反アジア感情について聞くと、胸が張り裂けそうになります。COVID-19に「カンフル」や「中国ウイルス」などの呼び名を使うことは、基本的にヘイトクライムを行う人に許可を与えることになると思います。

英作文のヒント

› 意見を述べるときの視点・考え方のヒント

▶ Anti-Asian hate「反アジア感情」がテーマなので当事者意識を持って、自分の意見を述べることが重要です。日本語思考で考えると、「怖いです」「知りませんでした」という単なる感想を述べがちですが、論理性が重要です。例えば、「なぜアジアンヘイトが高まったのか」を自分なりに伝えるひと言が必要です（このスピーチ例では暗に批判を込めています）。

▶ 自分の経験や知識を交えて意見を述べると説得力が増します。例えば、アメリカで起きている著名人によるヘイトクライムに対する運動などを例に「このような運動から、ヘイトクライムに対して何かしらの発信をしなければならないという意識を持つようになりました」など、自分が起こすべきアクションを提示するのも効果的です。

> 単語・表現のヒント

Anti-Asian「反アジアの」／**kung flu**「カンフル」*カンフル：中国武術カンフー(kung fu)とインフルエンザ(flu)を組み合わせた造語／**essentially**「基本的に；本質的に」／**perpetrator**「犯人；実行者；加害者」／**conduct**「行う；実施する」

STEP 3 回答例を確認しましょう。STEP 2の日本語から英語にするときに、どのような点を注意したら、より英語らしい表現になるか、解説を読んで確認してみましょう。

1**Hearing about** Anti-Asian hate in the United States **breaks my heart**. I think 2**the use of** nicknames for COVID-19 such as "kung flu" or the "Chinese virus" 4**has** 3**essentially given** perpetrators **permission to** 5**conduct hate crimes**.

アメリカでの反アジア感情について聞くと、胸が張り裂けそうになります。COVID-19に「カンフル」や「中国ウイルス」などの呼び名を使うことは、基本的にヘイトクライムを行う人に許可を与えることになると思います。

スピーチ表現のポイント

1 Hearing about ... breaks my heart.

▶主語をI「私」にしがちですが、この例のように事柄（Hearing about Anti-Asian hate in the United States）を主語にすると、英語らしい表現にすることができます。

▶似た表現に、Hearing about ... makes me[感情].「…を聞いて、私は［感情］にさせられる」があります。初めて聞いた記事について感情を表現するときに便利です。

例 > Hearing about the war in Ukraine makes me feel hopeless.
（ウクライナでの戦争について聞くと絶望を感じる）

▶break my heart「胸が張り裂ける」は恋愛ソングでよく使われるイメージがありますが、恋愛以外でもこのスピーチのように使うことができます。感情に訴えたいときに有効な表現です。

2 the use of ...

▶useは動詞と名詞で発音が違うので注意しましょう。ここは名詞として使われているので「ユース」とseは濁らない音になります。

▶名詞のuseを使ったイディオム、make use of ...「…を利用する；活用する」も便利なのであわせて覚えておきましょう。

3 essentially

▶has given permission「許可を与える」の間にessentiallyを挿入することで、断定を少し弱めることができます（100%ではないけれど98%くらいのニュアンス）。probablyにすると、断定がさらに弱まってしまうので、少し断定を避けたいときに便利な副詞です。

4 ｜ [事柄] has given permission to ...

▶ give permission「許可する」は、allowよりもフォーマル度の高い表現。また、giveを使ったイディオムなので「与える」というニュアンスを強く印象づける表現です。

▶ このスピーチは、ニュース性の高いフォーマルな内容なので、そのフォーマル度にあわせて使う語や表現のレベルも選択できると良いです。

5 ｜ conduct hate crimes

▶「罪を犯す」はconduct crimesで、相性の良い動詞＋名詞はセットで覚えるのが良いです。commit crimesでも通じますが、commitと相性の良い名詞はsuicide（自殺）です。

STEP 4 回答例のスクリプトから、巻頭の「ルールハンティング・リスト」を使って、「ルールハンティング」しましょう。注意すべき発音をあらかじめ押さえます。

Hearing 1abou**t** Anti-Asian 2ha**t**e in the 3Uni**t**ed States 4break**s** my 5hear**t**. I think the 6**use of** 7nickname**s** for COVID-19 such as "kung flu" or the "Chinese virus" 8ha**s e**ssentially given 9p**er**petra**to**rs 10permi**ssion** to 11conduc**t** 12ha**t**e crimes .

ルール一覧

1	about	tの脱落（poor T）→リストM-03	7	nicknames	複数形・三単現・isの短縮のs→リストS-27
2	hate	弱くなる音→リストM-08	8	has essentially	連結→リストM-09
3	United	弱くなる音→リストM-08	9	perpetrators	リーダーのer→リストS-28
4	breaks	複数形・三単現・isの短縮のs→リストS-27	10	permission	シュン→リストS-21
5	heart	tの脱落（poor T）→リストM-03	11	conduct	tの脱落（poor T）→リストM-03
6	use of	連結→リストM-09	12	hate	弱くなる音→リストM-08

STEP 5 STEP 4のルールと意味の句切れ目とイントネーション、内容語・機能語などを意識してスクリプトを読み上げてみましょう。音声は、アメリカ人男性ナレーター→アメリカ人女性ナレーター→日本人著者の順に3回読み上げられます。 DL-001

Hearing about Anti-Asian hate ↑
in the United States ↓ breaks my heart. ↓
I think the use of nicknames for COVID-19 ↑
such as "kung flu" ↑ or the "Chinese virus" ↓
has essentially given perpetrators ↑
permission to conduct hate crimes. ↓

※白色ハイライトは内容語

複合名詞・形容詞などひとかたまりで発音する単語

▶ Anti-Asian hate／United States／kung flu／Chinese virus／hate crimes

注意すべきアクセントの位置

▶ **Anti-** (Anti)[**a**ntai] ｜カタカナの「アンチ」ではなく「アンタイ」と発音することが多いです（「アンティ」とも）。

▶ **kung flu** (kung·FLU)[kuhng·**flu**] ｜"kung flu" or the "Chinese virus"の部分を強調するように、しっかり読みます。一度しっかりスピードを落として、2語目のChinese virusを読むことです（間のor theは早く）。

STEP 6 STEP 5までの発音やリズム（句切れ目）に慣れてきたら、音声をもう一度聞きながらシャドーイングしてみましょう。

Column

アジア系への「ヘイトクライム」とみられる事件は、アメリカの主要都市において2021年に入ってからの3カ月間で、前年の同じ時期の2.6倍に上っています。アジア系を狙った犯罪や差別の言動は新型コロナウイルスの感染拡大が始まった2020年初頭から話題になり始ましたが、特に2021年になって目立っています。
特に、ロサンゼルスやニューヨークで高齢のアジア系住民をターゲットにした暴力事件が増加し、著名なセレブからもStop Asian Hateの動きが出ていました。リアーナやグウィネス・パルトロウ、ケイト・ハドソン、バラク・オバマ前大統領など多数のセレブ達による、ムーブメントが起きています。#StopAsianHate「アジア人ヘイトを止めよう」というハッシュタグをつけて、SNSでのヘイトクライムの抗議をしています。

Unit

02 Animal Fur

STEP 1～STEP 6の順に進みながら、スピーキングに必要な英作文する思考を養い、発音力とスピーキング力を鍛えましょう！

STEP 1 テーマの説明を読んで、理解を深めましょう。

Saks Fifth Avenue announced it will be phasing out all animal fur products by the end of fiscal 2022. This is in response to growing anti-fur sentiment among its clientele.

サックス・フィフス・アベニューは2022 年度末までにすべての動物の毛皮製品の販売を段階的に廃止すると発表しました。これは、毛皮を忌避する購入者感情の高まりを受けたものです。

＊sentiment「感情；気持ち」／clientele「常連；顧客；贔屓」

STEP 2 テーマに関する、簡単なスピーチ（自分の意見）を述べてみましょう。次の日本語を英語にするとどのようなスピーチになるか考えてみましょう。

回答例の日本語訳

毛皮農場の動物たちは、窮屈で不衛生な金網の檻の中に閉じ込められて一生を過ごします。毛皮農家は窒息死、感電死、ガス死、毒殺などを含む、利用できる最も安価で残酷な殺害方法を使います。毛皮製品の段階的廃止は、正しい方法だと思います。

英作文のヒント

> 意見を述べるときの視点・考え方のヒント

▸まずこのテーマを読んで「知りませんでした」「びっくりしました」という感想が最初に頭に浮かんだ方や、このテーマについて知っていることが少なかった方は、「今、毛皮製品の段階的廃止の裏にある事情を知った上でどう関わっていくか」を述べることで行動力を見せられると良いです。

▸ SDGsがより身近に話題に上がるようになった昨今、ファーフリーを宣言するブランドも増えてきています。そういった背景を交えながら毛皮製品の段階的廃止に賛成を表し、自らも意識的にファーフリーの製品を買うように努めたいと行動力をアピールすると良いでしょう。また、ファーが好きだという方も、動物の毛皮ではないもので代用する方法を模索するなど行動力を表すことがポイントです。

▸アメリカではこのような社会問題をテーマにした授業が多く、若いときから常に考えて行動する習慣があるのです。

単語・表現のヒント

confine「（逃げられないように人・動物などを）閉じ込める；監禁する」／cramped「狭苦しい」／filthy「汚れた；不潔な」／cruel「残酷な；むごい；残虐な；無慈悲な；非情な」／suffocation「窒息」／electrocution「感電死」／phase out「段階的に廃止する」

STEP 3　回答例を確認しましょう。STEP 2の日本語から英語にするときに、どのような点を注意したら、より英語らしい表現になるか、解説を読んで確認してみましょう。

1 Animals on fur farms spend their entire lives confined to cramped, filthy wire cages. Fur farmers use the cheapest and cruelest 2 killing methods available, 3 including suffocation, electrocution, gas, and poison. I think 4 phasing out animal fur products is 5 the right way to go.

毛皮農場の動物たちは、窮屈で不衛生な金網の檻の中に閉じ込められて一生を過ごします。毛皮農家は窒息死、感電死、ガス死、毒殺などを含む、利用できる最も安価で残酷な殺害方法を使います。毛皮製品の段階的廃止は、正しい方法だと思います。

スピーチ表現のポイント

1 | Animals on fur farms spend their entire lives confined to cramped, filthy wire cages.

▸ spend one's entire life (lives)を使って「人生を…（すること）にかけている；一生を…して過ごす」という表現を使えるようにしましょう。

例 > I **spend my entire life** swimming.（自分の人生すべてを水泳にかけている）

▸ この英文では、confined to cramped, filthy wire cages部分が人生に費やす対象です。cramped, filthy wire cages部分はcramped and filthy wire cagesとandでつなぎがちですが、このようにカンマで並列にすることでスッキリとした大人っぽい表現になります。

2 | killing methods

▸ methodsは何かを習得するときに使います（methodologyはもう少し格式高い語）。英語のhow toはmethodsと近い意味です。日本語の「ハウツー」に相当する語に、for dummiesや101（ワン・オー・ワン）などがあります。For Dummiesは有名な洋書のタイトルでもあります。101はMath 101のように「授業名＋101」で「入門向けの数学（授業名）」という意味を表します。

3 | including

▶「例えば、」と言いたいときにfor example, やsuch as, likeなどと同じように、includingも使ってみましょう。

4 | phasing out

▶ phase out「段階的に廃止する」という句動詞です。ネイティブは句動詞を多用するのでぜひ使いこなせるようにしましょう。

例 > European nations have decided to **phase out** the use of nuclear power.
（ヨーロッパ諸国は、原子力の使用を徐々に廃止することを決めた）

5 | the right way to go

▶ right + way to goと考えるとわかりやすいです。Way to go! は、「ナイス、いいぞ！」「その調子！」という意味のフレーズ。そのイメージから、この言葉を使うとカジュアルな印象を与えやすくなります。最後の1文で強い意志を表しているので、あえてやわらかさを出すway to goという表現を使うことで全体の口調がやさしく聞こえるように工夫しています。

STEP 4 回答例のスクリプトから、巻頭の「ルールハンティング・リスト」を使って、「ルールハンティング」しましょう。注意すべき発音をあらかじめ押さえます。

[1]Animal**s** **o**n [2]f**ur** [3]f**ar**ms [4]spen**d** [5]**th**ei**r** **e**ntire lives confined to cramped, filthy wire cages. Fur farmers use the cheapest and cruelest killing [6]method**s** **a**vailable, including [7]suffoca**tion**, [8]electrocu**tion**, gas, [9]**and** poison. I think phasing [10]ou**t** animal fur products is the [11]righ**t** way [12]**to** go.

ルール一覧

1	Animal**s** **o**n	**連結**→リストM-09	7	suffoca**tion**	シュン→リストS-21
2	f**ur**	リーダーのer→リストS-28	8	electrocu**tion**	シュン→リストS-21
3	f**ar**ms	スタバのar→リストS-23	9	**and**	**AND**→リストM-01
4	spen**d** **th**eir	**同化**→リストM-07	10	ou**t** animal	**弱くなる音**→リストM-08
5	thei**r** **e**ntire	**連結**→リストM-09	11	righ**t**	**tの脱落（poor T）**→リストM-03
6	method**s** **a**vailable	**連結**→リストM-09	12	**to**	（前置詞）toはル→リストS-25

STEP 5　STEP 4のルールと意味の句切れ目とイントネーション、内容語・機能語などを意識してスクリプトを読み上げてみましょう。音声は、アメリカ人男性ナレーター→アメリカ人女性ナレーター→日本人著者の順に3回読み上げられます。 DL-002

Animals on fur farms ↑ spend their entire lives ↑
confined to cramped, ↑ filthy ↑ wire cages. ↓
Fur farmers use the cheapest and cruelest killing methods available, ↓
including suffocation, ↑ electrocution, ↑ gas, ↑ and poison. ↓
I think phasing out animal fur products ↑ is the right way to go. ↓

※白色ハイライトは内容語

複合名詞・形容詞などひとかたまりで発音する単語

▸ fur farms／entire lives／wire cages／fur farmers／killing methods／animal fur products

注意すべきアクセントの位置

▸ **fur** (FUR) [**fur**] ｜ farにならないために、母音aの音を入れないように発音しましょう。
▸ **filthy** (FILthy) [**fil**·thee] ｜ -thy部分はvoiceless thの音で少し伸ばします。
▸ **electrocution** (electroCUtion) [i·lek·truh·**kyoo**·shn] ｜第4音節にアクセント。アクセント部分は「キュー」と発音します。

STEP 6　STEP 5までの発音やリズム（句切れ目）に慣れてきたら、音声をもう一度聞きながらシャドーイングしてみましょう。

Column

海外セレブや著名人などがリアルファーを取り入れないと宣言したことで多くのブランドでファーフリーの動きが広まりました。ステラマッカートニーやラルフローレン、アルマーニグループ、グッチ、コーチなど錚々たるブランドがリアルファーの使用廃止を宣言しています。代わりにエコファー（ヴィーガンファー、フェイクファー）といって主に化学繊維などを使い、動物の毛皮に似せて作られた素材がはやりつつあります。

意識の高い買い物客たちは自らファー製品の購入を控えるようになってきているため、百貨店も対応を強いられている状況です。そもそも店頭にファー製品が並んでいるということがブランドのイメージダウンになる時代に突入したのでしょう。

Unit

03 COVID-19 Vaccines

STEP 1～STEP 6の順に進みながら、スピーキングに必要な英作文する思考を養い、発音力とスピーキング力を鍛えましょう！

STEP 1 テーマの説明を読んで、理解を深めましょう。

Medical researchers are in a rush to develop COVID-19 vaccines that are more effective and more convenient for the general public — including ones without needles.

医学研究者たちは、（注射針なしのワクチンなどを含む）一般人に、より効果的で便利な新型コロナワクチンを大急ぎで開発しようとしています。

＊needle「針」

STEP 2 テーマに関する、簡単なスピーチ（自分の意見）を述べてみましょう。次の日本語を英語にするとどのようなスピーチになるか考えてみましょう。

回答例の日本語訳

ワクチンは、COVID-19を終わらせるための希望です。針を使わないワクチンは画期的なものであり、注射(予防接種)をする必要がないため、より気軽にワクチン接種を受けられるようになるかもしれません。これにより、ワクチン接種のスピードが上がるはずです。

英作文のヒント

› 意見を述べるときの視点・考え方のヒント

▸ パンデミック以降、新型コロナウイルスワクチンは、最も馴染みのあるテーマのひとつではないでしょうか。このように身近で、誰にとっても関わりのあるテーマは非常に関心の度合いが高く、意見を述べやすいでしょう。

▸ ワクチン接種に対して賛成か反対かという立場は重要ではありません。ここではワクチン接種に前向きなスピーチ例を掲載しましたが、反対の立場の意見でも立場や意見が明確に伝われば全く問題ありません。その場合も自分の経験や体験談などから立場を明確にすることで説得力を与えることができます。例えば、研究職に就く塾生さんで「ワクチン接種を受けるという人は科学リテラシーが低い」とワクチン接種に反対の意見を述べる人もいましたが、経験をもとにしている意見なので説得力がありました。

> 単語・表現のヒント

put ... behind us「嫌なことを忘れる；考えないようにする；決別する」／**needle**「針」／**game changer**「大変革をもたらすもの；形勢を一変させる出来事」／**shot (inoculation)**「予防接種」／**vaccinate ...**「…にワクチン接種をする」

STEP 3　回答例を確認しましょう。STEP 2の日本語から英語にするときに、どのような点を注意したら、より英語らしい表現になるか、解説を読んで確認してみましょう。

Vaccines 1**are the hope to** 2**putting** COVID-19 2**behind us**. Vaccines without needles would be a 3**game changer**. 4**Not** having to administer a shot 5**might** allow people to be vaccinated more easily. This 6**should** increase the speed 7**at which people are vaccinated**.

ワクチンは、COVID-19を終わらせるための希望です。針を使わないワクチンは画期的なものであり、注射(予防接種)をする必要がないため、より気軽にワクチン接種を受けられるようになるかもしれません。これにより、ワクチン接種のスピードが上がるはずです。

スピーチ表現のポイント

1 | are the hope to ...

例 > President Biden **is the hope to** change the US.
(バイデン大統領は、アメリカを変える希望です)

2 | putting ... behind us

▸ put ... behind us「嫌なことを忘れる；考えないようにする」という意味のイディオムです。

例 > Let's **put** this **behind us**.(そのことは水に流しましょう)

3 | game changer

▸ game changerは俗っぽい言葉で、「革新的なもの；画期的なもの」の意味。もとは「試合の流れを一気に変えてしまうプレー(選手)」という意味で、インタビューや宣伝でよく使います。

▸ This is(It's) a game changer. というフレーズもよく使います。

4 | Not ...

▸ 「…しないということは；…しなくていいことは」というnotで始まる主語。使い勝手が良く、ネイティブがよく使うので覚えておくと便利です。

例 > **Not** sleeping at night, will damage your mental health in the long run.
(長い目で見ると、夜寝ないことは精神的な健康を害することになるでしょう)

5 | might

▶ mightとmayでは、mayのほうが硬い語で、mightのほうが少しやわらかい語です。また、「かもしれない」という可能性の度合いがmightのほうが弱く、mayのほうが少し強い印象を与えます。

6 | should

▶「未来の推測」として、「…するはずだ」という意味でshouldが使われています。willを使っても良いです。

7 | at which people are vaccinated

▶ここではat which「前置詞＋関係代名詞」の形になっていることに注意しましょう。people are vaccinated at the speed ... のthe speedを関係代名詞whichを使って説明しているので、at whichと前置詞を忘れないように。

STEP 4 回答例のスクリプトから、巻頭の「ルールハンティング・リスト」を使って、「ルールハンティング」しましょう。注意すべき発音をあらかじめ押さえます。

[1]Vaccines are the hope to [2]putting [3]COVID-19 [4]behind us. Vaccines [5] [6]without [7]needles [8]would be a game changer. Not having to administer a shot [9]might allow [10]people to be vaccinated [11]more easily. [12]This [13]should [14]increase the [15]speed at which people are vaccinated.

ルール一覧

1	Vaccines are	連結→リストM-09	9	might allow	弱くなる音→リストM-08
2	putting	弱くなる音→リストM-08	10	people	Dark L→リストS-03
3	COVID-19	Long O→リストS-09	11	more easily	連結→リストM-09
4	behind us	連結→リストM-09	12	This	Voiced th→リストS-12
5	without	Voiced th→リストS-12	13	should increase	連結→リストM-09
6	without	tの脱落（poor T）→リストM-03	14	increase	子音クラスター→リストS-20
7	needles	Dark L→リストS-03	15	speed at	連結→リストM-09
8	would be	同化→リストM-07			

STEP 5　STEP 4のルールと意味の句切れ目とイントネーション、内容語・機能語などを意識してスクリプトを読み上げてみましょう。音声は、アメリカ人男性ナレーター→アメリカ人女性ナレーター→日本人著者の順に3回読み上げられます。 DL-003

Vaccines are the hope ↑ to putting COVID-19 behind us. ↓
Vaccines without needles ↑ would be a game changer. ↓
Not having to administer a shot ↑
might allow people ↑ to be vaccinated more easily. ↓
This should increase the speed ↑ at which people are vaccinated. ↓

※白色ハイライトは内容語

複合名詞・形容詞などひとかたまりで発音する単語

▶ COVID-19／game changer

注意すべきアクセントの位置

▶ **administer** (adMInister) [uhd·**mi**·nuh·str] ｜第2音節にアクセントが置かれます。

▶ **vaccinated** (VACcinated) [**vak**·suh·nay·tuhd] ｜日本語のワクチンに引きずられて、「ワクチネィテッド」と発音しないように。「ヴァクサネイティッド」が近いです。

STEP 6　STEP 5までの発音やリズム（句切れ目）に慣れてきたら、音声をもう一度聞きながらシャドーイングしてみましょう。

Column

大阪大学の研究グループは創薬ベンチャーが臨床試験を進める新型コロナウイルスのワクチンについて、針のない新しいタイプの注射器でも治験を実施すると発表しました。投与量を10分の1程度に抑えられる可能性があり、安全性などを確かめる段階に入ります。新しい注射器は少量の火薬を使って皮膚の浅い部分にワクチンを送り込む仕組みで、大阪の化学メーカーと共同開発しました。人への使用は初めてで、初期段階の治験として成人20人に接種しました。動物実験では、一般的な注射器による筋肉注射よりも少ない投与量で有効性が確認されました。
コロナワクチンはこれからも継続的な接種が必要になってくるかもしれません。広く供給するための手立てを考えるのは喫緊の課題です。

Unit

04 Climate Crisis

STEP 1～STEP 6の順に進みながら、スピーキングに必要な英作文する思考を養い、発音力とスピーキング力を鍛えましょう！

STEP 1 テーマの説明を読んで、理解を深めましょう。

In Japan, cherry blossoms are a signal of the arrival of spring. Cherry blossom season starts earlier and ends more quickly than it did in the past. Scientists believe this is one of the symptoms of climate crisis.

日本では桜は春の到来のしるし。桜のシーズンは昔より早く始まり、さらに早く終わるようになっています。科学者たちは、これを気候危機のひとつの症候だと考えています。

＊signal「サイン；しるし」／symptom「症候；兆候」

STEP 2 テーマに関する、簡単なスピーチ（自分の意見）を述べてみましょう。次の日本語を英語にするとどのようなスピーチになるか考えてみましょう。

回答例の日本語訳

桜と言えば、日本で4月から始まる新学年を思い浮かべていました。このまま温暖化対策を取らなければ、桜の季節は3月、あるいは最悪の場合、2月になってしまうかもしれません。

英作文のヒント

› 意見を述べるときの視点・考え方のヒント

▸日本人やイギリス人は話のきっかけに気候や天気を話題にすることが多いと思います。一方で、アメリカ人が気候の話題を出すことはあまりありません。

▸日本人は気候や天気の話題が身近で日常的であるにも関わらず、世界規模のテーマである気候変動についての話題になったとたんに、意見が言えなくなる人が多く、気候変動に対する関心や意識の低さを感じます。このスピーチでは、身近に感じる気候、季節、特に四季の変化について触れながら、気候変動への危機感を表しています。

▸最近は、大学で環境問題に取り組むサークルが増えていると聞いたことがあります。グレタ・トゥーンベリさんのようなリーダーのおかげで10～20代から環境問題へ意識を向けるきっかけが増えているようです。もし自身で何か環境問題への取り組みをしているならば、その活動と経験を踏まえて意見を述べても良いでしょう。

› 単語・表現のヒント

associate ... with ～「…と言えば～を連想する」／**take action on ...**「…に対する対策を取る」／**or worse**「あるいは最悪の場合」

STEP 3 回答例を確認しましょう。STEP 2の日本語から英語にするときに、どのような点を注意したら、より英語らしい表現になるか、解説を読んで確認してみましょう。

I have always [1]**associated cherry blossoms with** the beginning of the new school year in Japan[2]**, which** starts in April. If we don't [3]**take action on** global warming, [4]**cherry blossom season may come** in March [5]**or worse**, February.

桜と言えば、日本で4月から始まる新学年を思い浮かべていました。このまま温暖化対策を取らなければ、桜の季節は3月、あるいは最悪の場合、2月になってしまうかもしれません。

スピーチ表現のポイント

1 | associated cherry blossoms with ...

▶ associate with ...「…とつき合う」「…と友達だと思う」という意味の他、この英文のように「…を連想する」という意味もある句動詞。「…と友達だと思う」という意味で使うときは、否定形で使われることが多いです。

例 › I don't want to be **associated with** you.（あなたと同類にされたくない）

2 | , which

▶「カンマ＋関係代名詞（which）」は非制限用法で、[, which] 以降の情報を補足的に加えたいときに使う便利な表現。

3 | take action on ...

▶ take action on ...「…に対して行動する」という意味のイディオムです。

例 › School officials plan to **take action** against bulling.
（学校関係者たちはいじめに対して行動する計画です）

4 | cherry blossom season may come ...

▶このスピーチのように、主語に［物・事物］が置かれる無生物主語の表現を英語ではよく使います。A new era has come ...「新しい時代がきた…」のように「時」を主語にすることも多いです。

例 › **Time** will tell.（時が経てばわかる）

5 | or worse

▶次のようなフレーズで使うこともよくあります。

例 > For better or for worse.（良くても悪くても）

▶反対表現はat best「良くても；せいぜい」という意味です。

例 > He's **at best** a second-rate writer.（彼はせいぜい二流作家だ）

STEP 4 回答例のスクリプトから、巻頭の「ルールハンティング・リスト」を使って、「ルールハンティング」しましょう。注意すべき発音をあらかじめ押さえます。

I 1ha**ve** 2 3**al**way**s** **a**ssociated cherry 4 5bl**o**ssom**s** with the 6beginnin**g** **o**f the new school 7yea**r** **i**n Japan, which 8 9start**s** **i**n 10Apri**l**. If we 11don**'t** 12**take action on** 13 14**gl**oba**l** warming, cherry blossom 15**sea**son may 16co**me i**n March or 17w**or**se, February.

ルール一覧

1	have always	連結→リストM-09	10	April	Dark L→リストS-03
2	always	おの口であ→リストS-18	11	don't take	同化→リストM-07
3	always associated	連結→リストM-09	12	take action on	連結→リストM-09
4	blossoms	short O→リストS-10	13	global	子音クラスター→リストS-20
5	blossoms	複数形・三単現・isの短縮のs→リストS-27	14	global	Dark L→リストS-03
6	beginning of	連結→リストM-09	15	season	CC-Lemon→リストS-02
7	year in	連結→リストM-09	16	come in	連結→リストM-09
8	starts	複数形・三単現・isの短縮のs→リストS-27	17	worse	リーダーのer→リストS-28
9	starts in	連結→リストM-09			

STEP 5 STEP 4のルールと意味の句切れ目とイントネーション、内容語・機能語などを意識してスクリプトを読み上げてみましょう。音声は、アメリカ人男性ナレーター→アメリカ人女性ナレーター→日本人著者の順に3回読み上げられます。 DL-004

I have always associated ↑ cherry blossoms ↑
with the beginning ↑ of the new school year ↑ in Japan, ↓ which starts in April. ↓
If we don't take action ↑ on global warming, ↓
cherry blossom season ↑ may come in March ↓ or worse, ↑
February. ↓

※白色ハイライトは内容語

複合名詞・形容詞などひとかたまりで発音する単語

▶ cherry blossoms／school year／global warming／cherry blossom season

注意すべきアクセントの位置

▶ **associated** (asSOciated) [uh·**sow**·see·ay·tuhd] | 第2音節にアクセントが置かれます。ssoの部分は、sow「ソゥ」と発音しましょう。

▶ **beginning** (beGInning) [bee·**gi**·nuhng] | 第2音節にアクセントが置かれます。

▶ **February** (FEbruary) [**feh**·byoo·eh·ree] | 第1音節にアクセントが置かれます。スペルとは異なり、語頭は「フェビュ」と発音します。

STEP 6 STEP 5までの発音やリズム(句切れ目)に慣れてきたら、音声をもう一度聞きながらシャドーイングしてみましょう。

Column

東京の開花記録を見ると、1960年代の10年平均では、3月30日頃の開花でしたが、1990年代から顕著に早くなり始め、2000年代に入ってからは3月22日が平均となっています。
東京の開花は千代田区の靖国神社にあるソメイヨシノの標本木で判定されます。2021年の東京の開花日は3月14日で、これは1953年の統計開始以来最も早い日でした。最高気温の平均値も年々上がっており、特に開花日が早くなり始めた1990年代から上昇傾向になっていると言います。この傾向は、地球温暖化や人口増による都市化の影響と考えられます。
このスピーチでも述べたように「入学式」の風物詩だった桜が「卒業式」の風物詩になってきているようです。桜の開花が早まっている他、地球温暖化の影響は他にも様々です。高潮や沿岸部の洪水、海面上昇による健康障害や生計崩壊のリスク、熱波による死亡や疫病…などです。たくさんの影響があるので、どれを選んでスピーチしても良いですね。

Unit

05 Sexism

STEP 1〜STEP 6の順に進みながら、スピーキングに必要な英作文する思考を養い、発音力とスピーキング力を鍛えましょう！

STEP 1 テーマの説明を読んで、理解を深めましょう。

Yoshiro Mori, chief of the Tokyo 2020 Olympics organizing committee, announced his resignation. He faced widespread criticism over sexist comments.

東京2020オリンピック組織委員会の森喜朗会長は辞任を発表しました。性差別的な発言で広く批判を浴びました。

＊resignation「辞職；辞任；退陣」

STEP 2 テーマに関する、簡単なスピーチ（自分の意見）を述べてみましょう。次の日本語を英語にするとどのようなスピーチになるか考えてみましょう。

回答例の日本語訳

森氏の発言の真意がどこにあるのか気になるところですが、会議で女性がしゃべりすぎだという森氏の発言は、明らかに性差別的です。年齢は、彼の言動の言い訳にはなりません。

英作文のヒント

› 意見を述べるときの視点・考え方のヒント

▸日本でも話題になったニュースのひとつなので、意見を述べやすい人も多いのではないでしょうか。こういった差別（特に性差別）については、「しょうがない」という中庸的な意見を述べようとする日本人が多いと筆者は感じます。例えば、このニュースで言えば、「（森氏は）ジェンダーに配慮するには高齢すぎて、しょうがない」というような意見です。こういった立場のスピーチは英語圏では通用しません。その証拠に英語に「しょうがない」に完全に一致する表現がないのです。

▸また、森氏の発言を踏まえて「自分ではどうしようもない」というスタンスは英語のスピーチではNGです。そういったスタンスは、無関心さを主張していると捉えられるので、必ず、テーマになっている問題を自分と切り離さずに考えて発言することが重要です。

> 単語・表現のヒント

intention「意図」／**remark**「発言」／**outright**「完全に；明らかな」／**sexist**「性差別の」

STEP 3　回答例を確認しましょう。STEP 2の日本語から英語にするときに、どのような点を注意したら、より英語らしい表現になるか、解説を読んで確認してみましょう。

[1]**I wonder** what Mori's true intentions were [2]**behind his** [3]**remark**, but his **comments** regarding women talking too much in meetings is [4]**outright** sexist. His age [5]**is** not **an excuse for** his behavior.

森氏の発言の真意がどこにあるのか気になるところですが、会議で女性がしゃべりすぎだという森氏の発言は、明らかに性差別的です。年齢は、彼の言動の言い訳にはなりません。

スピーチ表現のポイント

1 I wonder

▶ wonderは「…かなと思う」という疑問を含んだニュアンスを持つ動詞。

例 > **I wonder** if I will get a Christmas present this year.
（今年はクリスマスプレゼントをもらえるのかなあ）
I wonder what he will look like when he gets older.
（彼は大人になったらどんなふうになるのかなあ）

2 behind his remark

▶ behindは「…の裏に」で、behind the scenes「舞台裏」という表現がよく使われるので覚えておくと良いです。

例 > I wonder what goes on **behind the scenes**.（裏で行われていることって何だろう）

3 remark/comments

▶ 日本では同じ「発言」と訳されるremarkとcommentsという2語。英語では同じ言葉（単語）を繰り返さないことが通常です。commentsの部分をremarkにしても間違えではありませんが、このスピーチのように違う単語を使うほうが良いです。代名詞などに置き換えて言い換えることも可能ですが、このスピーチでは文法的に不可能なので、違う単語を選びましょう。

4 outright

▶「完全に；徹底的に；すっかり；公然と」という意味の副詞です（形容詞としての用法もある）。completelyなどと言い換え可能ですが、outrightのほうがニュアンスが強い単語なので、強調して表現したいときはこの単語を使うと良いでしょう。

5 | is ... an excuse for~

▶ be excused for …「…を言い訳にする」、an excuse for ... で「…の言い訳」という意味。

例 > I used my migraines as **an excuse for** my absence from work.
(仕事を休んだ言い訳に片頭痛を使いました)
He always uses his dog as **an excuse for** his not doing homework.
(彼は、宿題をしなかった言い訳に犬をいつも利用します)

STEP 4 回答例のスクリプトから、巻頭の「ルールハンティング・リスト」を使って、「ルールハンティング」しましょう。注意すべき発音をあらかじめ押さえます。

I wonder 1wha**t** 2Mori**'s** true 3intention**s** 4w**er**e behind 5**h**is remark, but 6**h**is 7comment**s** regarding women 8t**al**king too 9mu**ch i**n 10 11meeting**s is** 12**o**utrigh**t** 13sexis**t**. 14Hi**s age i**s 15no**t** 16a**n e**xcuse for 17**h**is behavior.

ルール一覧

1	what	**tの脱落（poor T）**→リストM-03	10	meetings	複数形・三単現・isの短縮のs→リストS-27
2	Mori's	所有格のs→リストS-22	11	meetings is outright	**連結**→リストM-09
3	intentions	複数形・三単現・isの短縮のs→リストS-27	12	outright	**tの脱落（poor T）**→リストM-03
4	were	リーダーのer→リストS-28	13	sexist	**tの脱落（poor T）**→リストM-03
5	his	hの脱落→リストS-07	14	His age is	**連結**→リストM-09
6	his	hの脱落→リストS-07	15	not an	**弱くなる音**→リストM-08
7	comments	複数形・三単現・isの短縮のs→リストS-27	16	an excuse	**連結**→リストM-09
8	talking	おの口であ→リストS-18	17	his	hの脱落→リストS-07
9	much in	**連結**→リストM-09			

STEP 5　STEP 4のルールと意味の句切れ目とイントネーション、内容語・機能語などを意識してスクリプトを読み上げてみましょう。音声は、アメリカ人男性ナレーター→アメリカ人女性ナレーター→日本人著者の順に3回読み上げられます。 DL-005

I wonder what ↑
Mori's true intentions were ↑
behind his remark, ↓
but his comments ↑
regarding women talking too much in meetings ↑
is outright sexist. ↓
His age is not an excuse ↑ for his behavior. ↓　※白色ハイライトは内容語

複合名詞・形容詞などひとかたまりで発音する単語

▸ true intentions

注意すべきアクセントの位置

▸ **intentions** (inTENtions) [uhn·**ten**·shnz] | 第2音節にアクセントが置かれます。

▸ **excuse** (exCUse) [eks·**kyu**s] | 名詞なので「イクスキューズ」ではなく「イクスキュース」と語尾がsの音になることに注意しましょう。

▸ **behavior** (beHAvior) [buh·**hay**·vyr] | 第2音節にアクセントが置かれます。アクセントのあるha部分は「ヘイ」です。

STEP 6　STEP 5までの発音やリズム（句切れ目）に慣れてきたら、音声をもう一度聞きながらシャドーイングしてみましょう。

Column

東京オリンピック（五輪）・パラリンピック組織委員会の森喜朗会長による「女性がたくさん入っている会議は時間がかかる」発言に対し、森喜朗会長は責任を取り、辞任する意向を表明しました。ジェンダー平等が、東京オリンピックの基本的原則のひとつであることも逆風となり、海外では森氏の発言を厳しく批判する報道が圧倒的に多かったです。

Unit

06 Banksy

STEP 1～STEP 6の順に進みながら、スピーキングに必要な英作文する思考を養い、発音力とスピーキング力を鍛えましょう！

STEP 1 テーマの説明を読んで、理解を深めましょう。

A Banksy painting depicting a child playing with a toy superhero nurse sold for £16.7 million. The painting, named "Game Changer," honors UK healthcare workers.

おもちゃのスーパーヒーロー看護師と遊ぶ子どもを描いたバンクシーの絵画は1,670万ポンドで売れました。「ゲームチェンジャー」と名づけられた絵画はイギリスの医療従事者を称えています。

＊game changer「試合の流れを一気に変えてしまうような選手［プレー］」／honor「栄誉を授ける；称賛する」

STEP 2 テーマに関する、簡単なスピーチ（自分の意見）を述べてみましょう。次の日本語を英語にするとどのようなスピーチになるか考えてみましょう。

回答例の日本語訳

破壊行為と貴重な価値ある芸術の境界線は紛らわしいものです。アーティストは、作業を始める前に事前に建物の所有者の許可を得る必要があると思います。それができなければ、それは単に法律違反をしていることになります。

英作文のヒント

› 意見を述べるときの視点・考え方のヒント

▸日本人は知識を述べることと意見を述べることが混同している人が多いように感じます。持ち合わせている知識を披露するだけでは、意見文とは言えません。グローバル社会では、知識＋意見を披露することこそ、社交性の表れだと考えられています。

▸今回のテーマである「バンクシー」から「アートの境界線」というオリジナルの視点で意見を述べたスピーチ例です。「芸術は理解するのが難しい」「芸術品は高い」というネガティブな意見にするのではなく、STEP 1 にある「テーマの説明」から読み取れる範囲で自分なりに様々な切り口・アイデアを広げるのがポイントです。

▸「ものの価値ってどう決まるのだろう」「落書きなのに、なんで売られるのだろうか？」「裕福な人がお金を回すのはいいことなのだろうか」…などの視点からの意見も良いですね。

> 単語・表現のヒント

line「境界線」／**vandalism**「器物損壊；破壊行為；侮蔑的扱い；荒らし」／**ask for permission**「許可を求める」／**otherwise**「さもなければ」

STEP 3　回答例を確認しましょう。STEP 2の日本語から英語にするときに、どのような点を注意したら、より英語らしい表現になるか、解説を読んで確認してみましょう。

The line between [1]**vandalism and valuable art** is [2]**a confusing one**. [3]**I believe** that the artist needs to [4]**ask for permission** of the owner of the building before they start working. [5]**Otherwise,** it is breaking the law.

破壊行為と貴重な価値ある芸術の境界線は紛らわしいものです。アーティストは、作業を始める前に事前に建物の所有者の許可を得る必要があると思います。それができなければ、それは単に法律違反をしていることになります。

スピーチ表現のポイント

1 | vandalism and valuable art

▶英語はリズムが重要な言語です。この部分を例えば、... between vandalism and art「破壊行為と芸術の間の…」とすることも間違いではありません。しかし、artという語が短すぎてbetween A and BのAとBがアンバランスです。valuable artとすることで語の長さのバランスもちょうど良く、またvandalismとvaluableのふたつの語がvaから始まっているのでリズム感もちょうど良くなります。

2 | a confusing one

▶ confuseはI'm confused ... と受け身で使うことに慣れている人が多いかもしれませんが、このスピーチのように［物］を主語にして使う、形容詞としてのconfusingの使い方も覚えておくと良いです。また、このone=lineのことです。

例 > Today's lecture was **confusing**.（今日の講義はわかりにくかった）
This book contains many difficult vocabulary words and is **confusing**.
（この本はたくさんの難しい単語が含まれていて、紛らわしい）

3 | I believe

▶同じく「…と思う」という意味のI thinkでもOKです。ただ、thinkよりもbelieveのほうが思いが強いという違いがあります。思いを少し強めに伝えたいときはbelieveを使ってみましょう。

4 | ask for permission

▸この表現のポイントはask for ...「…を求める；…を要求する」という句動詞。

例 > We never **ask for** credit card information over the phone.

（私たちは、クレジットカード情報を電話では決して求めません）

ask for permissionは、プロポーズの際に相手の父親に許可をもらうときにも使われます。

5 | Otherwise,

▸ここでのotherwiseはor elseと言い換えても良いです。

例 > Take notes during the meeting. **Otherwise**, you'll forget what was discussed.

（会議中はメモを取りなさい。そうしなければ、議論されたことを忘れてしまいますよ）

STEP 4 回答例のスクリプトから、巻頭の「ルールハンティング・リスト」を使って、「ルールハンティング」しましょう。注意すべき発音をあらかじめ押さえます。

The 1line between vandalism 2and 3valuable 4art 5is a confusing one. I 6believe that the 7artist needs 8to ask for 9permission of the 10owner of the building before they 11start 12working. Otherwise, 13it is breaking the law.

ルール一覧

1	line	Light L→リストS-08	8	to ask	w-insertion→リストM-04
2	and	AND→リストM-01	9	permission	シュン→リストS-21
3	valuable	Dark L→リストS-03	10	owner of	連結→リストM-09
4	art is	弱くなる音→リストM-08	11	start working	同化→リストM-07
5	is a	連結→リストM-09	12	working	リーダーのer→リストS-28
6	believe	Light L→リストS-08	13	it is	弱くなる音→リストM-08
7	artist needs	同化→リストM-07			

STEP 5　STEP 4のルールと意味の句切れ目とイントネーション、内容語・機能語などを意識してスクリプトを読み上げてみましょう。音声は、アメリカ人男性ナレーター→アメリカ人女性ナレーター→日本人著者の順に3回読み上げられます。 DL-006

The line between ↑ vandalism and valuable art ↑
is a confusing one. ↓
I believe that the artist ↑
needs to ask for permission ↑ of the owner of the building ↑
before they start working. ↓
Otherwise, ↓ it is breaking the law. ↓

※白色ハイライトは内容語

複合名詞・形容詞などひとかたまりで発音する単語

▶ valuable art

注意すべきアクセントの位置

▶ **vandalism** (VANdalism) [**van**·duh·li·zm] | 下の唇を軽くかみながら第1音節にアクセントを置きます。

▶ **valuable** (VALuable) [**val**·yoo·uh·bl] | vandalism同様、下の唇を軽くかみながら第1音節にアクセントを置きます。lu部分は「リュ」に近い音です。

▶ **confusing** (conFUsing) [kuhn·**fyoo**·zuhng] | 第2音節にアクセント。「フュー」と伸ばして発音しましょう。

▶ **Otherwise** (Otherwise) [**uh**·thr·wize] | 第1音節にアクセント。Otherのthは Voiced thで舌の先端を上下の歯でかるくかむように発音しましょう。

STEP 6　STEP 5までの発音やリズム（句切れ目）に慣れてきたら、音声をもう一度聞きながらシャドーイングしてみましょう。

Column

イリーガルなグラフィティライターとして出発したバンクシーは、自らの正体を明かすことはありません。匿名で2000年代前半までは、対面の取材なども受けていたそうですが、現在はメールか電話のみでしか取材は受けていないそうです。
わかっているのは「イギリス出身の男性である」ということのみで、詳細なプロフィールは非公表。様々な資料を総合すると1973年頃に、イギリス西部の港町、ブリストルに生まれたと言われています。

Unit

07 Philanthropy

STEP 1～STEP 6の順に進みながら、スピーキングに必要な英作文する思考を養い、発音力とスピーキング力を鍛えましょう！

STEP 1 テーマの説明を読んで、理解を深めましょう。

MacKenzie Scott, ex-wife of Amazon CEO Jeff Bezos, has remarried. MacKenzie, one of the world's richest people, is a philanthropist.

AmazonのCEOであるジェフ・ベゾスの元妻、マッケンジー・スコットが再婚しました。マッケンジーは世界で最も裕福な人物のひとりで、慈善家なのです。

*philanthropist「慈善家」

STEP 2 テーマに関する、簡単なスピーチ（自分の意見）を述べてみましょう。次の日本語を英語にするとどのようなスピーチになるか考えてみましょう。

回答例の日本語訳

2021年4月17日時点で、マッケンジーは614億ドルもの純資産を持ち、世界で3番目に裕福な女性となっています。人種的平等、LGBTQ平等、気候変動に焦点を当てた彼女の慈善活動は、とても印象的です。

英作文のヒント

> 意見を述べるときの視点・考え方のヒント

▸慈善活動や募金活動は一部の富裕層や著名人のすることで自分には関わりのないことだと感じている日本人は多いでしょう。しかし、アメリカでは寄付や募金活動をはじめとする慈善活動は極めて一般的で、多くの家庭で日常的に行われています。ぜひ前向きな意欲を伝えられるスピーチができると良いですね。

▸そもそもアメリカではお金を回すことで経済を回していくという考え方が根づいていて、そのほうが経済は良くなるという考え方が浸透しているように感じます。そのため、そのお金をどこに回していくかが重要です。

▸アメリカで寄付と言うと、家族や自身が病気になったときに助けられた団体、または病気を通して知った団体に寄付することが多いように思います。筆者の周りでは、自身の誕生日プレゼントの代わりに、指定の団体への寄付をお願いする友人も複数いました。

> 単語・表現のヒント

As of ...「…時点で」／worth of ...「…の価値」／the third-wealthiest「3番目に裕福な」／philanthropic「慈善的な」／racial equality「人種的平等」／impressive「印象的な」

STEP 3　回答例を確認しましょう。STEP 2の日本語から英語にするときに、どのような点を注意したら、より英語らしい表現になるか、解説を読んで確認してみましょう。

[1]**As of** April 17, 2021, MacKenzie has [2]**a net worth of** US$61.4 billion[3]**, making** her the third-wealthiest woman in the world. Her philanthropic work [4]**focusing on** [5]**racial equality, LGBTQ equality and climate change,** is impressive.

2021年4月17日時点で、マッケンジーは614億ドルもの純資産を持ち、世界で3番目に裕福な女性となっています。人種的平等、LGBTQ平等、気候変動に焦点を当てた彼女の慈善活動は、とても印象的です。

スピーチ表現のポイント

1 | As of ...

▶ as of ...「…の時点で；…現在」という意味のフレーズでビジネスシーンでもよく登場します。... には特定の日時を置きます。at, in, on 以外の表現も覚えておきましょう。

例 > **As of** today, there have been reported XXX cases of COVID-19 in Tokyo.
（今日の時点で、東京での新型コロナウイルス感染症感染者数はXXXです）

2 | a net worth of ...

▶ net worthで「純資産；自己資産」。会計用語ですが、ニュースなどでも度々見かけます。

例 > Who has **a net worth of** $1 billion?（10億の純資産を持っているのは誰ですか）

3 | , making ...

▶ , making ... はそれ以前の文を説明している分詞です。直訳すると「2021年4月17日時点で、マッケンジーは614億ドルの純資産を持っています。結果（だから）、世界で3番目に裕福な女性になっています」となります。

▶ , which makes her the third-wealthiest ... と関係代名詞を使うところを, making her the third-wealthiest ... と分詞で表現すると少し口語らしさを表現できます。

4 | focusing on ...

▶この部分をonだけにしても文法的に問題ないのですがその場合、「焦点を当てた」というニュアンスが含まれません。focusing on ...「…に焦点を当てた」はここでは、その前のphilanthropic work「事前活動」を後置修飾して詳しく説明しています。

5 | racial equality, LGBTQ equality and climate change

▶焦点を当てた3つの内容は並列してA, B and Cの形になっています。さらにここではAとBに当たる、最初のふたつの単語にequalityが使われていて、同じ単語を連続して使うことでリズム感を出しています。また、A、BとCそれぞれの単語の長さが同じ程度になっていることもバランスが良く、聞いていて心地の良い英語になっている要因です。

STEP 4 回答例のスクリプトから、巻頭の「ルールハンティング・リスト」を使って、「ルールハンティング」しましょう。注意すべき発音をあらかじめ押さえます。

1**As o**f April 17, 2021, MacKenzie has a net 2 3w**orth o**f US$61.4 4bill**ion**, making 5**h**er the 6 7th**ir**d-weal**th**iest 8woma**n i**n the world. Her 9philan**th**ropic work focusing on 10 11racia**l e**quality, 12LGBT**Q e**quality, 13**and** 14clima**te** 15chan**ge, is i**mpressive.

ルール一覧

1	As of	連結→リストM-09	9	philanthropic	Voiceless th→リストS-13
2	worth	リーダーのer→リストS-28	10	racial	Dark L→リストS-03
3	worth of	連結→リストM-09	11	racial equality	連結→リストM-09
4	billion	ィウン→リストS-16	12	LGBTQ equality	w-insertion→リストM-04
5	her	hの脱落→リストS-07	13	and	AND→リストM-01
6	third-wealthiest	リーダーのer→リストS-28	14	climate	tの脱落（poor T）→リストM-03
7	third-wealthiest	Voiceless th→リストS-13	15	change, is impressive	連結→リストM-09
8	woman in	連結→リストM-09			

STEP 5　STEP 4のルールと意味の句切れ目とイントネーション、内容語・機能語などを意識してスクリプトを読み上げてみましょう。音声は、アメリカ人男性ナレーター→アメリカ人女性ナレーター→日本人著者の順に3回読み上げられます。 DL-007

As of April 17, 2021, ↑
MacKenzie has a net worth of US$61.4 billion, ↓
making her the third-wealthiest woman ↑ in the world. ↓
Her philanthropic work ↑
focusing on racial equality, ↑ LGBTQ equality, ↑ and climate change, ↓
is impressive. ↓

※白色ハイライトは内容語

複合名詞・形容詞などひとかたまりで発音する単語

▶ net worth／philanthropic work／racial equality／LGBTQ equality／climate change

注意すべきアクセントの位置

▶ **April 17, 2021** ｜通常、April seventeenth twenty twenty-one（two thousand twenty-oneとも）と読みます。

▶ **$61.4 billion** ｜Sixty one point four billion dollarsと読みます。billionは「ビリオン」ではなく「ビリィウン」という音に注意しましょう。

▶ **philanthropic** (philanTHROpic) [fi·luhn·**thraa**·pik] ｜第3音節にアクセント。アクセント部分にvoiceless thの音があるので発音しにくいかもしれません。

▶ **equality** (eQUAlity) [ee·**kwaa**·luh·tee] ｜第2音節にアクセント。語頭のeは少し伸ばし気味に発音し、quaの部分は「クワァ」と発音します。

STEP 6　STEP 5までの発音やリズム（句切れ目）に慣れてきたら、音声をもう一度聞きながらシャドーイングしてみましょう。

Column

アマゾン創業者のジェフ・ベゾスの元妻のマッケンジー・ベゾスは自身の名前をマッケンジー・スコットに改めたことをアナウンスしました。慈善運動団体「ギビング・プレッジ」（世界トップ級の富裕層に資産の大半の寄付を促す取り組みで、ビル・ゲイツ夫妻とウォーレン・バフェットが始めた寄付啓蒙活動）に参加し、350億ドルの保有資産の少なくとも半分を慈善事業に寄付すると表明しました。

Unit

08 Korean Culture

STEP 1～STEP 6の順に進みながら、スピーキングに必要な英作文する思考を養い、発音力とスピーキング力を鍛えましょう！

STEP 1 テーマの説明を読んで、理解を深めましょう。

Empowered by the growing popularity of K-pop, and Korean films and dramas, Korean cuisine is becoming more and more popular in the global food scene.

K-POPや韓国映画、韓流ドラマ人気の後押しもあって、韓国料理は世界のグルメシーンにおいてどんどん人気になっています。

＊empower「～に…できるようにする；…に力を与える；…に自信を持たせる；…（人）を力づける」

STEP 2 テーマに関する、簡単なスピーチ（自分の意見）を述べてみましょう。次の日本語を英語にするとどのようなスピーチになるか考えてみましょう。

回答例の日本語訳

修学旅行で東京を訪れる若い学生の多くは、東京最大の「コリアタウン」である新大久保に行くことを楽しみにしています。若い学生たちと接していると、韓国文化の影響力の大きさに驚かされます。

英作文のヒント

> 意見を述べるときの視点・考え方のヒント

▶もし韓国文化そのものに詳しくない人でも、感情から韓国文化を否定すること（例えば、反韓感情などから）は、絶対にやめましょう。特にアメリカは多くの人種が共存している国で、政治的対立からくる感情的な人種差別は時代遅れと考えられています。もちろん、意見は何を言っても自由なのですが、感情的な意見はあまり聞いてもらえないかもしれません。

▶もし、I don't like Korean cultures ... と始めるのであれば、Why?「なぜ」と聞かれたときに、はっきりと答えられる理由があれば良いでしょう。例えば、K-POPの人気でJ-POPの売上が下がっているから、などの理由です。ネガティブな気持ちを伝える場合は、必ず、それがなぜなのかを自問自答することが必要です。

> 単語・表現のヒント

school trip「修学旅行」／engage with ...「…に関与する」／be surprised by ...「…に驚く」／impact on ...「…への影響」

STEP 3 回答例を確認しましょう。STEP 2の日本語から英語にするときに、どのような点を注意したら、より英語らしい表現になるか、解説を読んで確認してみましょう。

Many young students who visit Tokyo 1**on school trips** look forward to visiting 2**Shin Okubo, Tokyo's biggest "Korea Town."** When I 3**engage with** younger students, I 4**am surprised by** 5**how much of an impact Korean culture has had on them**.

修学旅行で東京を訪れる若い学生の多くは、東京最大の「コリアタウン」である新大久保に行くことを楽しみにしています。若い学生たちと接していると、韓国文化の影響力の大きさに驚かされます。

スピーチ表現のポイント

1 on school trips

▸ on school trips「修学旅行で」。前置詞の使い方は迷う人が多いので、気をつけましょう。onを使うフレーズをいくつかご紹介します。

例 > on a picnic「ピクニックに（で）」
on business「仕事に（で）」
on a business trip「出張に（で）」

2 Shin Okubo, Tokyo's biggest "Korea town."

▸カンマ前後で、同じことを言い換えています。ここでは、「新大久保」の後に、新大久保の説明として「東京で最大のコリアタウン」と加えています。このカンマで言い換える表現法は、新聞でよく使われます。

3 engage with ...

▸ engage with ...「…に関与する；関わる；従事する」という意味。

例 > I make an effort to **engage with** younger people.
（若い人たちと関わるように努力している）

4 am surprised by ...

▸この部分は、am surprised atと前置詞のatを使ってもOKです。

5 | how much of an impact Korean culture has had on them

▶ how much impact Korean ... としても文法的には問題ありません。ここでは、この部分を強調して伝えたいため、how much of an impact Korean ... としています。また have an impact on ...「…に影響を与える」というイディオムを使っています。

STEP 4 回答例のスクリプトから、巻頭の「ルールハンティング・リスト」を使って、「ルールハンティング」しましょう。注意すべき発音をあらかじめ押さえます。

Many young 1students who 2visit 3Tokyo on 4school 5trips look 6 7forward 8to 9visiting Shin Okubo, 10Tokyo's biggest "Korea Town." 11When I 12engage with younger 13students, I am 14surprised by how 15much of an impact Korean culture has had on them.

ルール一覧

1	students	複数形・三単現・isの短縮のs→リストS-27	9	visiting	弱くなる音→リストM-08
2	visit Tokyo	同化→リストM-07	10	Tokyo's	所有格のs→リストS-22
3	Tokyo on	w-insertion→リストM-04	11	When I	連結→リストM-09
4	school	Dark L→リストS-03	12	I engage	y-insertion→リストM-05
5	trips	複数形・三単現・isの短縮のs→リストS-27	13	students	複数形・三単現・isの短縮のs→リストS-27
6	forward	スポーツのor→リストS-24	14	surprised	過去分詞形-d→リストS-19
7	forward	リーダーのer→リストS-28	15	much of an impact	連結→リストM-09
8	to	（前置詞）toはル→リストS-25			

STEP 5　STEP 4**のルールと意味の句切れ目とイントネーション、内容語・機能語などを意識してスクリプトを読み上げてみましょう。音声は、アメリカ人男性ナレーター→アメリカ人女性ナレーター→日本人著者の順に3回読み上げられます。** DL-008

Many young students ↑
who visit Tokyo on school trips ↑
look forward to visiting Shin Okubo, ↓
Tokyo's biggest "Korea Town." ↓
When I engage with younger students, ↓
I am surprised by ↑ how much of an impact ↑
Korean culture has had on them. ↓

※白色ハイライトは内容語

複合名詞・形容詞などひとかたまりで発音する単語

▸ young students／school trips／Korea Town／younger students／Korean culture

注意すべきアクセントの位置

▸ **Korea** (KoREa) [kr·**ee**·uh]｜第2音節にアクセント。Koreanでも同じです。

▸ **engage** (enGAGE) [uhn·**gayj**]｜第2音節にアクセント。-gageの部分は、「ゲイジ」と発音します。

▸ **impact** (IMpact) [**im**·pakt]｜名詞なので第1音節にアクセント。動詞だと、第2音節にアクセントがきます。

STEP 6　STEP 5**までの発音やリズム（句切れ目）に慣れてきたら、音声をもう一度聞きながらシャドーイングしてみましょう。**

Column

2022年に開催された第64回グラミー賞で、「最優秀ポップ・デュオ / グループ・パフォーマンス賞」に、韓国の男性アイドルグループBTSが2年連続ノミネートされていました。惜しくも受賞は逃しましたが、アジアの男性グループが映えあるグラミーを賑わせたことは大いなる快挙と言えるでしょう。K-POP人気は今や日本だけでなく、アメリカやヨーロッパにも広がっているようです。

Unit

09 LGBT Inclusivity

STEP 1～STEP 6の順に進みながら、スピーキングに必要な英作文する思考を養い、発音力とスピーキング力を鍛えましょう！

STEP 1 テーマの説明を読んで、理解を深めましょう。

United Airlines has become the first US airline to offer non-binary gender options when booking flights.

ユナイテッド航空は、予約時に「男性」「女性」以外の選択肢を提供する最初のアメリカの航空会社になりました。

＊non-binary gender「自分の性認識が男女という性別のどちらにも当てはまらないという考え」

STEP 2 テーマに関する、簡単なスピーチ（自分の意見）を述べてみましょう。次の日本語を英語にするとどのようなスピーチになるか考えてみましょう。

回答例の日本語訳

ユナイテッド航空の新しい方針は、LGBTの包括性という点で業界を一歩前進させています。しかし私の考えとして、そもそも航空会社が性別情報を求めること自体に問題の根源があると思います。

英作文のヒント

› 意見を述べるときの視点・考え方のヒント

▸ジェンダーに関する記事は本書でも度々登場していますが、ジェンダーフリーやジェンダーレスについてはあらゆる業界で対応が進んでいます。「男性と女性」というふたつの性だけで区別することは今後さらになくなっていくと筆者は考えています。

▸ジェンダーに関することのみならず、全世界的に起きている大きな変化や、全世界的に対応を再検討されている事柄については、どんどん寛容に受け入れていく心構えも大切だと思います。

▸島国ということもあり、どうしても日本は世界的に見ると保守的になりがちな気がしますが、グローバルに活躍したい、英語を使って世界で活動したいと思う方こそ、こういった世界の流れや変化に敏感になり、どんどん受け入れる姿勢を取っていけると良いと思います。

> 単語・表現のヒント

push forward「推進する」／industry「業界」／in terms of ...「…という観点で」／inclusivity「包括性」／root of the problem「問題の根本」／lie in ...「…にある」

STEP 3 回答例を確認しましょう。STEP 2の日本語から英語にするときに、どのような点を注意したら、より英語らしい表現になるか、解説を読んで確認してみましょう。

United's new policy is 1pushing the industry 2one step forward 3in terms of LGBT inclusivity. 4However, 5in my opinion, the root of the problem lies in 6the fact that airlines are asking for gender information in the first place.

ユナイテッド航空の新しい方針は、LGBTの包括性という点で業界を一歩前進させています。しかし私の考えとして、そもそも航空会社が性別情報を求めること自体に問題の根源があると思います。

スピーチ表現のポイント

1 | pushing ... forward

▶ push forward「…を推進する；…を推し進める；…を前進させる」という句動詞です。ネイティブは句動詞を多用するので、登場するたびに使い方を身につけておくと便利です。

例 > I'm **pushing forward** with this project.（私はこのプロジェクトを推進しています）

The research has **pushed forward** the frontiers of knowledge.

（その研究は知識の最先端を前進させました）

2 | one step

▶ one stepがforwardにかかり、one step forwardで「一歩前進」。つまり、pushing the industry (one step) forward ... となっています。

3 | in terms of ...

▶ in terms of ...「…の観点から」というフレーズをここでは文末で使っていますが、文頭で使うこともできます。これもニュースなどで頻出のフレーズです。

例 > **In terms** of sales, our company is doing better than last year.

（売上の観点から、弊社は去年よりもうまくいっている）

4 | However,

▶「しかし」というとbutを多用しがちですが、表現をいくつか知っておいて使い回していけると良いです。以下は文頭で使える逆接表現の例です。ひとつのスピーチで「しかし」を使うときは、同じ語を繰り返さないように使っていきましょう。

例 > Although/However/In contrast/On the other hand/Though

5 | in my opinion,

▶ I think「私は…だと思います」以外の表現を複数覚えておくと、表現の繰り返しを自然と避けることができます。「私は…だと思います」と言うと、ついI thinkを使ってしまう方は多いのではないでしょうか。意見を述べるときに代表的な表現に次のようなものがあります。

例 > From my point of view,「私の観点からは、」／My idea is,「私の考えは、」／As for my thoughts,「私の考えとしては、」／As I see it,「私がそれを見る限り、」

6 | the fact that

▶ the root of the problem lies in airlines are asking for ...だと文が文法的につながらないので、同格のthatを使ってthe fact that ...「…という事実」をlies inの後に挿入します。

STEP 4 回答例のスクリプトから、巻頭の「ルールハンティング・リスト」を使って、「ルールハンティング」しましょう。注意すべき発音をあらかじめ押さえます。

1United's new 2policy is 3pushing the 4industry one step 5forward in 6terms of LGBT 7inclusivity. However, in my opinion, the 8root of the 9problem 10lies in the 11fact that 12airlines are asking for 13gender 14information in the 15first place.

ルール一覧

1	United's	所有格のs→リストS-22	9	problem	子音クラスター→リストS-20
2	policy	CC-Lemon→リストS-02	10	lies in	連結→リストM-09
3	pushing	schwatch→リストS-11	11	fact that	同化→リストM-07
4	industry	子音クラスター→リストS-20	12	airlines are asking	連結→リストM-09
5	forward in	連結→リストM-09	13	gender information	連結→リストM-09
6	terms of	連結→リストM-09	14	information	シュン→リストS-21
7	inclusivity	弱くなる音→リストM-08	15	first place	同化→リストM-07
8	root of	弱くなる音→リストM-08			

STEP 5　STEP 4のルールと意味の句切れ目とイントネーション、内容語・機能語などを意識してスクリプトを読み上げてみましょう。音声は、アメリカ人男性ナレーター→アメリカ人女性ナレーター→日本人著者の順に3回読み上げられます。 DL-009

United's new policy ↑
is pushing the industry ↑ one step forward ↑
in terms of LGBT inclusivity. ↓
However, ↑ in my opinion, ↑
the root of the problem ↑ lies in the fact that ↑
airlines are asking for ↑ gender information ↓ in the first place. ↓

※白色ハイライトは内容語

複合名詞・形容詞などひとかたまりで発音する単語

▶ new policy／one step／LGBT inclusivity／gender information／first place

注意すべきアクセントの位置

▶ **industry** (INdustry) [**in**·duh·stree] ｜第1音節にアクセント。

▶ **inclusivity** (incluSIVity) [uhn·kloo·**siv**·i·ty] ｜ inclusiveだとcluの部分にアクセントが置かれるので注意。

▶ **opinion** (oPInion) [uh·**pi**·nyn] ｜第2音節にアクセント。カタカナ英語「オピニオン」とは発音が異なるので注意。「ォピニョン」のように聞こえます。

STEP 6　STEP 5までの発音やリズム（句切れ目）に慣れてきたら、音声をもう一度聞きながらシャドーイングしてみましょう。

Column

アメリカは世界でLGBTの社会運動が最も進んでいる国のひとつです。性的少数者の社会的な受容を積極的に推し進めています。多数派に属しているとマイノリティーの苦しみに鈍感になりがちですが、社会のあらゆる場面で性別に関する区別をしています。例えば、トイレや更衣室のあり方も今後真剣に向き合わなければならない問題です。
性別をふたつに分けるという概念を子どもの頃から押しつける社会のあり方に意義を唱える親もいます。性別はそもそも自分で選ぶものであるという主張も今ではあります。例えば男の子は青い服、女の子はピンクの服を着させられるというこの行為が洗脳であると一部では叫ばれています。

Unit 10 Birkenstock

STEP 1～STEP 6の順に進みながら、スピーキングに必要な英作文する思考を養い、発音力とスピーキング力を鍛えましょう！

STEP 1 テーマの説明を読んで、理解を深めましょう。

LVMH, the French mega-conglomerate specializing in luxury goods, announced its acquisition of family-owned German sandal brand Birkenstock.

フランスの高級品を専門に扱う巨大複合企業であるLVMHは、家族経営のドイツのサンダルブランド、ビルケンシュトックの買収を発表しました。

＊mega-conglomerate「巨大複合企業」／specialize in ...「…を専門にする」／acquisition「買収」

STEP 2 テーマに関する、簡単なスピーチ（自分の意見）を述べてみましょう。次の日本語を英語にするとどのようなスピーチになるか考えてみましょう。

回答例の日本語訳

投資は、ビルケンシュトックが中国やインドで事業を拡大するためのものであり、ウェブサイトの開発やドイツの主要工場の拡張のための資金となるようです。私自身ビルケンシュトックのファンなので、同社のグローバル戦略がどのような結果をもたらすのかとても興味があります。

英作文のヒント

› 意見を述べるときの視点・考え方のヒント

▸筆者はビルゲンシュトックが好きなので、今回のテーマでは、知っている知識と自身の興味を組み合わせたスピーチ例を掲載しました。知っている知識をもとに、なぜ傘下に入ることになったのかという考察を述べた後、自身の立場（ビルゲンシュトックが好きであるという好みの立場）を明確にして今度の展開についての興味を述べました。

▸筆者のようにテーマになっているブランドが好きであれば、それについて語ることは簡単でしょう。しかし、全員がそうとは限りません。そのブランドについて知らない場合はテーマをさらに広げて、産業構造について話しても良いですし、グローバル展開しているラグジュアリーブランドについて話をしても良いでしょう。もしくは、企業の吸収・合併について話をするのも良いと思います。テーマが今回のように特定の対象で、知らないことだとしても、自分と何かしらの結びつきを探し出して意見を述べる癖をつけましょう。

> 単語・表現のヒント

investment「投資」／**apparently**「どうも…らしい；どうやら…らしい」／**expand**「拡大する」／**fund ...**「…に資金を出す」／**development**「開発」／**expansion**「拡張」／**pan out**「成功する；報われる；功を奏する；結局…となる」

STEP 3 回答例を確認しましょう。STEP 2の日本語から英語にするときに、どのような点を注意したら、より英語らしい表現になるか、解説を読んで確認してみましょう。

The investment 1**is** 2**apparently going to** help Birkenstock expand in China and India and fund 3**the development of its website and the expansion of its main German factory**. 4**Since** 5**I'm a** Birkenstock **fan** myself, I'm interested to see how the company's global strategy will 6**pan out**.

投資は、ビルケンシュトックが中国やインドで事業を拡大するためのものであり、ウェブサイトの開発やドイツの主要工場の拡張のための資金となるようです。私自身ビルケンシュトックのファンなので、同社のグローバル戦略がどのような結果をもたらすのかとても興味があります。

スピーチ表現のポイント

1 | is going to

▶ willとbe going toの使い分けとしては、be going toのほうがカジュアルに聞こえるという違いがありますが、ほぼ同等に使って良いでしょう。

2 | apparently

▶「…ではないか」という推測のニュアンスを出したいときに非常に便利な副詞です。スピーチの1文目にある「投資」に関する情報は、あくまでも事実をもとにした筆者の推測です。

3 | the development of its website and the expansion of its main German factory

▶ fund ...「…に資金を出す」という動詞の目的語がふたつ並列しています。the development of its website「ウェブサイトの開発」とthe expansion of its main German factory「ドイツの主要工場の拡張」です。並列するふたつの名詞の長さがそれぞれ同じ長さになるように、単語の数をそろえてリズムを意識するようにしましょう。

4 | Since ...

▶「…なので」と理由を表す接続詞は他に、becauseが浮かぶと思います。becauseは基本的には文末で使う（文頭で使わない）ので、理由を先に述べるときはsinceを使うと良いです。

5 | I'm a fan

▸「…が好きです」という表現のバリエーションとしても使うことができます。I like ... は簡単な表現すぎるので、I'm a fan of ... を使うとこなれた印象を与えられます。

例 > **I'm a fan of** Tiger Woods.（タイガー・ウッズのファンです）

6 | pan out

▸ pan out「成功する；報われる；功を奏する；結局…となる」という意味の句動詞です。

例 > Things didn't **pan out** as we expected.（予想通り、うまくいかなかった）

STEP 4 回答例のスクリプトから、巻頭の「ルールハンティング・リスト」を使って、「ルールハンティング」しましょう。注意すべき発音をあらかじめ押さえます。

The 1investmen**t is a**pparently going 2**to** help 3 4B**ir**kenst**o**ck 5expan**d** **i**n China 6**and** India and fund the development 7**of i**ts website and the 8expansio**n of i**ts main German 9f**a**ctory. 10Sin**ce I'm a** Birkenstock 11f**a**n myself, 12I'**m i**nterested to see how the 13company'**s** 14globa**l** 15stra**t**egy will 16 17p**an o**ut.

ルール一覧

1	investmen**t is a**pparently	連結→リストM-09	10	Sin**ce I'm a**	連結→リストM-09
2	**to**	（前置詞）toはル→リストS-25	11	f**a**n	えの口であ→リストS-17
3	B**ir**kenstock	リーダーのer→リストS-28	12	I'**m i**nterested	連結→リストM-09
4	Birkenst**o**ck	short O→リストS-10	13	company'**s**	所有格のs→リストS-22
5	expan**d i**n	連結→リストM-09	14	globa**l**	Dark L→リストS-03
6	**and**	AND→リストM-01	15	stra**t**egy	弱くなる音→リストM-08
7	**of i**ts	連結→リストM-09	16	p**a**n	えの口であ→リストS-17
8	expansio**n of i**ts	連結→リストM-09	17	pa**n o**ut	連結→リストM-09
9	f**a**ctory	えの口であ→リストS-17			

STEP 5　STEP 4のルールと意味の句切れ目とイントネーション、内容語・機能語などを意識してスクリプトを読み上げてみましょう。音声は、アメリカ人男性ナレーター→アメリカ人女性ナレーター→日本人著者の順に3回読み上げられます。 DL-010

The investment is apparently ↑
going to help Birkenstock ↑
expand in China and India and ↑
fund the development of its website ↑
and the expansion ↑
of its main German factory. ↓
Since I'm a Birkenstock fan myself, ↓
I'm interested to see ↑
how the company's global strategy ↑
will pan out. ↓

※白色ハイライトは内容語

複合名詞・形容詞などひとかたまりで発音する単語

▸ German factory／Birkenstock fan／global strategy

注意すべきアクセントの位置

▸ **investment** (inVESTment) [uhn·**vest**·muhnt] ｜第2音節にアクセント。-ment部分は「ムン（ト）」のように発音すると良いです。

▸ **Birkenstock** (BIRkenstock) [**bur**·kuhn·staak] ｜ドイツ語由来の言葉なので発音が難しいです。Birkenの部分はドイツ語読みで「ビルケン」という音が近いです。

STEP 6　STEP 5までの発音やリズム（句切れ目）に慣れてきたら、音声をもう一度聞きながらシャドーイングしてみましょう。

Column

ビルケンシュトックというブランドは、ドイツ発、1774年に遡り、2世紀半にも及ぶ確固たる基盤の上に築き上げられています。ビルケンシュトックの製品は足のアーチを考慮した形状のフットベッドを使用し、足にフィットするように作られているのが特徴で、主にサンダルの場合、靴底はコルクなどで作られ、履いているうちに使用者の足形になじむようになっています。

Unit 11

Tiger Woods

STEP 1～STEP 6の順に進みながら、スピーキングに必要な英作文する思考を養い、発音力とスピーキング力を鍛えましょう！

STEP 1 テーマの説明を読んで、理解を深めましょう。

Tiger Woods, the legendary golfer, was involved in a serious car accident just outside of Los Angeles. Fortunately, he lived through the accident and is now recovering.

伝説のゴルファー、タイガー・ウッズはロサンゼルスの郊外で重大な自動車事故に見舞われました。幸運なことに、事故を乗り越えて、今は回復しつつあります。

＊live through「乗り越える」

STEP 2 テーマに関する、簡単なスピーチ（自分の意見）を述べてみましょう。次の日本語を英語にするとどのようなスピーチになるか考えてみましょう。

回答例の日本語訳

他のアマチュアゴルファー同様、私はタイガー・ウッズを心から尊敬しています。彼はまさにレジェンドであり、彼の早期の回復を願っています。しかし、彼がまたゴルフができるところまでに回復するかどうかはわかりません。

英作文のヒント

› 意見を述べるときの視点・考え方のヒント

▸筆者はゴルフが趣味のひとつなので、ここでは趣味としてのゴルフについて述べました。もしゴルフが趣味でなくても、趣味や何か没頭しているものをひとつでも持っていると、どのようなテーマがきても応用が効きます。日本人は趣味を尋ねられると答えられない人が多かったり、あまり語らなかったりする人が多い印象を受けます。特にビジネスパーソンは、自身の仕事と趣味や没頭していることが、どう関わっているのか語れると話が盛り上がるでしょう。

▸今回のテーマであるタイガー・ウッズやゴルフについて詳しくなくても、スポーツつながりで別のスポーツの話題を広げても良いのです。例えば、「私はゴルフよりも釣りが好きです」と切り出しても良いのです。出されたテーマ以外のことは話してはいけないと思い込む人も多いのですが、話を広げることが大事です。大切なのは、言葉に詰まるテーマが出てきても自分が語れる何かの話題に紐づけて話を広げることです。アメリカ人は、相手を楽しませるために話を広げることがおもてなしだと考える人が多い気がします。

› 単語・表現のヒント

worship「崇拝する；敬愛する」／**amateur**「アマチュアの」／**hope for ...**「…を願う」／**to the point (that) ...**「…するまでに」

STEP 3 回答例を確認しましょう。STEP 2の日本語から英語にするときに、どのような点を注意したら、より英語らしい表現になるか、解説を読んで確認してみましょう。

1**I worship** Tiger Woods 2**just like** any other amateur golfer. He is 3**truly** a legend. 4**I hope for** his speedy recovery. 5**I wonder if** he will recover 6**to the point that** he can play golf again 7**, though**.

他のアマチュアゴルファー同様、私はタイガー・ウッズを心から尊敬しています。彼はまさにレジェンドであり、彼の早期の回復を願っています。しかし、彼がまたゴルフができるところまでに回復するかどうかはわかりません。

スピーチ表現のポイント

1 | I worship

▶ worshipはworship God「神を崇拝する」と使うことが多く、respectよりも宗教的なイメージが強い語です。worshipはその対象が「神的な存在である」ニュアンスが加わります。

2 | just like

▶「【どんな】アマチュア選手とも同様に」、と強調するためにjustを入れています。justは様々な意味がある万能な語で、likeだけでなくjust likeとすることでネイティブらしい表現になります。

3 | truly

▶ He is a true legend. としても間違いではありませんが、教科書っぽい表現に聞こえてしまいます。また、文法的にはHe **truly is** a legend. が適切ですが、trulyをisの後に置いて、語順を変えることで強調しています。

4 | I hope for

▶ I hopeの後に文を置く表現はやや教科書っぽい言い方で、冷たい印象を与えます。hope for＋［名詞］「［名詞］を願う」という使い方に慣れていきましょう。

例 › I **hope for** a speedy response.（迅速な返信をお願いします）

5 | I wonder if

▶ I wonder ifの後は［主語］＋［動詞］を含む文がきます。

例 ＞ I **wonder if** it will snow for Christmas.（クリスマスには雪が降るかな）

6 | to the point that ...

▶ point＝「その到達点」というニュアンスで、to the point that ... で「…という到達点までに」。ここでは、「彼がもう一度ゴルフができるようになる」という到達点までに、という意味です。

7 | ... , though.

▶ 逆接でもbutやhoweverは文末では使えません。ここでは、... , though. と文末に添えているので、逆接のニュアンスを弱めています。「…はどうなのかな」というニュアンスです。

STEP 4 回答例のスクリプトから、巻頭の「ルールハンティング・リスト」を使って、「ルールハンティング」しましょう。注意すべき発音をあらかじめ押さえます。

I [1]w**or**ship Tiger Woods [2]jus**t** [3]**like a**ny [4]othe**r** [5]**a**mat**eur** [6]golf**er**. [7]**He is** truly a legend. I hope for [8]**h**is speedy recovery. I wonder if [9]**he** [10]**will** recover to the point that he [11]**can** play [12]gol**f a**gain, [13]**th**ough.

ルール一覧

1	worship	リーダーのer→リストS-28	8	his	hの脱落→リストS-07
2	just like	同化→リストM-07	9	he	hの脱落→リストS-07
3	like any	連結→リストM-09	10	will	willはウォ→リストS-15
4	other amateur	連結→リストM-09	11	can	canはクン→リストS-01
5	amateur	リーダーのer→リストS-28	12	golf again	連結→リストM-09
6	golfer	リーダーのer→リストS-28	13	though	Voiced th→リストS-12
7	He is	y-insertion→リストM-05			

STEP 5　STEP 4のルールと意味の句切れ目とイントネーション、内容語・機能語などを意識してスクリプトを読み上げてみましょう。音声は、アメリカ人男性ナレーター→アメリカ人女性ナレーター→日本人著者の順に3回読み上げられます。 DL-011

I worship Tiger Woods ↓
just like any other ↑ amateur golfer. ↓
He is truly ↑ a legend. ↓
I hope ↑ for his speedy recovery. ↓
I wonder ↑ if he will recover ↑
to the point ↑ that he can play golf again, ↓ though. ↓

※白色ハイライトは内容語

複合名詞・形容詞などひとかたまりで発音する単語

▸ amateur golfer／speedy recovery

注意すべきアクセントの位置

▸ **amateur** (Amateur) [**a**·muh·chr] ｜第１音節にアクセント。カタカナ英語「アマチュア」をイメージしていると通じません。

▸ **recover** (reCOver) [ruh·**kuh**·vr] ｜第２音節にアクセント。recoveryも同じく第２音節にアクセントがあります。

STEP 6　STEP 5までの発音やリズム（句切れ目）に慣れてきたら、音声をもう一度聞きながらシャドーイングしてみましょう。

Column

2021年2月にカリフォルニア州ロサンゼルス郊外を走行中、スピードの出しすぎとみられる単独の自損事故を起こしたタイガー・ウッズは、ひざや腰など度重なる手術を経て何度もゴルフの最前線に復活してきましたが、右足の脛骨（けいこつ）と腓骨（ひこつ）を粉砕骨折した故障は「これまでとはまったく別物」だとインタビューに答えています。「過去の故障の経験からリハビリに長い道のりがあることを理解しているが、今回は今までに経験のない痛みだ」とウッズは話していました。
事故から１年２カ月後の2022年４月には過去５勝を誇る「マスターズ」で奇跡の復活を成し遂げました。ツアー競技への出場は2020年11月のマスターズ以来となります。

Unit

12 Tesla

STEP 1～STEP 6の順に進みながら、スピーキングに必要な英作文する思考を養い、発音力とスピーキング力を鍛えましょう！

STEP 1 テーマの説明を読んで、理解を深めましょう。

Tesla has started building its electric cars in a factory outside of Berlin, its first European production site. Will this be the end of Germany's traditional combustion engine car culture?

テスラはベルリンの郊外の工場で電気自動車の製造を開始しました。テスラのヨーロッパ初の生産拠点です。これは、ドイツの伝統的な内燃機関搭載車の文化の終わりとなるのでしょうか？

*combustion engine car「内燃機関搭載車」

STEP 2 テーマに関する、簡単なスピーチ（自分の意見）を述べてみましょう。次の日本語を英語にするとどのようなスピーチになるか考えてみましょう。

回答例の日本語訳

ドイツと言えば、メルセデスやBMWなどの強力な自動車ブランドが有名です。しかし、今後は新しい電気自動車メーカーが業界を席巻していくのではないかと考えています。

英作文のヒント

› 意見を述べるときの視点・考え方のヒント

▸自動車産業は国内の基幹産業のひとつですね。車を持っていない人でも、興味がない人でも、日本人として知識を持っておく必要があると思います。また、環境に配慮するという面でガソリン車から電気自動車が次世代の車として注目されていることもあわせて知っておきましょう。

▸今回のスピーチは、自動車メーカー、テスラの話題からガソリン車がなくなるとしたら、現状の自動車メーカーの構造も変わるのではないかという筆者の考えを述べました。ガソリン車から電気自動車に代わっていくだろうというだけでは不十分で、その知識からどのようなことが考えられるのか、自分なりの意見を持つことが大切です。

> 単語・表現のヒント

famous for ...「…で有名な」／strong「強力な」／automobile「自動車」／suspect ...「…ではないかと思う」／automakers「自動車メーカー」／take over「引き継ぐ；（権力などを）奪う；買収する；席巻する」

STEP 3 **回答例を確認しましょう。STEP 2の日本語から英語にするときに、どのような点を注意したら、より英語らしい表現になるか、解説を読んで確認してみましょう。**

Germany [1]is famous for its [2]strong automobile brands such as Mercedes and BMW. [3]I suspect[4], however, that new electric automakers will [5]take over the industry.

ドイツと言えば、メルセデスやBMWなどの強力な自動車ブランドが有名です。しかし、今後は新しい電気自動車メーカーが業界を席巻していくのではないかと考えています。

スピーチ表現のポイント

1 | is famous for ...

▶ be famous for ...「…で有名だ」というフレーズ。前置詞に注意しましょう。

例 > Tokyo **is famous for** its skyscrapers.（東京は高層ビルで有名です）
Kyoto **is famous for** temples and shrines.（京都は寺社で有名です）

2 | strong automobile brands

▶「メルセデスやBMWなどの強力な自動車ブランド」というと、いわゆる「大手自動車ブランド」から、big brandなどと言ってしまう方もいるでしょう。通じないことはないですが、strong brandのほうが組み合わせとして相性が良いです。

3 | I suspect, ...

▶ I suspect ...は「…と感づく；うすうす気づく」で、確信度は70％くらい。believeは主観的な事実があるとき、suspectは客観的な事実があるときに使うことが多いです。

例 > I **suspect** it is going to rain tonight.（今夜雨が降りそうだ）
I **suspect** he is the one who did it.（それをしたのは彼だと私は気づいている）

4 | , however,

▶ howeverは文頭だけでなく、文中に置くこともできる逆接の副詞です。ここではI suspectとthatの間で意味が区切れているので、この間にhoweverを挿入しています。このように文中に置くことで、文章のリズムや雰囲気を変えたりすることができますよ。

5 | take over

▶ take overは「引き継ぐ；引き受ける；代わる」などの意味がある句動詞。日常会話でもよく使うので例文を見て意味をつかみましょう。

例 > I'll **take over** now.（ここからは私が引き受けるね）

→ミーティングで「ここからは私がリードするね」というニュアンスでも使えますし、「あなたではできないから、私がやる」というニュアンスでも使います。

例 > I will **take over** his job.（彼の仕事を引き取ります）

→後任として引き継いだときに使えます。

例 > My Facebook account was **taken over**.

（私のFacebookのアカウントが乗っ取られた）

STEP 4 回答例のスクリプトから、巻頭の「ルールハンティング・リスト」を使って、「ルールハンティング」しましょう。注意すべき発音をあらかじめ押さえます。

Germany is famous 1,2**for i**ts 3stron**g** 4 5**aut**omobile brands 6su**ch a**s Mercedes 7**and** BMW. I suspect, however, that 8ne**w** 9 10**ele**ctri**c** 11 12**aut**omakers 13**will** 14ta**ke o**ver the industry.

ルール一覧

1	**for**	forはフォ→リストS-05	8	ne**w e**lectric	**w-insertion**→リストM-04
2	fo**r i**ts	**連結**→リストM-09	9	e**le**ctric	**Light L**→リストS-08
3	stron**g** **au**tomobile	**連結**→リストM-09	10	electri**c** **au**tomakers	**連結**→リストM-09
4	**au**tomobile	おの口であ→リストS-18	11	**au**tomakers	おの口であ→リストS-18
5	au**t**omobile	**弱くなる音**→リストM-08	12	au**t**omakers	**弱くなる音**→リストM-08
6	su**ch a**s	**連結**→リストM-09	13	**will**	willはウォ→リストS-15
7	**and**	**AND**→リストM-01	14	ta**ke o**ver	**連結**→リストM-09

STEP 5　STEP 4のルールと意味の句切れ目とイントネーション、内容語・機能語などを意識してスクリプトを読み上げてみましょう。音声は、アメリカ人男性ナレーター→アメリカ人女性ナレーター→日本人著者の順に3回読み上げられます。 DL-012

Germany ↓ is famous for ↑
its strong automobile brands ↓
such as ↑ Mercedes and BMW. ↓
I suspect, ↓ however, ↓
that new electric automakers ↑ will take over ↑ the industry. ↓

※白色ハイライトは内容語

複合名詞・形容詞などひとかたまりで発音する単語

▶ automobile brands／electric automakers

注意すべきアクセントの位置

▶ **automobile** (AUtomobile) [**aa**·tuh·mow·beel] | 第1音節にアクセント。-mobile部分は「モゥビール」に近い音です。

▶ **Mercedes** (merCEdes) [me·r·**sei**·dee·s] | カタカナの「メルセデス」に引っ張られると全く通じません。「マルセイディース」が近い音で、「セイ」の部分にアクセントがきます。

▶ **electric** (eLECtric) [uh·**lek**·truhk] | 第2音節にアクセント。

▶ **industry** (INdustry) [**in**·duh·stree] | 第1音節にアクセント。

STEP 6　STEP 5までの発音やリズム（句切れ目）に慣れてきたら、音声をもう一度聞きながらシャドーイングしてみましょう。

Column

2019年末にイーロン・マスク氏が発表した「ギガファクトリー・ベルリン・ブランデンブルク」は2022年3月に生産を開始しました。「世界で最も先進的な電気自動車の量産工場になる」とテスラ社が公式に述べていたこの工場は、同社の欧州初の生産拠点として、今後のドイツやヨーロッパの自動車産業に大きな影響を与えることでしょう。

Unit 13

Imposter Syndrome

STEP 1～STEP 6の順に進みながら、スピーキングに必要な英作文する思考を養い、発音力とスピーキング力を鍛えましょう!

STEP 1 テーマの説明を読んで、理解を深めましょう。

Impostor syndrome is when you feel that you are not as intelligent as your peers, that you don't belong, or that you don't deserve your success.

インポスター症候群は、あなたが同僚ほど頭が良くないと感じたり、あなたがどこにも属していないと感じたり、あなたが成功に値しないと感じたりするような場合を指します。

＊imposter「詐欺師」／peer「(能力などが) 同等あるいは同格の人；対等な人；(地位、役割が同程度の) 同僚」

STEP 2 テーマに関する、簡単なスピーチ(自分の意見)を述べてみましょう。次の日本語を英語にするとどのようなスピーチになるか考えてみましょう。

回答例の日本語訳

私には、インポスター症候群に悩まされていた時期がありました。あるとき、「私はこれに値しない、自分にはこの能力がない、自分にはできない」といったネガティブな思考パターンが頭の中を繰り返し駆け巡る癖があることに、私は気づいたのです。いったん自身がこれを行っていると自覚すると、私はそこから抜け出すことができました。

英作文のヒント

> 意見を述べるときの視点・考え方のヒント

▸STEP 1 の説明を読んで、思い当たるような自身の体験や知り合いの体験談などが浮かべば、そこから話を広げていきましょう。

▸日本では、こういった心理的・精神的な悩みを経験すると、隠そうとする傾向があるように筆者は感じます。しかし、アメリカでは、そういった経験を乗り越えている人は人間として強く、深みがあるという考え方も浸透しています。こういったアメリカでの受けとめられ方を知れば、気にせず話してみようという気持ちが少しわいてくる気がしませんか。

› 単語・表現のヒント

struggle with ...「(課題や困難などに)取り組む；悪戦苦闘する；(逃れようと)もがく；あがく」／**imposter syndrome**「インポスター症候群」／**at one point,**「あるとき」／**loop**「終わりなく繰り返す」／**deserve**「ふさわしい；値する」／**snap out of ...**「(悪い状態・気分・習慣など)から素早く脱出する；抜け出す」

STEP 3 回答例を確認しましょう。STEP 2の日本語から英語にするときに、どのような点を注意したら、より英語らしい表現になるか、解説を読んで確認してみましょう。

[1]**There was a time when** I struggled with imposter syndrome. [2]**At one point,** I started noticing that my brain had a habit of [3]**looping in** this negative thought pattern of [4]**"I don't deserve this; I'm not capable of this; I can't do this."** [5]**Once** I started catching myself doing this, I was able to [6]**snap out of** it.

私には、インポスター症候群に悩まされていた時期がありました。あるとき、「私はこれに値しない、自分にはこの能力がない、自分にはできない」といったネガティブな思考パターンが頭の中を繰り返し駆け巡る癖があることに、私は気づいたのです。いったん自身がこれを行っていると自覚すると、私はそこから抜け出すことができました。

スピーチ表現のポイント

1 There was a time when ...

▶ There was (once) a time when ...「…というときがありました」という表現です。

例 › **There was a time when** I was like that too.(私もそんな感じだったときもあったよ)

2 At one point,

▶ at one point「あるとき；ある時点で」という意味。過去のある特定のときに起きたことを話題にする際に使うことが多いです。

例 › **At one point,** I was so busy with work that I couldn't leave the office until midnight.(あるときは仕事が忙しすぎて、深夜まで帰れなかったの)

3 looping in ...

▶ loop in ...には「…を輪に入れる；仲間に加える；最新情報を伝える」という意味もあります。次の例文は、ビジネスでよく使われます。

例 › Keep you **in the loop**./Let me **loop you in**.(何かあれば、常に連絡をします)

4 "I don't deserve this; I'm not capable of this; I can't do this."

▸セミコロン（；）は、文としてピリオドで切って1文にするほどでもないときに使える記号です。文をつなぐことができるのでとても便利です（コンマ（，）には、接続詞が必要ですが、セミコロンは接続詞なしで文をつなげられます）。

5 | Once ...

▸「いったん…を自覚すると」、つまり「…を自覚した瞬間」にネガティブな思考から抜け出せた、という意味なので「瞬間」を表すonceを接続詞として選ぶのが適切です。

6 | snap out of ...

▸「[悪い状態・気分・習慣など］から素早く脱出する；抜け出す」という意味の句動詞。

例 > **Snap out of** it!（うじうじするのはやめなさい！）

STEP 4 回答例のスクリプトから、巻頭の「ルールハンティング・リスト」を使って、「ルールハンティング」しましょう。注意すべき発音をあらかじめ押さえます。

There was a time 1whe**n I** 2struggle**d** 3wi**th** 4**i**mp**o**ster syndrome. At one point, I 5start**ed** 6no**t**icing that my brain had a 7habi**t** of looping in this 8nega**t**ive 9**th**ought 10pa**tt**ern of "I 11d**o**n't deserve this; I'm 12n**o**t 13capab**le** of this; I can't do this." Once I 14start**ed** catching myself doing this, I 15**was** able 16**to** 17sna**p** 18**out** 19**of i**t.

ルール一覧

1	when I	連結→リストM-09	11	don't	Long O→リストS-09
2	struggled	過去形-d→リストS-19	12	not	short O→リストS-10
3	with imposter	連結→リストM-09	13	capable	Dark L→リストS-03
4	imposter	short O→リストS-10	14	started	過去形-id→リストS-19
5	started	過去形-id→リストS-19	15	was	wasはウズ→リストS-14
6	noticing	弱くなる音→リストM-08	16	to	（前置詞）toはル→リストS-25
7	habit of	弱くなる音→リストM-08	17	snap out	連結→リストM-09
8	negative	弱くなる音→リストM-08	18	out of	弱くなる音→リストM-08
9	thought	Voiceless th→リストS-13	19	of it	連結→リストM-09
10	pattern	弱くなる音→リストM-08			

STEP 5　STEP 4のルールと意味の句切れ目とイントネーション、内容語・機能語などを意識してスクリプトを読み上げてみましょう。音声は、アメリカ人男性ナレーター→アメリカ人女性ナレーター→日本人著者の順に3回読み上げられます。 DL-013

There was a time ↑ when I struggled with ↑ imposter syndrome. ↓
At one point, ↓ I started noticing ↑ that my brain ↑ had a habit ↑
of looping ↑
in this negative thought pattern of ↑
"I don't deserve this; ↓ I'm not capable of this; ↓ I can't do this." ↓
Once I started ↑ catching myself ↑ doing this, ↓
I was able ↑ to snap out of it. ↓

※白色ハイライトは内容語

複合名詞・形容詞などひとかたまりで発音する単語

▶ imposter syndrome/negative thought pattern

注意すべきアクセントの位置

▶ **imposter** (imPOster) [uhm·**paa**·str] | STEP 4 でも出てきたshort Oを意識してアクセント部分を大げさな「あ」の音で発音しましょう。

▶ **noticing** (NOticing) [**now**·tuh·suhng] | 語頭にアクセント。no部分は［ノゥ］と発音します。

▶ **deserve** (deSERVE) [duh·**zurv**] | 後半serveにアクセント。serve部分は[zurv]とzの音で発音することに注意。

STEP 6　STEP 5までの発音やリズム（句切れ目）に慣れてきたら、音声をもう一度聞きながらシャドーイングしてみましょう。

Column

インポスター症候群とは、詐欺師症候群やペテン師症候群などとも呼ばれます。仕事で成功したり、名声を得たりした人が客観的な評価を得られているにもかかわらず、自分自身を必要以上に過小評価してしまう自己不信感の心理状態のことです。
日本や海外でも有名人や芸能人に多いと言われていて、特に女性に多いとされています。有名なところでは、ミシェル・オバマ前大統領夫人やフィンランド首相のサンナ・マリン、ナタリー・ポートマンなどがインポスター症候群を告白しています。
克服するには自己肯定感を高めることが必要だと言われています。

Unit

14 Sleep

STEP 1～STEP 6の順に進みながら、スピーキングに必要な英作文する思考を養い、発音力とスピーキング力を鍛えましょう！

STEP 1 テーマの説明を読んで、理解を深めましょう。

It is a commonly known fact that the moon dictates the pushes and pulls of the tides, but it is less well known that the moon might also affect our sleep. As a full moon approaches, people tend to sleep less.

月が潮の満ち引きに影響することはよく知られている事実ですが、私たちの睡眠にも影響を及ぼしているかもしれないことはそれほど知られていません。満月（の夜）に近づくにつれ、人は睡眠時間が短くなる傾向があるのです。

＊dictate「…に影響する；…を決定する；決定づける」／tide「潮」

STEP 2 テーマに関する、簡単なスピーチ（自分の意見）を述べてみましょう。次の日本語を英語にするとどのようなスピーチになるか考えてみましょう。

回答例の日本語訳

月の満ち欠けと女性の月経周期には同調性があるという説を聞いたことがありますが、月が睡眠の長さに影響を与えるとは想像もしていませんでした。幸運にも、睡眠のトラブルはひとつもありません。少なくとも、気づいているところでは。

英作文のヒント

> 意見を述べるときの視点・考え方のヒント

▸月の満ち欠けの影響で、寝られる日や寝られない日があるようです。月の満ち欠けと睡眠の関連性についての知識を持ち合わせていなくても、睡眠はすべての人に関わる行為なので、何かしらの意見を言いやすいと思います。

▸例えば、睡眠時間が短くなったり、睡眠の質が落ちたりする原因として、入眠前のPCやスマホの使いすぎを挙げてみても良いでしょう。または、もし過去に睡眠トラブルを抱えていたことがあれば、その経験を話してみるのも良いですね。自身の体験談を盛り込んで、自分ならではの意見にすることがスピーチをさらに盛り上げるポイントです。

› 単語・表現のヒント

hear of ...「…の噂を聞いたことがある」／theory「説」／lunar cycle「月の満ち欠け」／menstrual cycle「月経周期」／sync「同期する；同時に起きる」／have an effect on ...「…に影響がある」

STEP 3 **回答例を確認しましょう。STEP 2の日本語から英語にするときに、どのような点を注意したら、より英語らしい表現になるか、解説を読んで確認してみましょう。**

1**I have heard of** 2**a theory that says** the lunar cycle and women's menstrual cycles sync.3**I never imagined that** the moon could 4**have an effect on** the length of our sleep. Fortunately, I do not have any trouble sleeping. 5**At least not that I am aware of.**

月の満ち欠けと女性の月経周期には同調性があるという説を聞いたことがありますが、月が睡眠の長さに影響を与えるとは想像もしていませんでした。幸運にも、睡眠のトラブルはひとつもありません。少なくとも、気づいているところでは。

スピーチ表現のポイント

1 | I have heard of ...

▶ hear of ...「…について聞いたことがある；(人) を知っている」という意味の表現。いずれの意味も現在完了形で使われることが多いです。

例 › I have **heard of** it.(それを聞いたことがある)

2 | a theory that says ...

▶ a theory that says ...「…という説」という意味。また、a theoryを主語にする場合、sayの他に動詞はclaimもよく使われます (A theory that claims ...)。英語では、何かしら主張がある無生物を主語にすることがよくあります。

例 › **The company stated** that is no longer honoring bitcoin.
(その企業はもはやビットコインを尊重していないと述べました)
The new law states that smoking in public is illegal.
(その新しい法案によると公共の場での喫煙は違法だと言います)

3 | I never imagined that ...

▶ neverは「決して…ない」と強い否定を表します。neverと一緒に使われる動詞としてはI never imagined ...「…はまったく想像していなかった」、I never believed ...「…とはまったく思っていなかった」などがあります。

例 › I **never imagined that** my life would turn out like this.
(私の人生がこのように変わるなんて、まったく想像していなかった)

4 | have an effect on

▶ affectは動詞で「影響する」、effectは名詞で使われることが多いです。このふたつは発音がよく似ていて、音だけ聞き取ろうとすると聞き分けられません。そのときは、文法的にどちらの語が適切か考えて発音しましょう。

5 | At least not that I am aware of.

▶ **At least** I do **not** have any trouble sleeping **that I am aware of**. がもとの文ですが、I do (not) have any trouble sleeping部分は繰り返しになるので、省略されています。

STEP 4 回答例のスクリプトから、巻頭の「ルールハンティング・リスト」を使って、「ルールハンティング」しましょう。注意すべき発音をあらかじめ押さえます。

I 1**h**ave 2hear**d of a** 3**th**eory that says the 4lun**ar** 5cyc**le** and 6women**'s** menstrual cycles 7**s**ync. I 8neve**r** 9**i**magine**d** that the moon could 10 11**h**a**ve an e**ffec**t o**n the 12leng**th of o**ur sleep. Fortunately, I do not 13 14**h**a**ve a**ny 15troub**le** 16sleepi**ng**. At least not that I am aware of.

ルール一覧

1	have	hの脱落→リストS-07	9	imagined	過去形-d→リストS-19
2	heard of a	連結→リストM-09	10	have	hの脱落→リストS-07
3	theory	Voiceless th→リストS-13	11	have an effect on	連結→リストM-09
4	lunar	リーダーのer→リストS-28	12	length of our	連結→リストM-09
5	cycle	Dark L→リストS-03	13	have	hの脱落→リストS-07
6	women's	所有格のs→リストS-22	14	have any	連結→リストM-09
7	sync	CC-Lemon→リストS-02	15	trouble	Dark L→リストS-03
8	never imagined	連結→リストM-09	16	sleeping	鼻からng→リストS-26

STEP 5　STEP 4のルールと意味の句切れ目とイントネーション、内容語・機能語などを意識してスクリプトを読み上げてみましょう。音声は、アメリカ人男性ナレーター→アメリカ人女性ナレーター→日本人著者の順に3回読み上げられます。 DL-014

I have heard ↑ of a theory ↑
that says ↓ the lunar cycle and ↑ women's menstrual cycles ↑
sync. ↓
I never imagined ↑ that the moon ↑ could have an effect ↑
on the length ↑ of our sleep. ↓
Fortunately, ↓ I do not ↑ have any trouble ↑ sleeping. ↓
At least ↑ not that I am ↑ aware of. ↓

※白色ハイライトは内容語

複合名詞・形容詞などひとかたまりで発音する単語

▸ lunar cycle／menstrual cycles

注意すべきアクセントの位置

▸ **theory** (THEory) [**thee**·ur·ee] | 第1音節にアクセント。Voiceless thの音にアクセントがあるので少し発音しづらいかもしれません。

▸ **imagined** (iMAgined) [uh·**ma**·jnd] | 第2音節にアクセント。過去形-d部分は「ドゥ」と発音します。

▸ **effect** (efFECT) [uh·**fekt**] | 第2音節にアクセント。-ct部分は子音クラスターなので、母音を入れないように。

STEP 6　STEP 5までの発音やリズム（句切れ目）に慣れてきたら、音声をもう一度聞きながらシャドーイングしてみましょう。

Column

『ワシントン・ポスト』によると、月の満ち欠けが人々の睡眠に影響を及ぼしているという論文が米科学誌『サイエンス・アドバンス』に掲載されたそうです。論文によると、98人の被験者は29.5日の月周期に応じて睡眠パターンも変動していて、満月に近い3～5日前が、就寝時刻が最も遅く、睡眠時間も短かったとのこと。満月に近づくと眠りにくくなるようです。

Unit

15 President Biden

STEP 1～STEP 6の順に進みながら、スピーキングに必要な英作文する思考を養い、発音力とスピーキング力を鍛えましょう!

STEP 1 テーマの説明を読んで、理解を深めましょう。

President Biden addressed a nation that had split in two: "I will be a president for all Americans. I promise you I will fight as hard for those who did not support me as for those who did."

バイデン大統領はふたつに分断した国民に「私はすべてのアメリカ国民の大統領になります。私を支持してくれた人々同様、支持してくれなかった人々のために懸命に闘うことを約束します」と呼びかけました。

＊split「分裂する；割れる」

STEP 2 テーマに関する、簡単なスピーチ(自分の意見)を述べてみましょう。次の日本語を英語にするとどのようなスピーチになるか考えてみましょう。

回答例の日本語訳

二大政党制において、有権者は各政党のマニフェストの違いを明確に理解することができます。しかしながら、それがアメリカのように、国内の大きな分断につながってしまう可能性もあります。

英作文のヒント

› 意見を述べるときの視点・考え方のヒント

▸アメリカ大統領選挙がここまで盛り上がるのは、やはりアメリカが二大政党であるからだと思います。ディベートと同じように「賛成」と「反対」が明確に分かれるのでわかりやすいのです。もちろん、その二大政党のいずれにも賛成できない場合は、それ以外の政党を選びます。

▸しかし、この二大政党制のデメリットとしては、僅差で半々に割れたときに、政治が滞ってしまう危険性があるように筆者は感じます。今回は、2020年アメリカ合衆国大統領選挙を踏まえて、その懸念を述べたスピーチにしました。しかし、各政党が掲げるマニフェストがそれぞれ明確なアメリカ大統領選挙は、やはりとてもわかりやすいし、選びやすいと思います。

> 単語・表現のヒント

two-party system「二大政党制」／**voter**「有権者」／**manifesto**「マニフェスト」／**lead to ...**「…につながる」／**division**「分断」／**within ...**「…の中に［で］」

STEP 3 回答例を確認しましょう。STEP 2の日本語から英語にするときに、どのような点を注意したら、より英語らしい表現になるか、解説を読んで確認してみましょう。

In a two-party system, voters 1**can** 2**clearly** understand the differences between the manifestos of each party. However, 3**it can lead to** a 4**great division** within the nation, 5**as in the case of** the United States.

二大政党制において、有権者は各政党のマニフェストの違いを明確に理解することができます。しかしながら、それがアメリカのように、国内の大きな分断につながってしまう可能性もあります。

スピーチ表現のポイント

1 | can

▶ここでのcanは「できる」で「能力」を表すcanです。後に登場する3｜のcanは「…し得る」で「可能性」を表すcanです。canにはいくつかの用法があり、使い勝手が良いので使いこなせるようになると良いですね。

2 | clearly

▶副詞は挿入する位置によって少し意味が変わってきますので、注意しましょう。例えば、voters clearly can understand ...という語順にすると「有権者は当然、理解できる」、とclearlyがobviously「当然に」という意味になってしまいます。ここでは、「理解が明確にできる」という意味なので、voters can **clearly** understand ...としましょう。

3 | it can lead to ...

▶lead to ...は「…という結果につながる；…という結果をきたす：…につながる」。ここでは可能性のcanがあるので「…につながり得る；…きたすこともある」というニュアンスです。

例 > Reading motivational books can **lead to** personal growth.
（自己啓発本を読むことは、個人の成長につながる）

4 | great division

▶「大きな分断」はbig divisionでも間違いではありません。greatを使うほうが組み合わせとして語呂が良いです。

5 as in the case of ...

▶ as in the case of ... は「…(の例) のように」という意味。法廷で弁護士がよく使う、硬めの表現です。

例 > **As in the case** with the past, (過去の例のように、)
Far right political parties are gaining popularity, **as in the case of** France.
(フランスのように、極右政党が人気を集めています)

STEP 4 **回答例のスクリプトから、巻頭の「ルールハンティング・リスト」を使って、「ルールハンティング」しましょう。注意すべき発音をあらかじめ押さえます。**

In a 1 2two-p**art**y system, 3v**o**ters 4**can** clearly understand the 5difference**s** between the 6 7 8manifes**tos of e**ach party. However, it 9**can** 10lea**d** 11**to a** great division 12wi**th**in the 13na**tion**, 14a**s i**n the 15ca**se o**f the 16Uni**t**ed States.

ルール一覧

1	two-party	スタバのar→リストS-23	9	**can**	canはクン→リストS-01
2	two-party	**弱くなる音**→リストM-08	10	lead to	**同化**→リストM-07
3	voters	Long O→リストS-09	11	**to a**	**w-insertion**→リストM-04
4	**can**	canはクン→リストS-01	12	within	Voiced th→リストS-12
5	differences	複数形・三単現・isの短縮のs→リストS-27	13	nation	シュン→リストS-21
6	manifestos	Long O→リストS-09	14	as in	**連結**→リストM-09
7	manifestos	複数形・三単現・isの短縮のs→リストS-27	15	case of	**連結**→リストM-09
8	manifestos of each	**連結**→リストM-09	16	United	**弱くなる音**→リストM-08

STEP 5　STEP 4のルールと意味の句切れ目とイントネーション、内容語・機能語などを意識してスクリプトを読み上げてみましょう。音声は、アメリカ人男性ナレーター→アメリカ人女性ナレーター→日本人著者の順に3回読み上げられます。 DL-015

In a two-party system, ↓
voters ↑ can clearly understand ↑
the differences ↑ between the manifestos ↑ of each party. ↓
However, ↑ it can lead ↑
to a great division ↑ within the nation, ↓
as in the case ↑ of the United States. ↓

※白色ハイライトは内容語

複合名詞・形容詞などひとかたまりで発音する単語

▶ two-party system／great division／United States

注意すべきアクセントの位置

▶ **manifestos** (maniFEstos) [ma·nuh·**feh**·stowz]｜第3音節にアクセント。日本語の「マニフェスト」だと通じません。後半の-stosの部分は「ストゥズ」という音が近く、複数形のsの音は濁ることに注意。

▶ **division** (diVIsion) [duh·**vi**·zhn]｜第2音節にアクセント。-sion部分は「ジ（ョ）ン」と濁る音。

STEP 6　STEP 5までの発音やリズム（句切れ目）に慣れてきたら、音声をもう一度聞きながらシャドーイングしてみましょう。

Column

二大政党制とはふたつの大政党が相互に政権を争い、選挙で勝った党が政権を担当する政党政治のことを言います。アメリカの共和党と民主党、イギリスの保守党と労働党などが典型的な例となります。

日本の場合も、1990年代に始まった選挙制度改革で二大政党制を目指したわけですが、その試みは現時点では、事実上破綻しています。日本の場合は、アメリカのような「大きな政府か、小さな政府か」といった対立軸、あるいは欧州も含めたユニバーサルな問題としての「開発か、環境か」であるとか「機会の平等か、結果の平等か」といった対立軸が、うまく政策の選択肢になっていません。

Unit

16 US-Mexico Border

STEP 1～STEP 6の順に進みながら、スピーキングに必要な英作文する思考を養い、発音力とスピーキング力を鍛えましょう！

STEP 1 テーマの説明を読んで、理解を深めましょう。

The London Design Museum named "Teeter-Totter Wall," a temporary installation of seesaws inviting kids on each side of the US-Mexico border wall to play together, Design of the Year.

ロンドンのデザイン博物館は、アメリカとメキシコの国境の壁の両サイドの子どもたちを、一緒に遊べるよう招待する仮設のシーソー、「ティーター・トッター・ウォール」を年間最優秀デザイン賞に選びました。

＊name「（賞などに）選ぶ」

STEP 2 テーマに関する、簡単なスピーチ（自分の意見）を述べてみましょう。次の日本語を英語にするとどのようなスピーチになるか考えてみましょう。

回答例の日本語訳

このアートプロジェクトはとても素晴らしいと思いました。どのような政治的境界線が引かれたところで、子どもたちはシーソーを楽しむただの子どもでしかないのです。

英作文のヒント

› 意見を述べるときの視点・考え方のヒント

▸カリフォルニア州南部とメキシコの間に建てられた壁を挟んで、鮮やかなピンク色のシーソー3台が出現しました。多くの不法移民が収容され、アメリカ国内で激しい対立の原因にもなっているメキシコ国境。もとは不法移民防止の柵。その「壁」を逆手にとったユニークなアイデアでした。政治的なことはさておき、子どもは政治の壁を越えて仲良くなれて素晴らしい、ということを伝えたスピーチ例です。

▸もしこのあとにスピーチをつなげるとすれば、「大人になると、相手の国籍を意識して仲良くするかどうか考えてしまうこともあるが（考えてしまう人もいるが）、子どものときはそんなことは考えなかった」ということを伝えたいと思います。

▸子どものことだけに触れているのでシーソーに乗ったのが子どもだけかと言うと、実際は子どもから大人まで老若男女問わずシーソーで遊んだそうです。互いに手を振ったり笑いあったり「壁」を挟んで和やかなムードだったこともあり、両側の子どもや大人が意味のあるつながりを持ったと世界中に感動と驚きをもたらしました。

> 単語・表現のヒント

no matter what ...「どんな…が～としても」／**political**「政治的な」／**draw**「描く；(線を) 引く」／**see-saw**「シーソー」

STEP 3 回答例を確認しましょう。STEP 2の日本語から英語にするときに、どのような点を注意したら、より英語らしい表現になるか、解説を読んで確認してみましょう。

1**I thought** this art project was beautiful. 2**No matter** what kind of political borders be 3**drawn**, 4**kids are just kids enjoying the see-saws**.

このアートプロジェクトはとても素晴らしいと思いました。どのような政治的境界線が引かれたところで、子どもたちはシーソーを楽しむただの子どもでしかないのです。

スピーチ表現のポイント

1 | I thought

▶ プロジェクトを知った過去の時点で「素晴らしいと思った」と言いたいので、過去形にしています。もしこのニュースを知ったばかりで「素晴らしいと思った」のであれば、現在形にしても良いです。自分の意見をどの時点で述べるかを考えて時制を選びましょう。また、その後にくるthis art project was beautifulのwasは時制の一致で過去形にすることに注意。

2 | No matter

▶ what kind of political borderは「いかなる種類の政治的境界線が」が直訳。No matter＋what/how ...は日常会話でもよく使うのでいくつか例文で確認しておきましょう。

例 > **No matter how old** you are, it's never too late.
(あなたが何歳であろうと、決して遅くありません)
No matter what time it is, feel free to contact me.
(何時であろうと、遠慮なく連絡してくださいね)
No matter what you wear, you should feel confident in yourself.
(あなたが何を着ようと、自分自身に自信を持つべきです)

3 | drawn

▶ drawは「(絵を) 描く」という意味がよく知られていますが、「(線を) 引く」ときにもdrawを使うことを覚えておきましょう。ここでは、draw borders「境界線を引く」とすることで「絵を描くように自由に (政治的理由で勝手に) 境界線が引かれた」というニュアンスを出しています。

4 | kids are just kids enjoying the see-saws

▶この1文をわかりやすくすると、Kids are just kids. They are just enjoying the see-saws. となります。

STEP 4 回答例のスクリプトから、巻頭の「ルールハンティング・リスト」を使って、「ルールハンティング」しましょう。注意すべき発音をあらかじめ押さえます。

I 1**th**ought 2 3**th**i**s** 4**ar**t project 5**was** 6beautifu**l**. No 7ma**tt**er what 8kin**d** **o**f 9politica**l** borders be drawn, 10kid**s** **a**re just 11 12kid**s** **e**njoying the 13 14**see**-saw**s**.

ルール一覧

1	**th**ought	Voiceless th→リストS-13	8	kin**d** **o**f	連結→リストM-09
2	**th**is	Voiced th→リストS-12	9	politica**l**	Dark L→リストS-03
3	thi**s** **a**rt	連結→リストM-09	10	kid**s** **a**re	連結→リストM-09
4	**ar**t	スタバのar→リストS-23	11	kid**s**	複数形・三単現・isの短縮のs→リストS-27
5	**was**	wasはウズ→リストS-14	12	kid**s** **e**njoying	連結→リストM-09
6	beautifu**l**	Dark L→リストS-03	13	**see**-saws	CC-Lemon→リストS-02
7	ma**tt**er	弱くなる音→リストM-08	14	see-saw**s**	複数形・三単現・isの短縮のs→リストS-27

STEP 5　STEP 4のルールと意味の句切れ目とイントネーション、内容語・機能語などを意識してスクリプトを読み上げてみましょう。音声は、アメリカ人男性ナレーター→アメリカ人女性ナレーター→日本人著者の順に3回読み上げられます。 DL-016

I thought ↑
this art project ↑ was beautiful. ↓
No matter ↑ what kind of ↑ political borders ↑
be drawn, ↓
kids are just kids ↓
enjoying the see-saws. ↓

※白色ハイライトは内容語

複合名詞・形容詞などひとかたまりで発音する単語

▸ art project／see-saws

注意すべきアクセントの位置

▸ **political** (poLItical) [puh·**li**·tuh·kl] | 第2音節にアクセント。語尾の-cal部分はklと子音クラスターの発音なので母音が入らないように注意しましょう。
▸ **drawn** (DRAWN) [**draan**] | 「ドゥローン」と発音します。

STEP 6　STEP 5までの発音やリズム（句切れ目）に慣れてきたら、音声をもう一度聞きながらシャドーイングしてみましょう。

Column

アメリカとメキシコの壁は、メキシコからアメリカ合衆国への麻薬の密輸や不法移民を防ぐためのもので、アメリカ・メキシコ国境に沿って1,000キロにも及びます。この国境フェンスを逆手に取ったユニークなプロジェクト「シーソーの壁」が出現しました。不法移民取り締まりのためにメキシコとアメリカの壁を強化し、国境沿いに建設された分離壁は、通称、Trump Wall（トランプの壁）と呼ばれています。そうした政治的目的のための壁ですが、その国境沿いに並ぶフェンスに建築家のロナルド・ラエル氏と大学教授のヴァージニア・サン・フラテッロ氏によって、3つのシーソーが取りつけられました。国境の柵を挟んで鮮やかなピンク色のシーソーが取りつけられたのです。「片側ですることは片側に影響する」ということを伝えるために設置されたシーソーでした。アメリカとメキシコの子どもから大人までが国境を挟んでシーソーにまたがって楽しみました。

Unit 17

CES

STEP 1～STEP 6の順に進みながら、スピーキングに必要な英作文する思考を養い、発音力とスピーキング力を鍛えましょう！

STEP 1 テーマの説明を読んで、理解を深めましょう。

In January every year, tech companies and entrepreneurs gather in Las Vegas to showcase new ideas for how technology can solve our everyday problems. In 2021, the show was held online for the first time.

毎年1月、私たちの日常の問題を解決できる新たなアイデアを売り込むために、テクノロジー企業や起業家たちがラスベガスに集まります。2021年は初めてオンラインでショーが開催されました。

＊entrepreneurs「起業家」／showcase「売り込む；アピールする」

STEP 2 テーマに関する、簡単なスピーチ（自分の意見）を述べてみましょう。次の日本語を英語にするとどのようなスピーチになるか考えてみましょう。

回答例の日本語訳

私は幸運にも、CES 2020において司会を務めることができました。会場は3つの異なるコンベンションセンターにまたがっており、文字通り世界中から人々が一堂に会しました。CESが再びリアルな場で開催されるのが待ち遠しいです。

英作文のヒント

› 意見を述べるときの視点・考え方のヒント

▶筆者はCESのイベントに司会として参加することがあったので、自分の経験をもとに、リアルな場でのイベント開催を望むという意見を述べました。イベントに主催者側として参加する経験を持つ人は限られていると思いますが、出展者や参加者の立場からの意見でももちろん良いです。

▶ CESというイベントに参加した経験がなくても、コロナ禍を機に国内の展示会やイベントがオンライン化していることについて結びつけて話をするのでも良いです。イベントがオンライン化していることについては、オンラインとオフラインのイベントの在り方を自分なりに考察して触れておくと、より深みのある意見文になるでしょう。

› 単語・表現のヒント

venue「会場」／**spread**「広がる；広げる」／**convention**「展示会」／**literally**「文字通り」

STEP 3 **回答例を確認しましょう。STEP 2の日本語から英語にするときに、どのような点を注意したら、より英語らしい表現になるか、解説を読んで確認してみましょう。**

I was lucky [1]**enough to** work as an MC at CES 2020. The venue [2]**was spread across** 3 different convention centers, and people from [3]**literally** all over the world gathered together. [4]**I can't wait for** CES to [5]**be held live** again.

私は幸運にも、CES 2020において司会を務めることができました。会場は3つの異なるコンベンションセンターにまたがっており、文字通り世界中から人々が一堂に会しました。CESが再びリアルな場で開催されるのが待ち遠しいです。

スピーチ表現のポイント

1 enough to

▸ ［形容詞］+enough to+［動詞］で「［動詞］するのに十分に［形容詞］」です。

例 › He was **good enough to stay** in the finals.（彼は決勝に残るほど十分良かった）

この表現で使われる形容詞は難しい単語はあまり使われません。

2 was spread across

▸ spreadは動詞「広げる；広がる」の意味で、スピーチのwas spreadはbe+［過去分詞］の形になっています。

例 › The rumor **spread across** the office.（その噂は会社中に広がった）

The farm **is spread across** acres of land.（その農場は広大な土地に広がっている）

3 literally

▸ このスピーチでは… , and people from literally all over the world gathered together. と使われていて、people from literally all over the worldまでが主語。literallyの位置は、people literally from all over the worldでもpeople from all over the world literallyでもOKです。

▸ Literally! で「まさに！」→「まじで！」という意味で、最近は使われています。

4 I can't wait for ...

▸ I can't wait for ...「…が待ち遠しい」というフレーズは日常会話でもよく使います。

例 > I **can't wait for** Christmas to come.（クリスマスが来るのが待ち遠しいです）
I **can't wait for** my Uber to arrive.（ウーバーが到着するのが待ち遠しいです）

5 | be held live

▶このliveは「リブ」ではなく「ライブ」と読みます。形容詞で「ライブの；生の」という意味です。be held liveは「リアルに開催される」となります。

STEP 4 回答例のスクリプトから、巻頭の「ルールハンティング・リスト」を使って、「ルールハンティング」しましょう。注意すべき発音をあらかじめ押さえます。

I 1**was** 2luck**y e**nough to 3w**or**k as an 4M**C** at 5**C**ES 2020. The venue was 6sprea**d a**cross 7**3** different 8conven**tion** 9center**s**, and 10peop**le** from 11 12**lit**erally 13**all** over the 14w**or**ld 15ga**th**ered together. I can't wait 16**for** CES 17**to** be held 18li**ve a**gain.

ルール一覧

1	**was**	wasはウズ→リストS-14	10	peop**le**	Dark L→リストS-03
2	luck**y e**nough	**y-insertion**→リストM-05	11	**l**iterally	Light L→リストS-08
3	w**or**k	リーダーのer→リストS-28	12	li**t**erally	**弱くなる音**→リストM-08
4	M**C**	CC-Lemon→リストS-02	13	**all**	おの口であ→リストS-18
5	**C**ES	CC-Lemon→リストS-02	14	w**or**ld	リーダーのer→リストS-28
6	sprea**d a**cross	**連結**→リストM-09	15	ga**th**ered	Voiced th→リストS-12
7	**3** (three)	Voiceless th→リストS-13	16	**for**	forはフォ→リストS-05
8	conven**tion**	シュン→リストS-21	17	**to**	（前置詞）toはル→リストS-25
9	center**s**	複数形・三単現・isの短縮のs→リストS-27	18	li**ve a**gain	**連結**→リストM-09

STEP 5　STEP 4のルールと意味の句切れ目とイントネーション、内容語・機能語などを意識してスクリプトを読み上げてみましょう。音声は、アメリカ人男性ナレーター→アメリカ人女性ナレーター→日本人著者の順に3回読み上げられます。 DL-017

I was lucky enough ↑
to work ↑ as an MC ↑ at CES 2020. ↓
The venue ↑ was spread across ↑
3 different ↑ convention centers, ↓
and people from ↑ literally ↑ all over the world ↑
gathered together. ↓
I can't wait ↑ for CES ↑
to be held live ↑ again. ↓

※白色ハイライトは内容語

複合名詞・形容詞などひとかたまりで発音する単語

- CES 2020／convention centers

注意すべきアクセントの位置

- **2020** | twenty twentyと読むことが一般的。
- **convention** (conVENtion) [kuhn·**ven**·shn] | 第2音節にアクセント。語尾の -tionは「シュン」で、語頭のcon-は「クン」に近い音で発音します。
- **literally** (LIterally) [**li**·tr·uh·lee] | 第1音節にアクセント。

STEP 6　STEP 5までの発音やリズム（句切れ目）に慣れてきたら、音声をもう一度聞きながらシャドーイングしてみましょう。

Column

世界最大級の家電見本市「CES 2021」は初のバーチャル開催となりました。前回までは米ラスベガスでの開催でしたが、今回は完全オンライン化。オールデジタルでの開催は、新型コロナウイルスの蔓延に関する世界的な健康への懸念が高まる中、2021年1月初旬にラスベガスで何万人もの人々が安全に集まり、直接会ってビジネスを行なうことはできないとの判断から決定しました。

基調講演も商談もすべてオンラインで繰り広げられましたが、翌2022年もオミクロン株の流行と重なり、会期も短縮してオンラインとリアルのハイブリッド開催となりました。従来のような見本市にはまだまだ程遠いようです。

Unit

18 Homes

STEP 1～STEP 6の順に進みながら、スピーキングに必要な英作文する思考を養い、発音力とスピーキング力を鍛えましょう！

STEP 1 テーマの説明を読んで、理解を深めましょう。

Since COVID-19 hit the world, many people have chosen or been compelled to stay at home. As a result, many have strived to make their homes calm and cozy spaces where they really want to be.

コロナが世界を襲って以来、多くの人々が在宅を選んだり、強いられました。その結果、多くが、自宅をより静かで居心地のよい、本当に自分が居たい空間にする努力をしています。

＊compel「強いる」／strive to ...「…するよう努力する」／cozy「居心地が良い；くつろげる」

STEP 2 テーマに関する、簡単なスピーチ（自分の意見）を述べてみましょう。次の日本語を英語にするとどのようなスピーチになるか考えてみましょう。

回答例の日本語訳

パンデミック後、私もまさに模様替えをしたひとりです。デスクトップパソコンと仕事用のデスクを購入。今では、おうち時間を楽しく過ごしています。

英作文のヒント

意見を述べるときの視点・考え方のヒント

▸パンデミック以降、もっとも身近な話題のひとつではないでしょうか。ほとんどの人が同じ環境に置かれているからこそ、「自分自身は」どのように過ごしているのか、またそれに対してどのように思っているのかをはっきり伝えることが大切です。

▸筆者自身は模様替えをして、楽しく過ごしているという現状と気持ちを短く表現しました。その他にも、「コロナ禍でおうち時間が増えたことでオフィスの重要性を改めて感じた、そのため大切に会社に通うようになった」「家は寝るところという考え方だったが、家の時間が増えて、家の中の空間の在り方を考え直すようになった」といった意見も良いです。

▸ちなみに、アメリカではおうち時間が増えたことで、ワークアウト関係のジム用品の売上がアップしたそうです。自宅用にジム用品を買って、家で使う人が多いようです。日本では、おうち時間が増えて、節約する人がますます増えた一方で、アメリカでは、新しいものをどんどん購入して消費する傾向があると言います。

> 単語・表現のヒント

definitely「まさに」／redecorate ...「…を改装する；…の模様替えをする」／pandemic「パンデミック」／invest in ...「…に投資する；…を購入する」

STEP 3　回答例を確認しましょう。STEP 2の日本語から英語にするときに、どのような点を注意したら、より英語らしい表現になるか、解説を読んで確認してみましょう。

I'm 1definitely 2one of those people that 3redecorated their home since the pandemic. 4I invested in a desktop computer and an office desk. 5Now, I enjoy spending time at home.

パンデミック後、私もまさに模様替えをしたひとりです。デスクトップパソコンと仕事用のデスクを購入。今では、おうち時間を楽しく過ごしています。

スピーチ表現のポイント

1 | definitely

▶ Definitely.「まさに；確かに」と1語で、あいづちとしても使える語です。類語としては、他にAbsolutely./Certainly./For sure./Clearly.などがあります。いずれも確信度の高い意味合いを含んでいます。

2 | one of those people that

▶ I am one of those people.「私そういう人だから」という意味のフレーズです。今回は関係代名詞thatを使って、どんな人なのかを説明しています。

例 > I am **one of those people that** spends a lot of money on makeup.
（私は、化粧品にお金をすごく使う人なの）
I'm **definitely one of those people that** is a health freak.
（私はまさに健康オタクのひとりなの）

3 | redecorated their home

▶ redecorate「改装する」と似た単語にrenovateがあります。redecorateは、置いているものを配置換えするときに使い、renovateは本格的な改築・改造をするときに使う語です。

4 | I invested in ...

▶ 直訳は「…に投資する」です。物を買うときに自分が「投資」だと思って（いい買い物をしたと思って）いるのか、「浪費」したと思っているかで動詞を使い分けることがあります。今回は、いい買い物で自分に投資したと思っているのでinvest in ...を使いました。これが浪費だと思っていたらwasteを使います。buyはニュートラルな語です。

5 | Now,

▶文頭で使うことで「買った結果、今、楽しく過ごしている」ということを強調しています。文末にnowを置くと、文に馴染むので「購入した結果、今」というニュアンスが弱まります。

STEP 4 回答例のスクリプトから、巻頭の「ルールハンティング・リスト」を使って、「ルールハンティング」しましょう。注意すべき発音をあらかじめ押さえます。

I'm definitely 1**one of** 2**th**ose people that 3 4redecora**ted** their 5h**o**me 6**s**ince the 7p**a**ndemic. I 8 9inves**ted in a** 10deskt**o**p 11 12compu**ter and an** 13**o**ffice desk. Now, 14**I e**njoy spending 15ti**me at** home.

ルール一覧

1	one of	連結→リストM-09	9	invested in a	連結→リストM-09
2	those	Voiced th→リストS-12	10	desktop	short O→リストS-10
3	redecorated	弱くなる音→リストM-08	11	computer	弱くなる音→リストM-08
4	redecorated	過去形-id→リストS-19	12	computer and an	連結→リストM-09
5	home	Long O→リストS-09	13	office	short O→リストS-10
6	since	CC-Lemon→リストS-02	14	I enjoy	y-insertion→リストM-05
7	pandemic	えの口であ→リストS-17	15	time at	連結→リストM-09
8	invested	過去形-id→リストS-19			

STEP 5　STEP 4のルールと意味の句切れ目とイントネーション、内容語・機能語などを意識してスクリプトを読み上げてみましょう。音声は、アメリカ人男性ナレーター→アメリカ人女性ナレーター→日本人著者の順に3回読み上げられます。 DL-018

I'm definitely ↑ one of those people ↑
that redecorated ↑ their home ↑ since the pandemic. ↓
I invested ↑ in a desktop computer ↑
and an office desk. ↓
Now, ↑ I enjoy ↑ spending time ↑ at home. ↓

※白色ハイライトは内容語

複合名詞・形容詞などひとかたまりで発音する単語

▶ desktop computer／office desk

注意すべきアクセントの位置

▶ **definitely** (DEfinitely) [**deh**·fuh·nuht·lee]｜第1音節にアクセント。

▶ **redecorated** (reDEcorAted) [ree·**deh**·kr·**ay**·tuhd]｜第2音節に第1アクセント、第4音節に第2アクセントがきます。過去形の-ted部分は「ティッド」でidの発音。

▶ **pandemic** (panDEmic) [pan·**deh**·muhk]｜第2音節にアクセント。アクセントのあるde部分は少し伸ばして発音すると良いでしょう。

▶ **invested** (inVEsted) [uhn·**veh**·stuhd]｜第2音節にアクセント。過去形-ted部分は「ティッド」でidの発音になります。

STEP 6　STEP 5までの発音やリズム（句切れ目）に慣れてきたら、音声をもう一度聞きながらシャドーイングしてみましょう。

Column

新型コロナウイルスの影響によって働き方が変わり、在宅ワークをする人が増えました。在宅ワークの普及に伴って注目を集めているのが、書斎やワークスペースです。仕事とプライベートが混在してしまったり、収納スペースが不足してワークスペースも限られたり、PC設備が十分に整っていない…などのデメリットも多くあります。ストレスを感じることなくテレワークをするために、自宅の作業スペースを見直す人が増えています。

Unit

19 Japanese Anime

STEP 1～STEP 6の順に進みながら、スピーキングに必要な英作文する思考を養い、発音力とスピーキング力を鍛えましょう！

STEP 1 テーマの説明を読んで、理解を深めましょう。

Demon Slayer, a Japanese anime blockbuster, has broken box office records. Dubbed and subtitled versions of the movie have also been released in the United States.

日本アニメの大ヒット作『鬼滅の刃』が、興行成績の記録を破りました。映画の吹き替え版と字幕版がアメリカでも公開されています。

＊*Demon Slayer*『鬼滅の刃』／blockbuster「(映画・本・商品などの) ビッグヒット；大ヒット (作)；大当たり」／break box office records「興行成績の記録を破る」／dubbed「(映画・ドラマなど) 吹き替えの」／subtitled「(映画・ドラマなど) 字幕つきの」

STEP 2 テーマに関する、簡単なスピーチ（自分の意見）を述べてみましょう。次の日本語を英語にするとどのようなスピーチになるか考えてみましょう。

回答例の日本語訳

アニメ好きという訳ではありませんが、『鬼滅の刃』の盛り上がりの正体を確かめるべく、集中して座って観ました（その評判を確かめるべく映画館に行ってみました）。わかったことは、とても奥深い筋書きの物語だということでした。

英作文のヒント

› 意見を述べるときの視点・考え方のヒント

▸海外ではアニメ＝日本文化、日本人＝アニメというイメージが強くついています。世界中にたくさんのアニメ好きな外国人がいるので、アニメが趣味の人は話が盛り上がるでしょう。

▸もし筆者のようにアニメに詳しくない場合でも、グローバル社会で活躍したいと考える人は、最低限のアニメの知識を持っておくことをお勧めします。アニメに興味がない、アニメに詳しくない、で話を終わらせるのではなく、何事にも前向きな意欲やアクションを起こしてみたという行動力を示すのが大事です。

› 単語・表現のヒント

sit oneself down「(集中して) 座る」／**hype**「盛り上がり；口コミ；誇大広告」／**turn out ...**「…だとわかる」／**story line**「ストーリー展開；プロット」

STEP 3 回答例を確認しましょう。STEP 2の日本語から英語にするときに、どのような点を注意したら、より英語らしい表現になるか、解説を読んで確認してみましょう。

I'm not 1**an anime person**, but I 2**sat myself down to** watch *Demon Slayer* to see 3**what all the hype was about**. 4**Turns out**, there is a very deep story line.

アニメ好きという訳ではありませんが、『鬼滅の刃』の盛り上がりの正体を確かめるべく、集中して座って観ました (その評判を確かめるべく映画館に行ってみました)。わかったことは、とても奥深い筋書きの物語だということでした。

スピーチ表現のポイント

1 | an anime person

▸ xxx personで「XXX好き」という便利な言い方ができます。「～と…はどちらが好き？」と尋ねられたときに、「…が好き (…派です)」と答えられる場合に使います。

例 › I am a **dog person**.(私は犬好き)

Are you **summer person**?(あなたは夏派ですか？)

何々派、と分かれるときに「私はこっち派」と言えるのに使える表現。

2 | sat myself down to ...

▸ oneselfなしでsit down to ...と使っても良いです。「集中して…をする」という意味です。このスピーチだと、「あまり観たくないけれど」『鬼滅の刃』を集中して観る＝映画館でじっくり観るニュアンスが含まれます (自宅にシアターがある人は自宅のシアターも)。またtoの後に続く動詞は、watchかreadなどがくることが多いです。

例 › I **sat myself down** to do my taxes.(座ってじっくり納税手続きをする)

→ただ納税手続きをするのではなく、やりたくないけれどやるニュアンスが含まれます。

3 | what all the hype was about

▸ the hypeはスラングで「盛り上がり;口コミ；たくさんの人が話題に挙げているもの」という意味です。どちらかと言うと、小さなコミュニティの中で、はやっている物事を指します。

▸ このスピーチではallがthe hypeにかかっていて、単なる「口コミ」と言うよりさらに大きな「噂；評判」といったニュアンスが読み取れます。

4 | Turns out,

▶ここでは、(It) turns outのitが隠れています。**It turns out** that there is a very ...という文を口語的にするために、Itを取ってthatをカンマ(,)にしています。もとはIt ... that 〜構文です。

STEP 4 回答例のスクリプトから、巻頭の「ルールハンティング・リスト」を使って、「ルールハンティング」しましょう。注意すべき発音をあらかじめ押さえます。

I'm 1 2n**ot** an 3**a**nime 4p**er**son, 5bu**t** I 6s**a**t myself down 7**to** watch *Demon Slayer* to see 8wha**t** 9**al**l the hype 10wa**s** **a**bout. 11T**ur**ns 12ou**t**, 13 14**th**e**re is a** very deep story 15**l**ine.

ルール一覧

1	not	short O→リストS-10	9	all	おの口であ→リストS-18
2	not an	弱くなる音→リストM-08	10	was about	連結→リストM-09
3	anime	えの口であ→リストS-17	11	Turns	リーダーのer→リストS-28
4	person	リーダーのer→リストS-28	12	out	tの脱落(poor T)→リストM-03
5	but I	弱くなる音→リストM-08	13	there	Voiced th→リストS-12
6	sat	えの口であ→リストS-17	14	there is a	連結→リストM-09
7	to	(前置詞)toはル→リストS-25	15	line	Light L→リストS-08
8	what all	弱くなる音→リストM-08			

STEP 5 STEP 4のルールと意味の句切れ目とイントネーション、内容語・機能語などを意識してスクリプトを読み上げてみましょう。音声は、アメリカ人男性ナレーター→アメリカ人女性ナレーター→日本人著者の順に3回読み上げられます。 DL-019

I'm not↑ an anime person,↓
but I sat myself down↑ to watch↑ *Demon Slayer*↓
to see↑ what all the hype↑ was about.↓
Turns out,↓
there is↑ a very deep↑ story line.↑

※白色ハイライトは内容語

複合名詞・形容詞などひとかたまりで発音する単語

▶ anime person／Demon Slayer／story line

注意すべきアクセントの位置

▶ **anime** (Anime) [**a**·nuh·may]｜第1音節にアクセント。語尾の -me は少し伸ばして「メィ」と発音します。

▶ **hype** (HYpe) [**hi**pe]｜語頭にアクセント。アクセント部分は「ハイ」と読みます。

STEP 6 STEP 5までの発音やリズム（句切れ目）に慣れてきたら、音声をもう一度聞きながらシャドーイングしてみましょう。

Column

海外では日本のようにアニメの『鬼滅の刃』がテレビの地上波で無料放送されている訳ではありません。誰もが気軽にアニメのストーリーを観られる環境にはありません。
それにも関わらず、劇場版『鬼滅の刃』がここまでの世界的大ヒットを収めているのには、やはりNetflixのようなネット動画配信サービスの普及が影響しているようです。

Netflixでは以前はあまりアニメに力を入れていなかったそうですが、ここ数年で利用者が急増しています。全世界で1億世帯以上が視聴し、利用者数も2020年時点で前年比16%の増加になるほどの急成長をしているそうです。
しかし、2022年第1四半期に会員数が20万人減少し、四半期ベースでは創業以来初の会員減となったことを発表しました。

Unit

20 Breakdancing

STEP 1～STEP 6の順に進みながら、スピーキングに必要な英作文する思考を養い、発音力とスピーキング力を鍛えましょう！

STEP 1 テーマの説明を読んで、理解を深めましょう。

Breakdancing will become the first dance event in the Olympics when it makes its debut at Paris 2024.

2024 年のパリにおいて、ブレイクダンスが五輪デビューを飾る初のダンス競技となります。

＊makes one's debut「デビューする」

STEP 2 テーマに関する、簡単なスピーチ（自分の意見）を述べてみましょう。次の日本語を英語にするとどのようなスピーチになるか考えてみましょう。

回答例の日本語訳

オリンピックでのダンス競技は面白いと思います。しかし、ルールをシンプルにし、審査を最小限にすることで、誰もがより楽しめるオリンピックになると思います。

英作文のヒント

> 意見を述べるときの視点・考え方のヒント

▶与えられたテーマに対して自身の気持ちや感情がある場合、意見が作りやすいし、意見がすぐに頭に浮かびやすいでしょう。筆者はオリンピックにも、2024 年のパリ五輪にも興味があったので意見が作りやすいテーマでした。どの競技でもルールがシンプルなほうが観ていて楽しいと感じていたので、観戦する側がより楽しめる方法として「ルールをシンプルにして採点方法を最小限にすること」を意見として取り入れました。

▶短いスピーチではありますが、自分の意思に加え、自分の実体験に基づく考察や今後起こそうとしているアクションについてあわせて織り交ぜられると内容に深みが出てきます。体験したこと、見聞きした事実を話すだけでなく、その体験をもとに自分はどう考え、どう思い、どう行動しようと思ったのかをセットで考える癖をつけるようにしましょう。

> 単語・表現のヒント

keep ... simple「…をシンプルにする；留める」／**the judging**「審査；判定」／**to a minimum**「最小限に」／**enjoyable**「楽しい；楽しめる」

STEP 3 回答例を確認しましょう。STEP 2の日本語から英語にするときに、どのような点を注意したら、より英語らしい表現になるか、解説を読んで確認してみましょう。

A dance event in the Olympics 1**will be** interesting. 2**However,** 3**I think** 4**keeping the rules simple and the judging to a minimum** makes the Olympics 5**more enjoyable** 6**for all of us**.

オリンピックでのダンス競技は面白いと思います。しかし、ルールをシンプルにし、審査を最小限にすることで、誰もがより楽しめるオリンピックになると思います。

スピーチ表現のポイント

1 | will be

▶日本語では、「思います」と現在形になっていますが、ダンス競技がオリンピックで行われるのは未来の話なので、willを使っています。

2 | However,

▶「しかし」というとbutを浮かべる人が多いでしょう。butは文頭に置くことができませんが、howeverは文頭や文中に使えるオーソドックスな逆接の語です。

3 | I think ...

▶「…と思います」というとI think ...を使う人は多いでしょう。一方で、「…と思う」と言いたいときにI thinkを多用しがちなので、他の表現にすべきではないかと思う人も同程度いるようです。I believeなど他の表現をいくつか持っておくと、ちょうど良い頻度で「…と思います」の表現のバリエーションを使い回す癖がついてくると思います。

4 | keeping the rules simple and the judging to a minimum

▶このスピーチでは、動名詞ふたつを並列してひとつの主語を作っています。keeping the rules simpleとthe judging to a minimumのふたつの動名詞はそれぞれの長さが均等になるように形をそろえています。

5 | more enjoyable

▶動詞＋-able「…できる」という接尾辞で形容詞を作ります。最近だと、googelable「ググって検索できる」、instagrammable「インスタ映え」という語があります。

6 | for all of us

▶ for usではなくfor all of usとすることで「すべての人」を強調して伝えることができます。

STEP 4 回答例のスクリプトから、巻頭の「ルールハンティング・リスト」を使って、「ルールハンティング」しましょう。注意すべき発音をあらかじめ押さえます。

A [1]dan**ce e**vent in the Olympics [2]**will** be interesting. However, I [3]**th**ink keeping the rules [4]simp**le** and the judging [5]t**o a** [6]minimu**m** **m**akes the Olympics [7]mo**re e**njoyable [8] [9]**for** [10]**all** [11]of **u**s.

ルール一覧

1	dan**ce e**vent	**連結**→リストM-09	7	mo**re** **e**njoyable	**連結**→リストM-09
2	**will**	willはウォ→リストS-15	8	**for**	forはフォ→リストS-05
3	**th**ink	Voiceless th→リストS-13	9	for **a**ll	**連結**→リストM-09
4	simp**le**	Dark L→リストS-03	10	**al**l	おの口であ→リストS-18
5	t**o a**	**w-insertion**→リストM-04	11	of **u**s	**連結**→リストM-09
6	minimu**m** **m**akes	**同化**→リストM-07			

STEP 5　STEP 4のルールと意味の句切れ目とイントネーション、内容語・機能語などを意識してスクリプトを読み上げてみましょう。音声は、アメリカ人男性ナレーター→アメリカ人女性ナレーター→日本人著者の順に3回読み上げられます。 DL-020

A dance event ↑ in the Olympics ↑
will be interesting. ↓
However, ↓ I think ↑
keeping the rules simple ↑ and the judging ↑ to a minimum ↑
makes ↑ the Olympics ↑ more enjoyable ↑ for all of us. ↓

※白色ハイライトは内容語

複合名詞・形容詞などひとかたまりで発音する単語

▸ dance event

注意すべきアクセントの位置

▸ **event** (eVENT) [uh·**vent**] | 第2音節にアクセント。

▸ **Olympics** (oLYMpics) [uh·**lim**·puhks] | 第2音節にアクセント。「オリーンピクス」のように発音します。アクセント部分を少し伸ばすように発音しましょう。

▸ **minimum** (MInimum) [**mi**·nuh·muhm] | 第1音節にアクセント。「ミーナマム」。

▸ **interesting** (INtereiting) [**in**·tr·uh·stuhng] | in/ter/es/tingの4音節ですが、in/teres/tingと音節脱落して3音節になります。

STEP 6　STEP 5までの発音やリズム（句切れ目）に慣れてきたら、音声をもう一度聞きながらシャドーイングしてみましょう。

Column

2024年のパリ五輪で実施される競技・種目はすでに決定しています。追加されるのはブレイクダンス。また、東京五輪で実施されたサーフィン、スケートボード、スポーツクライミングも採用されました。一方で、パルクール、スカッシュ、ビリヤード、チェスは不採用となり、野球・ソフトボール、空手も外れることとなりました。

東京五輪から初めて導入された規則では、開催国は、自国で人気があり、大会の魅力を高められる競技の追加を提案できます。若い世代をつなぎ止め、呼び込む目的もあると考えられています。

Unit

21 Kamala Harris

STEP 1～STEP 6の順に進みながら、スピーキングに必要な英作文する思考を養い、発音力とスピーキング力を鍛えましょう！

STEP 1 テーマの説明を読んで、理解を深めましょう。

Kamala Harris declared in her victory speech: "While I may be the first woman in this office, I will not be the last, because every little girl watching tonight sees that this is a country of possibilities."

カマラ・ハリス氏は指名受諾演説において「私は最初の女性副大統領になるかもしれませんが、決して最後ではありません。今夜この瞬間に立ち会っているすべての少女たちが、アメリカは可能性に溢れた国であることを知っているからです」と明言しました。

＊declare「…宣言する；言明する」

STEP 2 テーマに関する、簡単なスピーチ（自分の意見）を述べてみましょう。次の日本語を英語にするとどのようなスピーチになるか考えてみましょう。

回答例の日本語訳

カマラ・ハリス氏の演説にとても感動しました。彼女の言葉は私に勇気を与え、自分の性別によって可能性が制限されることはないと再確認することができました。

英作文のヒント

› 意見を述べるときの視点・考え方のヒント

▸「男性・女性の性差別はない」ということを強く訴えたカマラ・ハリスの演説の一部です。女性の活躍に期待するとともに、活躍する性別は男女関係ないということを伝えています。この場合、「（女性進出は）仕方ない」といった消極的な意見ではなく、明確に立場を示すことが重要です。

▸または「ようやく女性の副大統領が誕生した（もっと早く誕生すると思ったのに…）」という意見もいいでしょう。

▸さらに、少し挑戦的な話をするのであれば「女性が強くなれ」という風潮が強すぎて男性が弱くなっている気がする、という意見を話しても良いでしょう。

› 単語・表現のヒント

be inspired by ...「…に刺激を受ける」／**words**「言葉」／**courage**「勇気；勇敢」／**reassure**「…を安心させる；…人に自信を与える」／**possibility**「可能性」

STEP 3 回答例を確認しましょう。STEP 2の日本語から英語にするときに、どのような点を注意したら、より英語らしい表現になるか、解説を読んで確認してみましょう。

1 I was inspired by Kamala Harris' speech. Her 2 words 3 have given me courage. 4 I was reassured that my gender is not going to 5 limit my possibilities.

カマラ・ハリス氏の演説にとても感動しました。彼女の言葉は私に勇気を与え、自分の性別によって可能性が制限されることはないと再確認することができました。

スピーチ表現のポイント

1 I was inspired

▸似た語であるimpressedは思った以上のものを見せられて感動したニュアンス。be moved「感動した」は類語で心が動かされたときに使います。be inspiredは心が奮い立つほど感動した、刺激を受けたときに使います。

例 › **I was inspired** by your speech.（あなたのスピーチに感動しました）
I was inspired by you.（あなたに感動しました）

2 words

▸もう一度speechを使っても、message等の単語にしてもher ideaのように発想を換えて表現しても良いですが英語は繰り返しを嫌います。wordsを使うと非常に強く一つひとつの言葉が心に刺さった印象を与えられます。

3 have given me courage

▸ encourageのひと言で言い表すこともできますが、encouraged meはどちらかと言うと書き言葉です。give me courageのように短い単語を集めて伝えると、言葉に動きが出せるので伝えたい言葉が一つひとつ丁寧に伝わり、話し言葉の印象を与えます。

4 I was reassured

▸類語にrelievedがあり、「ほっとする」というニュアンスが強い語です。これに対し、reassuredは「後押し」のニュアンスが加わります。

例 › It **was reassuring** to know that you'll be there tomorrow.
→誰かにお礼を言うときに「来てくれるとわかって心強かった」のように使います。

5 | limit my possibilities

▶ possibilityと相性の良い動詞のコロケーションをいくつか覚えておきましょう。

▶ increase the possibility「可能性を増やす」
expand the possibility「可能性を広げる」
open up the possibility「可能性をこじ開ける」
leave open the possibility「可能性を開けておく」
close the possibility「可能性を閉じる」
room the possibility「可能性の余地がある」

STEP 4 回答例のスクリプトから、巻頭の「ルールハンティング・リスト」を使って、「ルールハンティング」しましょう。注意すべき発音をあらかじめ押さえます。

I [1] [2]**was** [3]inspir**ed** by Kamala [4]Harris' speech. Her [5]word**s** have given me courage. I [6]**was** [7]reassure**d** that my [8]gende**r** **i**s [9]n**o**t going [10]**to** limit my [11] [12]p**o**ssibi**l**ities.

ルール一覧

1	**was**	wasはウズ→リストS-14	7	reassure**d**	過去分詞形-d→リストS-19
2	wa**s** **i**nspired	**連結**→リストM-09	8	gende**r** **i**s	**連結**→リストM-09
3	inspir**ed**	過去分詞形-d→リストS-19	9	n**o**t	short O→リストS-10
4	Harris'	所有格のs→リストS-22	10	**to**	(前置詞)toはル→リストS-25
5	word**s**	複数形・三単現・isの短縮のs→リストS-27	11	p**o**ssibilities	short O→リストS-10
6	**was**	wasはウズ→リストS-14	12	possibi**l**ities	Light L→リストS-08

STEP 5　STEP 4のルールと意味の句切れ目とイントネーション、内容語・機能語などを意識してスクリプトを読み上げてみましょう。音声は、アメリカ人男性ナレーター→アメリカ人女性ナレーター→日本人著者の順に3回読み上げられます。 DL-021

I was inspired ↑
by Kamala Harris' ↑ speech. ↓
Her words ↑
have given me ↑ courage. ↓
I was reassured ↑
that my gender ↑
is not going ↑ to limit ↑ my possibilities. ↓

※白色ハイライトは内容語

複合名詞・形容詞などひとかたまりで発音する単語

▶ なし

注意すべきアクセントの位置

▶ **Kamala** (KAmala) [**ka**mala] ｜語頭にアクセント。

▶ **Harris** (HArris) [**ha**rris] ｜語頭にアクセント 。

▶ **reassured** (reasSURED) [ree·uh·**shoord**] ｜第3音節にアクセント。-ssuredの部分は「シュアード」と発音します。

▶ **possibilities** (possiBIlities) [paa·suh·**bi**·luh·teez] ｜第3音節にアクセント。語尾の-tiesは「リィーズ」とFlap Tになります。

STEP 6　STEP 5までの発音やリズム（句切れ目）に慣れてきたら、音声をもう一度聞きながらシャドーイングしてみましょう。

Column

カマラ・ハリスは1964年にカリフォルニア州オークランドで生まれました。インド人の母シャーマラ・ゴーパーランはがん研究者で、ジャマイカ人の父ドナルド・J・ハリスは経済学教授です。幼い頃は黒人バプテスト教会とヒンズー教寺院の両方に通い、多様な文化を経験しながら育ちました。

また、ハリスはスニーカーブランドのCONVERSE好きとしても知られています。今回の選挙でも、ピンバッジなどでカスタマイズしたオールスターを履いて選挙集会に参加する姿が何度も目撃されました。

Unit

22 Spaceport City

STEP 1～STEP 6の順に進みながら、スピーキングに必要な英作文する思考を養い、発音力とスピーキング力を鍛えましょう！

STEP 1 テーマの説明を読んで、理解を深めましょう。

Spaceport City is a conceptual design project that highlights the opportunities an urban spaceport could bring for business and travel. It was designed with the hope that space travel will become a more commonplace activity.

スペースポート・シティーは都市型宇宙港がビジネスや旅行にもたらすかもしれない機会に光を当てた概念設計プロジェクトです。宇宙旅行がより身近なものになることを願い設計されました。

＊commonplace「当たり前；ありふれたこと」

STEP 2 テーマに関する、簡単なスピーチ（自分の意見）を述べてみましょう。次の日本語を英語にするとどのようなスピーチになるか考えてみましょう。

回答例の日本語訳

駅や空港に人々が集まるように、将来的にはスペースポート・シティーにも人々が集まるようになるでしょう。きっとそのころまでには、宇宙へ行くことが、飛行機で海外に行くのと同じぐらい当たり前になっていることでしょう。

英作文のヒント

› 意見を述べるときの視点・考え方のヒント

▸スピーチ2文目の未来予測を表現する文は、断定する勇気を持ちましょう。
多くの日本人は「将来はわかりませんが」などの前置きをしてリスクヘッジをしがちですが、自信なく話をすることは聞き手に不安感を与えてしまいます。

▸アメリカをはじめとする欧米文化圏では、明確な意見を持たずにびくびくして話すと、相手に不安感を与えてしまいます。日本だと間違えたことを言うのは良くないことだと考えて、回りくどいくらいに前置きを置いて話すことも多くあります。しかし、アメリカでははっきり言わないことにもどかしさを感じる傾向にあるので、何事も言い切ったほうが相手に不信感を与えない印象があります。

> 単語・表現のヒント

imagine「想像する」／gather「集まる」／train station「駅」／airport「空港」

STEP 3 回答例を確認しましょう。STEP 2の日本語から英語にするときに、どのような点を注意したら、より英語らしい表現になるか、解説を読んで確認してみましょう。

1I imagine that, in the future, people will gather at Spaceport City 2like they do at train stations and airports. 3By then, 4traveling to space will be 5as common as flying to another country.

駅や空港に人々が集まるように、将来的にはスペースポート・シティーにも人々が集まるようになるでしょう。きっとそのころまでには、宇宙へ行くことが、飛行機で海外に行くのと同じぐらい当たり前になっていることでしょう。

スピーチ表現のポイント

1 I imagine that ...

▶自分の意見を述べるときに使い勝手のいいフレーズのひとつ。似たフレーズにI feel ...がありますが、これは自分の感情を「どう感じるか」を述べるときに用います。I imagineは「思い描いている」イメージ。

2 like they do

▶do＝gather。ここで繰り返しgatherを使ってしまうと、少しダサい印象を与えます。

例 > I want to be able to cook **like they do** at fancy restaurants.

（素敵なレストランで料理するように、料理ができるようになりたいな）

3 By then

▶＝by that timeで言い換えられます。

4 traveling to

▶この場合、travel, trip, tourのいずれも置き換えられます。または、By then, space trips will be ...やBy then, space tours will be ...のようにも置き換えられます。

5 as common as flying to

▶A is as common as B.「AはBと同じくらい普通のこと」という構文に気づきましょう。

例 > Speaking in Japanese is **as common as** speaking in English.

（日本語で話すことは英語で話すことと同じくらい普通のこと）

▶主語のtraveling to spaceとその後のflying to another countryの語の長さをそろえ

ていることに気づきましょう。space tripsなどでも言い換えられますが、その場合、flying to another countryの部分をnormal tripsなどに変えて語の長さをそろえると良いでしょう。

STEP 4 回答例のスクリプトから、巻頭の「ルールハンティング・リスト」を使って、「ルールハンティング」しましょう。注意すべき発音をあらかじめ押さえます。

I imagine that, in the future, people 1**will** 2ga**th**er at 3Spacep**or**t 4**Ci**ty like they 5d**o** **a**t train 6 7sta**tions** and 8airport**s**. By then, traveling to space 9**will** be 10**as** 11c**o**mmon 12**as** flying to another country.

ルール一覧

1	**will**	willはウォ→リストS-15	7	station**s**	複数形・三単現・isの短縮のs→リストS-27
2	ga**th**er	Voiced th→リストS-12	8	airport**s**	複数形・三単現・isの短縮のs→リストS-27
3	Spacep**or**t	スポーツのor→リストS-24	9	**will**	willはウォ→リストS-15
4	**Ci**ty	CC-Lemon→リストS-02	10	**as**	asはウズ→リストS-32
5	d**o** **a**t	**w-insertion**→リストM-04	11	c**o**mmon	short O→リストS-10
6	sta**tion**s	シュン→リストS-21	12	**as**	asはウズ→リストS-32

STEP 5　STEP 4のルールと意味の句切れ目とイントネーション、内容語・機能語などを意識してスクリプトを読み上げてみましょう。音声は、アメリカ人男性ナレーター→アメリカ人女性ナレーター→日本人著者の順に3回読み上げられます。 DL-022

I imagine that, ↑ in the future, ↓
people will gather ↑ at Spaceport City ↑
like they do ↑ at train stations ↑ and airports. ↓
By then, ↓ traveling to space ↑
will be ↑ as common as ↑ flying to another country. ↑

※白色ハイライトは内容語

複合名詞・形容詞などひとかたまりで発音する単語

▶ Spaceport City／train stations／airports

注意すべきアクセントの位置

▶ **traveling** (TRAveling) [**tra**·vuh·luhng] ｜第1音節にアクセント。traの部分は子音クラスターなのでの母音が入らないように気をつけてください。

▶ **common** (COmmon) [**kaa**·muhn] ｜第1音節にアクセント。Short Oの音なので「カモン」が近い音。

STEP 6　STEP 5までの発音やリズム（句切れ目）に慣れてきたら、音声をもう一度聞きながらシャドーイングしてみましょう。

Column

スペースポートとは、その名の通り、宇宙へ行くためにロケットやシャトルが離着陸する港のことです。アメリカではすでに完成し、ヨーロッパでも計画・準備が進んでいます。日本でも2020年に一般社団法人Space Port Japanにより、スペースポートシティ構想図が発表されました。スペースポートとその周辺は宇宙旅行の拠点のみならず、技術の発展や関連産業の中心地として、新しいビジネスにつながることが期待されています。

Unit

23 Domestic Abuse

STEP 1～STEP 6の順に進みながら、スピーキングに必要な英作文する思考を養い、発音力とスピーキング力を鍛えましょう！

STEP 1 テーマの説明を読んで、理解を深めましょう。

Cases of domestic abuse have skyrocketed since the Covid-19 pandemic began. As more people have to stay home, many victims cannot escape their abusers, and some domestic abuse support services have been put on hold.

新型コロナウイルス感染症のパンデミックが始まってから、家庭内暴力事件が急増しています。より多くの人が家に居なければならず、多くの被害者が加害者から逃げられず、家庭内暴力支援サービスの一部も中断されています。

＊abuse「虐待；罵り；嫌がらせ」／skyrocket「急増する」／victim「被害者；犠牲者」／abuser「悪用者；乱用者；虐待者」／put on hold「中断する；延期する」

STEP 2 テーマに関する、簡単なスピーチ（自分の意見）を述べてみましょう。次の日本語を英語にするとどのようなスピーチになるか考えてみましょう。

回答例の日本語訳

ステイホームを強いられると、被害者が助けを求めることはなおさら難しくなります。それは明白な事実です。もし家庭内暴力の状況にいると思われる人を見かけたときには、少しでも力になりたいと思います。

英作文のヒント

› 意見を述べるときの視点・考え方のヒント

▸このスピーチのポイントはDV被害者への理解を示した後、自分も手を差し伸べることができればしたいというアクションを見せることにあります。自分ならどうするかという具体的な対応策をこの後の文に続けるのも良いでしょう。

▸日本人でありがちなのが「可哀想だね」という感想に近いスピーチ。これは非常に他人事に聞こえてしまいます。アメリカでは多くの場合、何かしらのアクションを起こす（DV被害者を助けるなど）ことが普通だからです。そもそも日本人に比べて英語圏の人のほうが、人の問題に介入する傾向があります。DV被害を受けていると聞いて、何もしないで無視していることは犯罪だと考える人も多くいます。

› 単語・表現のヒント

be forced to ...「…することを強いられる」／**victim**「被害者」／**seek**「求める」／**come across**「見かける」／**domestic abuse**「家庭内暴力；DV」／**assistance**「力；助け」

STEP 3 回答例を確認しましょう。STEP 2の日本語から英語にするときに、どのような点を注意したら、より英語らしい表現になるか、解説を読んで確認してみましょう。

When people 1**are forced to** stay home, it 2**must** be 3**that** 3**much more difficult for victims to seek help**. 4**If I ever** come across anyone who 5**appears to be** in a domestic abuse situation, I hope 6**I can be of some assistance**.

ステイホームを強いられると、被害者が助けを求めることはなおさら難しくなります。それは明白な事実です。もし家庭内暴力の状況にいると思われる人を見かけたときには、少しでも力になりたいと思います。

スピーチ表現のポイント

1 | are forced to ...

▶ 似た表現であるbe compelled to ...との違いについて触れておきましょう。compelは会社のコンプライアンスなどに「従う」ニュアンスが強く、forceだと非常に強い力で強制力がある意味合いがあります。

2 | must

▶「…に違いない」の用法。shouldよりも mustを使うことで寄り添う気持ち、共感する気持ちが強く表せます。shouldだと「そういうこともあるのでしょうね」という感じがしますが、mustは「すごく共感している」気持ちを伝えられます。

3 | that

▶ このthatは、強調の副詞のthatです。

3 | much more difficult for victims to seek help

▶ It is(be)［形容詞］for［人］to［動詞］=「［人］が［動詞］するのが［形容詞］になる」の形に気づきましょう。

4 | If I ever

▶ everで「いつか」という意味。「いつか会うことがあれば」という意味です。

例 > I wonder if a day without masks will **ever** come.
（マスクをしない日はいつか来るのだろうか）

5 | appears to be ...

▶「…のように見える；思える」。seemなどと同じ。appearのほうが「見た目として」というニュアンスが強い語です。

6 | I can be of some assistance

▶ be of ... で「…になる；…の状態である」という意味があり、その後にはassistance（力添え）、help（助力）、service（役に立つこと）、use（利用）、benefit（利益）、interest（興味）などの抽象名詞が来ます。ビジネスでよく使います。

例 > I hope I **can be of** some service.（お役に立てたら嬉しいです）
→カスタマーサービスなどでよく使います。

STEP 4 回答例のスクリプトから、巻頭の「ルールハンティング・リスト」を使って、「ルールハンティング」しましょう。注意すべき発音をあらかじめ押さえます。

When people are forced to stay home, it must be that much more $_{1}$difficul**t** for $_{2}$**v**ictims to $_{3}$**s**eek help. $_{4}$**If I** ever $_{5}$co**me** $_{6}$**a**cro**ss** **a**nyone $_{7}$wh**o** $_{8}$**a**ppear**s** to $_{9}$b**e** **i**n a domestic abuse situation, I hope I $_{10}$**can** be of $_{11}$so**me** $_{12}$**ass**istance.

ルール一覧

1	difficult	**tの脱落（poor T）**→リストM-03	7	who appears	**w-insertion**→リストM-04
2	victims	唇をかんでv→リストS-29	8	appears	複数形・三単現・isの短縮のs→リストS-27
3	seek	CC-Lemon→リストS-02	9	be in	**y-insertion**→リストM-05
4	If I	**連結**→リストM-09	10	can	canはクン→リストS-01
5	come across	**連結**→リストM-09	11	some assistance	**連結**→リストM-09
6	across anyone	**連結**→リストM-09	12	assistance	CC-Lemon→リストS-02

STEP 5　STEP 4のルールと意味の句切れ目とイントネーション、内容語・機能語などを意識してスクリプトを読み上げてみましょう。音声は、アメリカ人男性ナレーター→アメリカ人女性ナレーター→日本人著者の順に3回読み上げられます。 DL-023

When people ↑ are forced ↑ to stay home, ↓
it must be ↑ that much more difficult ↑
for victims ↑ to seek help. ↓
If I ever ↑ come across anyone ↑ who appears to be ↑
in a domestic abuse situation, ↓
I hope ↑ I can be ↑ of some assistance. ↓

※白色ハイライトは内容語

複合名詞・形容詞などひとかたまりで発音する単語

▶ domestic abuse situation

注意すべきアクセントの位置

▶ **victims** (VICtims) [**vik**·tmz] | 第1音節にアクセント。語頭のvは下唇を軽くかんで発音します。
▶ **appears** (apPEARS) [uh·**peerz**] | 第2音節にアクセント。三単現のsは「ズ」。
▶ **domestic** (doMEstic) [duh·**meh**·stuhk] | 第2音節にアクセント。語頭のdoは「ドゥ」に近いです。

STEP 6　STEP 5までの発音やリズム（句切れ目）に慣れてきたら、音声をもう一度聞きながらシャドーイングしてみましょう。

Column

日本での2020年度のドメスティックバイオレンス（DV）相談件数の速報値は19万30件で、過去最多となりました。2019年度の11万9276件から1.6倍に急増しています。新型コロナウイルス感染拡大に伴う在宅時間の増加や社会的ストレスが要因になったとみられます。それゆえ、「陰のパンデミック」とも呼ばれています。

窓口の多くは電話相談のため、外出自粛や在宅勤務で加害者が隣にいれば相談できないという実情もあり、実際の件数はもっと多いと推測されています。

Unit

24 Movie Theater

STEP 1～STEP 6の順に進みながら、スピーキングに必要な英作文する思考を養い、発音力とスピーキング力を鍛えましょう!

STEP 1 テーマの説明を読んで、理解を深めましょう。

Regal Cinemas announced that it will temporarily shut down all of its 536 theaters. The closure is a reflection of the challenges in the theatrical landscape due to the COVID-19 pandemic.

リーガル・シネマズは、536カ所すべての劇場を一時的に閉鎖すると発表しました。閉鎖は新型コロナウイルスパンデミックによる劇場環境の試練を反映したものです。

＊closure「閉鎖」／landscape「状況；様相；展望」

STEP 2 テーマに関する、簡単なスピーチ(自分の意見)を述べてみましょう。次の日本語を英語にするとどのようなスピーチになるか考えてみましょう。

回答例の日本語訳

パンデミック前、新作映画をひとつも見逃さないよう、月に一度は必ず映画館に行っていました。現在のパンデミック下で、私は映画館に行くのをきっぱりとやめました。密閉された空間で見ず知らずの人たちと2時間も過ごすリスクは、割に合いません。

英作文のヒント

› **意見を述べるときの視点・考え方のヒント**

▸自分の経験をシェアしたパターンのスピーチ。また、リスクを冒さないという主張を取り入れています。

▸映画館に行かず、動画サイトで十分だと思うという意見でもいいですし、逆にやはり映画館のあの雰囲気が恋しい、映画館は大切だ、という意見にしても良いでしょう。どちらが正しい意見かを考えず、自分の思っている意見を素直に話しましょう。

▸映画館だけでなく、コロナで影響を受けたビジネス(飲食業界など打撃を受けた業界)についてどう思うかを述べてみても良いでしょう。コロナ禍を機に、飲み会も不要だと思った、など自分の意見をきちんと主張するのが良いです。

› 単語・表現のヒント

pandemic「パンデミック」／**at least**「少なくとも」／**make sure...**「必ず…する」／**currently**「現在」／**enclosed**「密閉された」／**worth**「…する価値がある」／**not worth it**「割に合わない」

STEP 3 回答例を確認しましょう。STEP 2の日本語から英語にするときに、どのような点を注意したら、より英語らしい表現になるか、解説を読んで確認してみましょう。

Before the pandemic, I went to a movie theater 1**at least** 2**once a month** and 3**made sure** I didn't 4**miss** any new movies. Currently, during the pandemic, I've stopped going all together. The risk of sitting in an enclosed room for two hours with strangers is 5**just** not worth it.

パンデミック前、新作映画をひとつも見逃さないよう、月に一度は必ず映画館に行っていました。現在のパンデミック下で、私は映画館に行くのをきっぱりとやめました。密閉された空間で見ず知らずの人たちと2時間も過ごすリスクは、割に合いません。

スピーチ表現のポイント

1 | at least

▸ 反対はat mostです。数字、期間などの前に置いて「少なくとも」。文末に置いて、カンマと一緒に使うこともあります。

例 › I went to a movie theater once a month, **at least.**（最低、月1回行っています）

2 | once a month

▸ 頻度を表す例をいくつか見てみましょう。

例 › twice a month「月に2回」
three times a month「月に3回」
once every two months「2カ月に1回」
every other month「1カ月おき」

3 | made sure

▸ 使い勝手の良い表現なので使い方を覚えておきたいですね。make sure (that)/make sure of .../make sure to ... いずれも「確認する」という意味です。

例 › I want to **make sure of** the fact that he is telling the truth.
（彼が真実を言っているという事実を確認したいです）
I want to **make sure to** finish my task.（確実に仕事を終わらせたいです）

4 | miss

▶「…を逃す」という意味で相性の良いコロケーションをいくつか覚えておきましょう。

▶ miss the train「電車を逃す」
miss the movie「映画を逃す」
miss the opportunities「機会を逃す」
miss the call「電話を逃す」…など。
反対はcatchです。

5 | just

▶ここでは「本当に意味がない（価値がない）」という強調を表す言葉としてjustを使います。

STEP 4 回答例のスクリプトから、巻頭の「ルールハンティング・リスト」を使って、「ルールハンティング」しましょう。注意すべき発音をあらかじめ押さえます。

Before the pandemic, I went 1to a movie 2theater 3at 4least 5once a 6month and made sure I didn't 7miss any new 8movies. Currently, during the 9pandemic, I've 10stopped going 11all together. The 12risk of 13 14sitting 15in 16an 17enclosed room 18for two 19hours with 20strangers is just not 21worth it.

ルール一覧

1	to a	w-insertion→リストM-04	12	risk	本当のr→リストS-30
2	theater	Voiceless th→リストS-13	13	sitting	弱くなる音→リストM-08
3	at	tの脱落（poor T）→リストM-03	14	sitting in	連結→リストM-09
4	least	tの脱落（poor T）→リストM-03	15	in an	連結→リストM-09
5	once a	連結→リストM-09	16	an enclosed	連結→リストM-09
6	month	Voiceless th→リストS-13	17	enclosed	過去分詞形-d→リストS-19
7	miss any	連結→リストM-09	18	for	forはフォ→リストS-05
8	movies	複数形・三単現・isの短縮のs→リストS-27	19	hours	複数形・三単現・isの短縮のs→リストS-27
9	pandemic	えの口であ→リストS-17	20	strangers	複数形・三単現・isの短縮のs→リストS-27
10	stopped	short O→リストS-10	21	worth	Voiceless th→リストS-13
11	all	おの口であ→リストS-18			

STEP 5　STEP 4のルールと意味の句切れ目とイントネーション、内容語・機能語などを意識してスクリプトを読み上げてみましょう。音声は、アメリカ人男性ナレーター→アメリカ人女性ナレーター→日本人著者の順に3回読み上げられます。 DL-024

Before the pandemic, ↓ I went ↑ to a movie theater ↑
at least ↑ once a month ↓
and made sure ↑ I didn't miss ↑ any new movies. ↓
Currently, ↓ during the pandemic, ↓
I've stopped ↑ going all together. ↓
The risk of sitting ↑ in an enclosed room ↑ for two hours ↑
with strangers ↑ is just not worth it. ↓

※白色ハイライトは内容語

複合名詞・形容詞などひとかたまりで発音する単語

▶ movie theater／enclosed room

注意すべきアクセントの位置

▶ **enclosed** (enCLOSED) [uhn·**klowzd**] | 第2音節にアクセント。-closedの部分は「クロゥズド」と二重母音で発音します。

STEP 6　STEP 5までの発音やリズム（句切れ目）に慣れてきたら、音声をもう一度聞きながらシャドーイングしてみましょう。

Column

2020年10月、アメリカで2番目に大きい映画館運営事業者のリーガル・シネマズは全館閉鎖することを決定しました。直接のきっかけは新作の「007 ノータイム・トゥ・ダイ」の公開延期で、本映画は2020年4月に世界公開を予定していましたが、感染症拡大を受けて、2020年11月に延期していました。さらに再延期となり、その結果、リーガル・シネマズでは約4万人の従業員に影響が出ることとなりました。この発表を受け、リーガル・シネマズの親会社シネワールドの株価は最大40%下落しました。

Unit

25 Fukushima

STEP 1～STEP 6の順に進みながら、スピーキングに必要な英作文する思考を養い、発音力とスピーキング力を鍛えましょう！

STEP 1 **テーマの説明を読んで、理解を深めましょう。**

The Japanese government announced that around spring of 2023, it will start releasing more than one million metric tons of treated radioactive water from its destroyed Fukushima nuclear plant into the ocean.

日本政府は、2023年春ごろから、破壊された福島原子力発電所から100万トン以上の処理済み放射性汚染水を海に放出し始めることを発表しました。

＊metric「メートル法の」／radioactive「放射能（のある・を持った・による）」

STEP 2 **テーマに関する、簡単なスピーチ（自分の意見）を述べてみましょう。次の日本語を英語にするとどのようなスピーチになるか考えてみましょう。**

回答例の日本語訳

とある大学教授は、処理済み汚染水は“環境への影響はゼロ”だと断言しています。これがもし本当であれば、日本政府はこの事実をもっとアピールするべきだと思います。そうでなければ、近隣諸国からの反発に直面することになるでしょう。

英作文のヒント

> 意見を述べるときの視点・考え方のヒント

▸「処理水の放出についてどう思うか」は外国の人からよく聞かれるテーマのひとつです。特に中国や韓国、台湾、ロシアなどの近隣国からの反発が強いです。一方でアメリカは「世界的に容認されている核の安全基準を適用している」と透明性を評価しています。一方で、世界各国の原子力関連施設はトリチウムを含む水を放出しています。釜山のようにトリチウムを放出しながらも海産物の名所として知られる地域もあり、反発について「科学的な根拠がない」とする専門家もいます。

▸「申し訳ない。環境への影響がある」と思っているのか「処理されているから問題ない」と思っているのか（問題ない水であるのか）、明確な立場を選ぶことが重要です。

▸（タンクがいっぱいなので放出するのは）「仕方がない」というのは一番NGな意見です。

› 単語・表現のヒント

claim「断言する」／**treated radioactive water**「処理済み汚染水」／**otherwise**「そうでなければ」／**face**「直面する」／**backlash**「反動；跳ね返り；反発；反感」／**neighboring countries**「近隣諸国」

STEP 3 回答例を確認しましょう。STEP 2の日本語から英語にするときに、どのような点を注意したら、より英語らしい表現になるか、解説を読んで確認してみましょう。

A university professor [1]**claimed that** the treated radioactive water will have [2]**"zero environmental impact."** If this is true, I think the Japanese government has to [3]**do a better job of** [4]**promoting this fact**. Otherwise, Japan will [5]**face backlash** from its neighboring countries.

とある大学教授は、処理済み汚染水は“環境への影響はゼロ”だと断言しています。これがもし本当であれば、日本政府はこの事実をもっとアピールするべきだと思います。そうでなければ、近隣諸国からの反発に直面することになるでしょう。

スピーチ表現のポイント

1 | claimed that

▸「主張する；言い張る」「要求する」などの意味。insist, assertなどの類語がありますが、assertは（証拠はないけれど）強く主張する、insistは頑なな印象がある語です。

▸ It is claimed that ...「…だと主張されている；断言されている」と使うのであれば、これでもOKです。ただし、誰かとディスカッションになったときなどには、本文のように誰かを主語にしたほうが、主張が強くなります。

2 | "zero environmental impact"

▸“　”の役割は、教授の言葉を引用していることを表しています。

3 | do a better job of

例 › I will **do a better job** next time.（次回はより良い仕事をします）

I will **do a better job** of listening to customers' concerns.

（お客様の声により耳を傾けるようにします）

4 | promoting this fact

▸ factと相性のいい動詞としてsupport the fact「事実を裏づける」、confirm the fact「事実を確認する」などを覚えておきましょう。

5 | face backlash

▶「反発に直面する」という意味。

▶ SNSで「炎上する」もこれが使えます。

例 > Twitter backlash「ツイッター炎上」

▶ backlashと相性の良い動詞、コロケーションを覚えておきましょう。

例 > I got/received backlash.（自分のアカウントで炎上した）

STEP 4 回答例のスクリプトから、巻頭の「ルールハンティング・リスト」を使って、「ルールハンティング」しましょう。注意すべき発音をあらかじめ押さえます。

A 1universi**t**y 2profess**or** 3claim**ed** that the 4treat**ed** radioactive 5wa**t**er 6**will** 7**h**ave "8zer**o** 9environmenta**l** 10imp**a**ct." If this is true, I 11**th**ink the Japanese government has to 12d**o a** 13be**tt**er 14 15j**o**b **o**f 16prom**o**ting this fact. Otherwise, 17Jap**a**n 18**will** face 19b**a**cklash 20fro**m i**ts neighboring 21countrie**s**.

ルール一覧

1	university	**弱くなる音**→リストM-08	12	do a	**w-insertion**→リストM-04
2	professor	リーダーのer→リストS-28	13	better	**弱くなる音**→リストM-08
3	claimed	過去形-d→リストS-19	14	job	short O→リストS-10
4	treated	過去分詞形-id→リストS-19	15	job of	**連結**→リストM-09
5	water	**弱くなる音**→リストM-08	16	promoting	Long O→リストS-09
6	will	willはウォ→リストS-15	17	Japan	えの口であ→リストS-17
7	have	hの脱落→リストS-07	18	will	willはウォ→リストS-15
8	zero	Long O→リストS-09	19	backlash	えの口であ→リストS-17
9	environmental	Dark L→リストS-03	20	from its	**連結**→リストM-09
10	impact	えの口であ→リストS-17	21	countries	複数形・三単現・isの短縮のs→リストS-27
11	think	Voiceless th→リストS-13			

STEP 5　STEP 4のルールと意味の句切れ目とイントネーション、内容語・機能語などを意識してスクリプトを読み上げてみましょう。音声は、アメリカ人男性ナレーター→アメリカ人女性ナレーター→日本人著者の順に3回読み上げられます。 DL-025

A university professor↑ claimed that↑
the treated↑ radioactive water↑ will have "zero environmental impact." ↓
If this is true, ↓
I think↑ the Japanese government↑ has to do↑ a better job↑
of promoting↑ this fact. ↓
Otherwise, ↓ Japan↑ will face↑ backlash from↑
its neighboring countries. ↓

※白色ハイライトは内容語

複合名詞・形容詞などひとかたまりで発音する単語

▸ university professor／radioactive water／zero environmental impact／neighboring countries

注意すべきアクセントの位置

▸ **radioactive** (radioACtive) [ray·dee·ow·**ak**·tuhv] ｜第4音節にアクセント。radioの部分は「レィディオゥ」と二重母音で発音します。

STEP 6　STEP 5までの発音やリズム（句切れ目）に慣れてきたら、音声をもう一度聞きながらシャドーイングしてみましょう。

Column

日本政府は2021年4月、東日本大震災で破壊された東京電力福島第一原子力発電所から排出されている放射性物質を含む100万トン以上の処理済みの汚染水を、福島県沖の太平洋に放出する計画を承認しました。処理された水は東電の保有する巨大なタンクに保管されていましたが、2022年にはタンクが満杯になり、新たに設置する土地も底をついています。
この水は、原発の核燃料を冷却するために使用されているものです。飲料水と同じ放射能レベルまで希釈してから放出する予定です。

しかし地元の漁業団体はこの海域での海産物が売れなくなると懸念しています。それに加え、中国や韓国などがこの計画に反対しています。

Unit

26 Euthanasia

STEP 1～STEP 6の順に進みながら、スピーキングに必要な英作文する思考を養い、発音力とスピーキング力を鍛えましょう！

STEP 1 テーマの説明を読んで、理解を深めましょう。

The Vatican has condemned euthanasia in its strongest language yet, calling it an "act of homicide" and "a crime against human life."

ローマ教皇庁は安楽死を「殺人行為」であり「生命に対する犯罪」であるとして、これまでで最も強い言葉で非難しました。

＊Vatican「ローマ教皇庁」／condemn「非難する；糾弾する；とがめる」／euthanasia「安楽死（医師が致死薬剤を投与する行為）」／homicide「殺人；殺人罪」

STEP 2 テーマに関する、簡単なスピーチ（自分の意見）を述べてみましょう。次の日本語を英語にするとどのようなスピーチになるか考えてみましょう。

回答例の日本語訳

私はバチカン（の意見）に賛成できません。医療技術の発展により人々がより長生きできるようになったため、本当の意味で「生きる」とは何かを考える必要があります。

英作文のヒント

› 意見を述べるときの視点・考え方のヒント

▸賛成であろうと反対であろうと、どちらの立場も尊重して理解した上で、立場を明確にできると良いです。ここではカトリック教としての立場もありますが、それを理解した上でも反対だ、という意見文です。反対の立場でも相手のことを理解しておくと、説得力が増します。これはディベートでも同じことが言えます。

▸安楽死を認めている国は増加傾向にあると言えます。オランダ、ベルギー、ルクセンブルク、スイス、カナダ、アメリカの一部の州に加え、スペインでも合法化されたのは記憶に新しいでしょう。結局のところ、思想や倫理的な問題なので答えは永遠に出ない、議論テーマなのかもしれません。

› 単語・表現のヒント

Vatican「バチカン」／**live longer**「より長生きする」／**thanks to ...**「…のおかげで；…により」／**developments in ...**「…の発展」／**take ... into consideration**「…を考える；考慮する」

STEP 3 回答例を確認しましょう。STEP 2の日本語から英語にするときに、どのような点を注意したら、より英語らしい表現になるか、解説を読んで確認してみましょう。

[1]I disagree with the Vatican. [2]As people live longer, thanks to developments in medical technology, [3]we have to [4]take into consideration what [5]"living" actually means.

私はバチカン（の意見）に賛成できません。医療技術の発展により人々がより長生きできるようになったため、本当の意味で「生きる」とは何かを考える必要があります。

スピーチ表現のポイント

1 | I disagree with

▸ 英語では、ネガティブなことについてもはっきりと主張します。反対の理由をくどくどと長く説明すると、何が言いたいのかわからないので、反対のときこそ、簡潔に明確に発言しましょう。

▸ 「反対です」を表すフレーズをいくつか覚えておくと便利です。

例 › I don't agree with you.
I'm against this.
I have a different idea.

2 | As ...

▸ ここでのasの用法は理由を表す「…なので」。

例 › **As** the Tokyo Olympics is being held, roads around the stadium are being barricaded.
（東京オリンピックが開かれるので、スタジアム付近の道路はバリケードで囲まれている）

3 | we

▸ 「私に限らず、みんなそうでしょう？」（「私の言っていることに賛同して」という意味も含む）と同意を求める表現にするためweを使っています。

4 | take into consideration

▸ take into considerationのイディオムはよく使うので覚えておきましょう。この部分は

re-evaluateという単語を使っても良いですね。

例 > I will **take your suggestion into consideration**.
（あなたの提案を考慮に入れましょう）

5 | "living"

▸「生きる」の意味はそれぞれ違うので意見は様々、ということで“　　”を使っています。実際に話すときは両手の人さし指と中指を出して目の高さに挙げて、二回折り曲げるジェスチャーをつけて話します。

STEP 4　回答例のスクリプトから、巻頭の「ルールハンティング・リスト」を使って、「ルールハンティング」しましょう。注意すべき発音をあらかじめ押さえます。

I disagree with the 1Va**t**ican. As people live longer, 2**th**anks 3**to** 4developmen**ts i**n 5medica**l** technology, we 6**h**ave 7**to** 8ta**ke i**nto 9 10con**s**idera**tion** 11wha**t** "living" actually 12mean**s**.

ルール一覧

1	Va**t**ican	弱くなる音→リストM-08	7	**to**	（前置詞）toはル→リストS-25
2	**th**anks	Voiceless th→リストS-13	8	ta**ke i**nto	連結→リストM-09
3	**to**	（前置詞）toはル→リストS-25	9	con**s**ideration	CC-Lemon→リストS-02
4	developmen**ts** in	連結→リストM-09	10	considera**tion**	シュン→リストS-21
5	medica**l**	Dark L→リストS-03	11	wha**t**	tの脱落（poor T）→リストM-03
6	**h**ave	hの脱落→リストS-07	12	mean**s**	複数形・三単現・isの短縮のs→リストS-27

STEP 5 STEP 4のルールと意味の句切れ目とイントネーション、内容語・機能語などを意識してスクリプトを読み上げてみましょう。音声は、アメリカ人男性ナレーター→アメリカ人女性ナレーター→日本人著者の順に3回読み上げられます。 DL-026

I disagree ↑ with the Vatican. ↓
As people ↑ live longer, ↓
thanks to ↑ developments in ↑ medical technology, ↓
we have to ↑ take into consideration ↑
what "living" ↑ actually means. ↓

※白色ハイライトは内容語

複合名詞・形容詞などひとかたまりで発音する単語

▸ medical technology

注意すべきアクセントの位置

▸ **Vatican** (VATican) [**Vat**·i·can] | 第1音節にアクセント。下唇をかみながらvaを発音します。

▸ **developments** (deVElopments) [duh·**veh**·luhp·muhnts] | 第2音節にアクセント。-mentsの部分は「ムン（ッ）」に近い音で発音します。

▸ **technology** (techNOlogy) [tek·**naa**·luh·jee] | 第2音節にアクセント。アクセントのある部分は「ナー」のように少し伸ばして発音します。

STEP 6 STEP 5までの発音やリズム（句切れ目）に慣れてきたら、音声をもう一度聞きながらシャドーイングしてみましょう。

Column

バチカンは安楽死を「人命に対する犯罪」と断定し、どのような形の自殺ほう助にも反対しています。重病の患者や終末期の患者でも、「治らない患者は、治療できない患者ではない」として、どのような患者であれ、「医療・看護的、心理的、霊的に寄り添うことは避けることのできない義務である」と主張しています。こちらも生命に関するニュースですが、最近、アメリカで女性の中絶権に関する「ロー対ウェイド事件」の判決がひっくりかえりました。女性の権利と赤ん坊の権利のどちらが重要なのか、議論の分かれるところではありますが、生命の大切さを重んじる判断を最高裁が下したということでしょう。

Unit

27 Data Center

STEP 1～STEP 6の順に進みながら、スピーキングに必要な英作文する思考を養い、発音力とスピーキング力を鍛えましょう！

STEP 1 テーマの説明を読んで、理解を深めましょう。

Project Natick is Microsoft's attempt to create underwater data centers. It placed a data center 117 feet underwater in spring 2018. Technical staff were impressed by how clean it was when it was taken out.

プロジェクト・ナティックはマイクロソフトの水中データセンターを造る試みです。データセンターを2018年の春、水深117フィートの海中に設置しました。それを引き揚げた際、技術スタッフはその損傷の少なさに感心しました。

＊underwater「水面下の；水中の」

STEP 2 テーマに関する、簡単なスピーチ（自分の意見）を述べてみましょう。次の日本語を英語にするとどのようなスピーチになるか考えてみましょう。

回答例の日本語訳

データセンターの冷却にはかなりの電力が必要であり、またコストもかかります。マイクロソフト社のプロジェクト・ナティックは成功したようで、それは海中データセンターが未来へのコンセプトである可能性を示しているのかもしれません。

英作文のヒント

› 意見を述べるときの視点・考え方のヒント

▸海中データセンターを知らなかったとしても、STEP 1 の説明を読んで、発想の面白さについて言及するのも良いでしょう。また、データセンターが地上にあっても海底にあってもよりデメリットが少ないのはどちらか、という話を展開しても良いです。

▸陸上ではデータセンターが酸素や湿度による腐食や温度変化といった複数の問題に直面します。しかし厳格な温度制御機能を備えた水密環境ならば、問題をはるかに少なくすることが可能に。またデータセンターを海底に置くことでサーバーの故障率は8分の1までに抑えることが可能になり劇的な改善を成し遂げました。一方で破損したサーバーを手軽に修理できなくなるようですが、そもそも故障率が下がるので問題ないと言われています。

› 単語・表現のヒント

cooling data centers「データセンターの冷却」／**costly**「コストのかかる」／**under water data center**「海中データセンター」

STEP 3 回答例を確認しましょう。STEP 2の日本語から英語にするときに、どのような点を注意したら、より英語らしい表現になるか、解説を読んで確認してみましょう。

Cooling data centers uses 1**quite a lot of** electricity and 2**can be costly**. Microsoft's Project Natick seems to have been a success 3**, which means** that under water data centers may be 4**the way of the future**.

データセンターの冷却にはかなりの電力が必要であり、またコストもかかります。マイクロソフト社のプロジェクト・ナティックは成功したようで、それは海中データセンターが未来へのコンセプトである可能性を示しているのかもしれません。

スピーチ表現のポイント

1 quite a lot of

▸ quiteはa lot ofを強調する単語。似た表現に、a considerable amount of ...／a great deal of ...という言い方がありますが、少し高度な言い回しで、やや硬い表現に聞こえます。逆に、非常にカジュアルな言い方にa bunch of ...という表現があります。

2 can be costly

▸ 「(高い費用が) かかり得る」が直訳。costlyで-lyで終わりますが、形容詞なので注意しましょう。expensiveも同義語。電気代は固定費なので、expensiveよりもcostlyのほうが適切。

3 , which means

▸ カンマ (,) が入っているので、前の名詞を修飾しているのではなく、非制限用法であることに気をつけましょう。successでいったん文章を区切り、This meansと始めてみるとわかりやすいかもしれません。

▸ 話すときは、successの後に1拍おいて、which means ...(だから結論はこうなりますよね) と読むことが多いので意識してみましょう。

4 the way of the future

▸ 「在り方」という意味のwayを知っておきましょう。way to goの「道」のニュアンス。「未来への道＝未来への在り方；未来へのコンセプト」というニュアンスで訳すとわかりやすいです。

STEP 4 回答例のスクリプトから、巻頭の「ルールハンティング・リスト」を使って、「ルールハンティング」しましょう。注意すべき発音をあらかじめ押さえます。

Cooling 1da**t**a centers 2use**s** 3qui**te** a 4lo**t** of 5electrici**t**y and can be 6cos**t**ly. 7Microsoft**'s** Project 8N**a**tick 9seem**s** to have been a success, which 10mean**s** 11tha**t** under 12wa**t**er 13da**t**a 14center**s** may be the way of the future.

ルール一覧

1	da**t**a	**弱くなる音**→リストM-08	8	N**a**tick	えの口であ→リストS-17
2	use**s**	複数形・三単現・isの短縮のs→リストS-27	9	seem**s**	複数形・三単現・isの短縮のs→リストS-27
3	qui**te** a	**弱くなる音**→リストM-08	10	mean**s**	複数形・三単現・isの短縮のs→リストS-27
4	lo**t** of	**弱くなる音**→リストM-08	11	tha**t** under	**弱くなる音**→リストM-08
5	electrici**t**y	**弱くなる音**→リストM-08	12	wa**t**er	**弱くなる音**→リストM-08
6	cos**t**ly	**tの脱落(poor T)**→リストM-03	13	da**t**a	**弱くなる音**→リストM-08
7	Microsoft**'s**	所有格のs→リストS-22	14	center**s**	複数形・三単現・isの短縮のs→リストS-27

STEP 5　STEP 4のルールと意味の句切れ目とイントネーション、内容語・機能語などを意識してスクリプトを読み上げてみましょう。音声は、アメリカ人男性ナレーター→アメリカ人女性ナレーター→日本人著者の順に3回読み上げられます。 DL-027

Cooling ↑ data centers ↑
uses quite a lot of electricity ↑ and can be costly. ↓
Microsoft's Project Natick ↑
seems to have been ↑ a success ↓
, which means that ↑ under water ↑ data centers ↑
may be ↑ the way ↑ of the future. ↓

※白色ハイライトは内容語

複合名詞・形容詞などひとかたまりで発音する単語

▶ data centers／under water

注意すべきアクセントの位置

▶ **electricity** (elecTRIcity) [uh·lek·**tri**·suh·tee] ｜第3音節にアクセント。アクセントのある部分は子音クラスターなので母音が入らないように。

▶ **success** (sucCESS) [suhk·**ses**] ｜第2音節にアクセント。

STEP 6　STEP 5までの発音やリズム（句切れ目）に慣れてきたら、音声をもう一度聞きながらシャドーイングしてみましょう。

Column

マイクロソフトは、海底にデータセンターを沈めて試験する取り組み「Project Natick」において、約2年間運用していた水中データセンターを引き揚げたことを公表しました。報告によると貨物コンテナサイズのデータセンターは藻、フジツボ、イソギンチャクに覆われていたそうです。この回収作業は、海中データセンターが実現可能か、さらには、設置負荷、環境への影響、そして、経済性の面で現実的かを検証するための数年にわたる取り組みの最終段階の始まりとのこと。

故障率は地上で運用される一般的なデータセンターの8分の1と低く、高い信頼性と実用性が確かめられたとしています。

Unit

28 Holocaust

STEP 1～STEP 6の順に進みながら、スピーキングに必要な英作文する思考を養い、発音力とスピーキング力を鍛えましょう！

STEP 1 テーマの説明を読んで、理解を深めましょう。

A nationwide survey conducted in the US showed a "worrying lack of basic Holocaust knowledge" among adults under 40, including over 1 in 10 respondents who answered that they had never heard the word "Holocaust" before.

米国で行われた全国調査では40歳以下の成人の10人に1人以上が「ホロコースト」という言葉を初めて聞いたと回答するなど、「ホロコーストの基本知識の欠如」が示されました。

＊respondents「回答者」

STEP 2 テーマに関する、簡単なスピーチ（自分の意見）を述べてみましょう。次の日本語を英語にするとどのようなスピーチになるか考えてみましょう。

回答例の日本語訳

小学生の頃、「アンネの日記」を読んだことを覚えています。強制収容所でユダヤ人がどのような扱いを受けていたかを知り、心底ショックを受けました。同じ過ちを繰り返さないためにも、歴史的教訓を伝えていくことはとても重要だと思います。

英作文のヒント

› 意見を述べるときの視点・考え方のヒント

▶歴史の過ちを繰り返さないためにも過去の出来事を後世に伝えていくのが大事だ、というスピーチ。

▶後世に話しても伝わらないから話しても仕方がないという気持ちと、たとえ伝わらないことがあったとしても伝えていきたいという気持ち、両方に意見が割れるところかと思います。その歴史的出来事を経験していない身として時間の流れのズレをどう矯正して、どう伝えていけば良いのかは永遠の課題とも言えるでしょう。

▶ホロコーストとは、ナチス政権とその協力者による約600万人のユダヤ人の組織的、国家的な迫害および大虐殺を意味します。「ホロコースト」を後世に残すため、1944年に生まれたのが「ジェノサイド（genocide）」という言葉です。

> 単語・表現のヒント

remember doing「…したことを覚えている」／*The Diary of Anne Frank*『アンネの日記』／utter「全くの；完全な」／concentration camp「強制収容所」／pass down「(次世代に)伝える」

STEP 3 回答例を確認しましょう。STEP 2の日本語から英語にするときに、どのような点を注意したら、より英語らしい表現になるか、解説を読んで確認してみましょう。

When I was [1]in elementary school, I [2]remember reading *The Diary of Anne Frank*. I [3]was in utter shock when I learned about how Jews were treated in the concentration camps. I believe that it's important to [4]pass down lessons learned from history [5]so that we [6]never repeat the same mistakes.

小学生の頃、「アンネの日記」を読んだことを覚えています。強制収容所でユダヤ人がどのような扱いを受けていたかを知り、心底ショックを受けました。同じ過ちを繰り返さないためにも、歴史的教訓を伝えていくことはとても重要だと思います。

スピーチ表現のポイント

1 in elementary school

▸ in schoolだと「在学中に」の意味で、at schoolだと場所として「今学校にいる」という意味になります。前置詞の使い分けに注意しましょう。

2 remember reading

▸ remember doing「(過去のことで)…したことを覚えている」、remember to do「(実施することを忘れないためのリマインダーとして)…することを覚えておく」と意味が異なるので注意。

3 was in utter shock

▸ was in utter shockはbe in shockに形容詞utter「心底」を挿入していると考えましょう。utterはcompleteでもOKです。

4 pass down

▸ 句動詞pass down「(次世代に)伝える」を使いこなしましょう。

例 > This story needs to be **passed down** to the next generation.
(この話は、次世代に伝えていく必要がある)

5 | so that ...

▶「…のために」という意味のso that。口語的によく使います。

例 > Apply sunscreen **so that** you don't have to worry about sunburn.
（日焼けについて心配する必要がないように、日焼け止めを塗りなさい）

6 | never repeat

▶ never+現在形で未来の否定のような意味になります。

STEP 4 回答例のスクリプトから、巻頭の「ルールハンティング・リスト」を使って、「ルールハンティング」しましょう。注意すべき発音をあらかじめ押さえます。

[1]Whe**n I** [2]wa**s** [3]**in e**lementary school, I [4]**r**emember [5]**r**eading *The Diary of Anne Frank*. I was in [6]u**tt**er [7]sh**o**ck when I [8]learn**ed** [9]abou**t** how [10]Jew**s** were [11]treat**ed** in the [12] [13]c**o**ncentra**tion** [14]camp**s**. I [15]be**l**ieve that [16] [17]it'**s** [18] [19]impor**t**an**t** to pass down [20]lesson**s** [21]learn**ed** from history so [22]tha**t** we never [23]repea**t** the same [24]mistake**s**.

ルール一覧

1	whe**n I**	連結→リストM-09	13	concentra**tion**	シュン→リストS-21
2	wa**s i**n	連結→リストM-09	14	camp**s**	複数形・三単現・isの短縮のs→リストS-27
3	i**n e**lementary	連結→リストM-09	15	be**l**ieve	Light L→リストS-08
4	**r**emember	本当のr→リストS-30	16	it'**s**	複数形・三単現・isの短縮のs→リストS-27
5	**r**eading	本当のr→リストS-30	17	it'**s i**mportant	連結→リストM-09
6	u**tt**er	弱くなる音→リストM-08	18	impor**t**ant	小さいつ→リストM-06
7	sh**o**ck	short O→リストS-10	19	importan**t**	tの脱落（poor T）→リストM-03
8	learn**ed**	過去形-d→リストS-19	20	lesson**s**	複数形・三単現・isの短縮のs→リストS-27
9	abou**t**	tの脱落（poor T）→リストM-03	21	learn**ed**	過去分詞形-id→リストS-19
10	Jew**s**	複数形・三単現・isの短縮のs→リストS-27	22	tha**t**	tの脱落（poor T）→リストM-03
11	treat**ed**	過去分詞形-id→リストS-19	23	repea**t**	tの脱落（poor T）→リストM-03
12	c**o**ncentration	short O→リストS-10	24	mistake**s**	複数形・三単現・isの短縮のs→リストS-27

STEP 5　STEP 4のルールと意味の句切れ目とイントネーション、内容語・機能語などを意識してスクリプトを読み上げてみましょう。音声は、アメリカ人男性ナレーター→アメリカ人女性ナレーター→日本人著者の順に3回読み上げられます。 DL-028

When I was ↑ in elementary school, ↓
I remember ↑ reading ↑ *The Diary of Anne Frank*. ↓
I was in utter shock ↑ when I learned about ↑
how Jews ↑ were treated ↑ in the concentration camps. ↓
I believe ↑ that it's important ↑
to pass down ↑ lessons learned ↑ from history ↓
so that we never repeat ↑ the same mistakes. ↓ ※白色ハイライトは内容語

複合名詞・形容詞などひとかたまりで発音する単語

▸ elementary school／concentration camps

注意すべきアクセントの位置

▸ **utter** (Utter) [**uh**·tr] | アクセントのあるuの部分は「ア」と読みます。
▸ **Jews** (JEWS) [**jooz**] | 「ジューズ」が近い音。

STEP 6　STEP 5までの発音やリズム（句切れ目）に慣れてきたら、音声をもう一度聞きながらシャドーイングしてみましょう。

Column

アメリカの成人の11%がホロコーストを知らないか、聞いたことがあるかわからない、というショッキングな調査報告が2018年にCBSニュースで報道されました。第二次世界大戦後70年以上経っての状況に、調査をした団体は学校におけるホロコーストについての教育の重要性を強調していました。

日本でも広島、長崎への原爆投下に関して同様のことが言えます。今や終戦の瞬間に生まれた新生児ですら、「後期高齢者」になっています。「遠い過去の話」という認識になってしまっている世代にどのように伝えていくか、日本でも課題に直面しています。

Unit

29 Smart Creatives

STEP 1～STEP 6の順に進みながら、スピーキングに必要な英作文する思考を養い、発音力とスピーキング力を鍛えましょう!

STEP 1 テーマの説明を読んで、理解を深めましょう。

According to the book *How Google Works*, a "smart creative" is an employee who tries to effect change and disrupt industries rather than chase compensation. They don't typically cause any workplace problems; instead, they find solutions to major problems.

『How Google Works』という本によると、「スマートクリエイティブ」とは報酬を追求するのではなく、業界に変化や混乱（による革新）をもたらそうとする社員のことです。彼らは職場で問題を起こすタイプではなく、重要な問題に対する解決策を見出すタイプなのです。

＊effect「もたらす」／compensation「代償；対価；報酬；賃金；給与」／disrupt「混乱させる；破壊する；中断させる；邪魔する」

STEP 2 テーマに関する、簡単なスピーチ（自分の意見）を述べてみましょう。次の日本語を英語にするとどのようなスピーチになるか考えてみましょう。

回答例の日本語訳

どの会社の社長に聞いても、採用には苦戦していると答えるでしょう。私が設立・運営している英会話スクールでも、「スマート・クリエイティブ」な社員を採用し、定着させたいと考えています。

英作文のヒント

> 意見を述べるときの視点・考え方のヒント

▶ Googleで採用する人材は「スマート・クリエイティブな人」、さらにその人たちが楽しいと思える人たち。Googleはそのような素質のある人を採り続け、その人たちが働きやすいような環境を提供し続けていくことで、どんどん成長していると言えます。

▶ 指示待ち人間が多くて困るという経営者は多いように思います。今回は経営者の立場から「スマート・クリエイティブな人材」がほしいと述べたスピーチです。ただし、経営者の立場から意見を述べられる人は限定されると思うので、アメリカと日本の就職活動の違いからスマート・クリエイティブについて自分なりの考察を述べるのも良いでしょう。

▶アメリカでは大学を休学して就職したり、大学在学中に就職したりなど様々な採用ルートがあります。日本人が思い描く新卒採用でサラリーマンになる、というケースはむしろ少ないかもしれません。大学は自分のスキルを高める場所だと考えるのがアメリカ人です。大学で身につけたスキルでプロフェッショナルの道を歩み、それをどこで発揮するかを探すことこそが就職活動だと考えているので、総合職という考え方がないのも特徴です。

> 単語・表現のヒント

CEO「社長；最高経営責任者」／**struggle with ...**「…に苦戦する」／**establish**「設立する」／**manage**「運営する」／**retain**「定着させる」

STEP 3 回答例を確認しましょう。STEP 2の日本語から英語にするときに、どのような点を注意したら、より英語らしい表現になるか、解説を読んで確認してみましょう。

If you 1**were to ask** any CEO, they 2**would** say they are 3**struggling with** hiring. At the English school that I established and manage, I would 4**also** like to hire and 5**retain** "smart creative" employees.

どの会社の社長に聞いても、採用には苦戦していると答えるでしょう。私が設立・運営している英会話スクールでも、「スマート・クリエイティブ」な社員を採用し、定着させたいと考えています。

スピーチ表現のポイント

1 were to ask

▶were to+動詞で仮定法未来になっていることに気づきましょう。仮定法未来はif節でwere/was to+動詞の原形、主節で助動詞の過去+動詞の原形。If you ask any CEO, でも間違ってはいませんが、「もし仮にどのCEOにも質問するならば…」という意味で仮定法を使っています。

2 would

▶were to askの時制に合わせてwouldを使っています。

3 struggling with

▶be struggling withの後は名詞（または動名詞）がきます。be struggling to do(ここではhire）でも同じ意味になります。「…に苦戦する；苦労している」という訳のほか「手こずる」という訳もしっくりきます。

4 | also

▶「…したいと考えています」の部分を強調したいので、wouldとlikeの間にalsoに入れるのが良いです。hireの前に入れると「採用もしたい」という意味に捉えられてしまいます。

5 | retain

▶ HR用語。「リテンション」というカタカナ英語もあります。

STEP 4 回答例のスクリプトから、巻頭の「ルールハンティング・リスト」を使って、「ルールハンティング」しましょう。注意すべき発音をあらかじめ押さえます。

If you were [1]**to** [2]as**k a**ny [3]**C**EO, they would say they are struggling with hiring. At the English school [4]tha**t** [5]**I** [6]**e**stablish**ed** [7]**and** [8]m**a**nage, I [9]woul**d a**lso like to hire and [10]**r**etain [11]"sm**ar**t [12] [13]**cr**ea**t**ive" [14]employee**s**.

ルール一覧

1	**to**	（前置詞）toはル→リストS-25	8	m**a**nage	えの口であ→リストS-17
2	as**k a**ny	**連結**→リストM-09	9	woul**d a**lso	**連結**→リストM-09
3	**C**EO	CC-Lemon→リストS-02	10	**r**etain	本当のr→リストS-30
4	tha**t** I	**弱くなる音**→リストM-08	11	sm**ar**t	スタバのar→リストS-23
5	**I e**stablished	**y-insertion**→リストM-05	12	**cr**eative	子音クラスター→リストS-20
6	establish**ed**	過去形-t→リストS-19	13	crea**t**ive	**弱くなる音**→リストM-08
7	**and**	**AND**→リストM-01	14	employee**s**	複数形・三単現・isの短縮のs→リストS-27

STEP 5　STEP 4のルールと意味の句切れ目とイントネーション、内容語・機能語などを意識してスクリプトを読み上げてみましょう。音声は、アメリカ人男性ナレーター→アメリカ人女性ナレーター→日本人著者の順に3回読み上げられます。 DL-029

If you were ↑ to ask any CEO, ↓
they would say ↑ they are struggling ↑ with hiring. ↓
At the English school ↑ that I established ↑ and manage, ↓
I would also ↑ like to hire ↑
and retain ↑ "smart creative" employees. ↓

※白色ハイライトは内容語

複合名詞・形容詞などひとかたまりで発音する単語

▶ CEO／English school／smart creative

注意すべきアクセントの位置

▶ **established** (eSTAblished) [uh·**sta**·bluhsht] | 第2音節にアクセント。過去形の-shedの部分は「シュトゥ」と読みます。

▶ **manage** (MAnage) [**ma**·nuhj] | 語頭にアクセント。

▶ **retain** (reTAIN) [ruh·**tayn**] | 第2音節にアクセント。-tainの部分は「テイン」と読みます。

▶ **employees** (employEES) [uhm·ploy·**eez**] | 第3音節にアクセント。複数形のsは「ズ」と発音します。

STEP 6　STEP 5までの発音やリズム(句切れ目)に慣れてきたら、音声をもう一度聞きながらシャドーイングしてみましょう。

Column

インターネットの普及によって、グローバルマーケットで売れるサービスや商品などが、これまでの常識とは異なり、個人や小規模なチームでも生み出せる時代となりました。
この時代に貴重な人材を、最近では「スマートクリエイティブ」な人材と呼ぶようになっています。ビジネス力と、テクノロジーに関するリテラシー、クリアティビティーを兼ね備え、ビジネスに大きなインパクトを与えられる人材を指して使われます。ビジョナリーでもある「スマートクリエイティブ」な人材は、自由な環境の中、最新のテクノロジーやツールを活かし、とてつもない創造力を発揮するのです。

Unit

30 Peloton

STEP 1～STEP 6の順に進みながら、スピーキングに必要な英作文する思考を養い、発音力とスピーキング力を鍛えましょう！

STEP 1 テーマの説明を読んで、理解を深めましょう。

Peloton, the American exercise equipment and media company, performed well during the pandemic. Home-bound customers stocked up on stationary bikes and treadmills. More than one million people subscribed to its streaming exercise classes.

アメリカの運動器具とメディアを扱うペロトン社は、パンデミックの間、業績好調でした。自宅で過ごすことを余儀なくされた顧客は固定式自転車やトレッドミルを購入しました。100万人以上が同社のストリーミングエクササイズクラスのサブスクリプション会員となりました。

＊home-bound「家に閉じ込められた；家から出られない」／stock up on「蓄える；買いだめする；買い込む；仕入れる」

STEP 2 テーマに関する、簡単なスピーチ（自分の意見）を述べてみましょう。次の日本語を英語にするとどのようなスピーチになるか考えてみましょう。

回答例の日本語訳

ペロトンのビジネスモデルはハードとソフトの両方を兼ね備えており、とても興味深いものです。しかし、いずれサボることが目に見えているので、私自身は自宅用トレッドミルを買うことはないでしょう。

英作文のヒント

› 意見を述べるときの視点・考え方のヒント

▶ハードウェアとソフトウェアを兼ねていることが面白いサービス。高額のエアロバイクなどの機器、ハードを売ってサブスクリプションでオンラインレッスンサービスを提供する組み合わせで収益性を実現しています。

▶アメリカのように家が広くないとトレッドミルは置けませんが、コロナ禍のため家でランニングやウォーキングをすることが増えたこともあって一気に需要が増えた会社。新しいビジネスの潮流を知っているか、が問われるテーマでした。

▶会員数の伸びを見込み、工場新設や人員増強といった拡大路線を打ち出したものの、巣ごもり需要の減速で21年10月～12月の決算は赤字に転落したペロトン社。新たな生活環境に沿ったサービスは、やはり一時の流行だったのでしょうか。

> 単語・表現のヒント

business model「ビジネスモデル」／combine「兼ね備える」／treadmill「トレッドミル」／slack off「ダラダラする；だらける；怠ける；義務を怠る；サボる」

STEP 3 **回答例を確認しましょう。STEP 2の日本語から英語にするときに、どのような点を注意したら、より英語らしい表現になるか、解説を読んで確認してみましょう。**

Peloton's business model is interesting because 1it combines both hardware and software. However, I 2wouldn't buy a treadmill for my home because 3I know that I would just 4slack off eventually.

ペロトンのビジネスモデルはハードとソフトの両方を兼ね備えており、とても興味深いものです。しかし、いずれサボることが目に見えているので、私自身は自宅用トレッドミルを買うことはないでしょう。

スピーチ表現のポイント

1 | it combines both hardware and software

▶ It combines both A and B「AとBの両方を兼ね備えている；組み合わせている」の形に気づきましょう。

例 > Our interior designer **combined** my husband's rustic taste and my modern taste.

（私たちのインテリアデザイナーは私の夫の素朴な趣味と私のモダンテイストを組み合わせた）

材料を混ぜるときや趣味などにも使える表現なので使えるようになるといいですね。

2 | wouldn't

▶ will notを使って「買わない」と強く主張するのではなく、wouldn'tを使うことで「買わないかしらね～」という少しぼやかしたニュアンスになります。

3 | I know

▶ knowは「知っている；熟知している」という意味で、understandは「頭で理解する」というニュアンスになります。ここでは自分のことをよく知っているという意味でknowを使っています。knowはもともと知っていることに、understandは後から学んで習得したことに使います。

4 | slack off

▶日本語の「サボる」にあたる口語的な句動詞です。

例 > Stop **slacking off**.（サボるのやめな）

I don't feel motivated, so I've been **slacking off** lately.

（モチベーションがないので、最近はサボっている）

STEP 4 回答例のスクリプトから、巻頭の「ルールハンティング・リスト」を使って、「ルールハンティング」しましょう。注意すべき発音をあらかじめ押さえます。

1Peloton**'s** business 2 3m**o**de**l** 4**is** **i**nteresting 5becau**se** 6**it** 7combine**s** 8b**o**th 9h**ar**dware 10**and** software. However, I 11wouldn'**t** 12bu**y a** 13**tr**eadmill 14**for** my 15h**o**me because I know 16tha**t** I would 17jus**t** 18slac**k** 19**off e**ventually.

ルール一覧

1	Peloton's	所有格のs→リストS-22	11	wouldn't	tの脱落（poor T）→リストM-03
2	model	short O→リストS-10	12	buy a	y-insertion→リストM-05
3	model is	連結→リストM-09	13	treadmill	子音クラスター→リストS-20
4	is interesting	連結→リストM-09	14	for	forはフォ→リストS-05
5	because it	連結→リストM-09	15	home	Long O→リストS-09
6	it	tの脱落（poor T）→リストM-03	16	that I	弱くなる音→リストM-08
7	combines	複数形・三単現・isの短縮のs→リストS-27	17	just	tの脱落（poor T）→リストM-03
8	both	Long O→リストS-09	18	slack off	連結→リストM-09
9	hardware	スタバのar→リストS-23	19	off eventually	連結→リストM-09
10	and	AND→リストM-01			

STEP 5　STEP 4のルールと意味の句切れ目とイントネーション、内容語・機能語などを意識してスクリプトを読み上げてみましょう。音声は、アメリカ人男性ナレーター→アメリカ人女性ナレーター→日本人著者の順に3回読み上げられます。 DL-030

Peloton's business model ↑ is interesting ↑
because it combines ↑ both hardware ↑ and software. ↓
However, ↑ I wouldn't buy ↑ a treadmill ↑ for my home ↓
because I know ↑ that I would just ↑ slack off ↑ eventually. ↓

※白色ハイライトは内容語

複合名詞・形容詞などひとかたまりで発音する単語

▶ business model／hardware／software／treadmill

注意すべきアクセントの位置

▶ **interesting** (INteresting) [**in**·tr·uh·stuhng]｜第1音節にアクセント。in/ter/es/tingの4音節ですがin/tres/tingと音節脱落して3音節になります。

▶ **combines** (comBINES) [kuhm·**binez**]｜第2音節にアクセント。三単現のsの発音は「ズ」。

▶ **eventually** (eVENtually) [uh·**ven**·choo·uh·lee]｜第2音節にアクセント。アクセントのあるvenは下唇を軽くかんで発音します。

STEP 6　STEP 5までの発音やリズム（句切れ目）に慣れてきたら、音声をもう一度聞きながらシャドーイングしてみましょう。

Column

オンラインフィットネスサービスを提供しているPeloton（ペロトン）はコロナ禍に巣ごもり需要で大幅な成長を遂げました。同社のビジネスモデルは、ハードウェア（トレーニングマシン）を販売した上で、継続課金・サブスクリプション（動画配信サービス）をするもので、「SaaS Plus a Box」と呼ばれています。
ただし、ロックダウンが解除され人々が外出できるようになった2022年には赤字となっており、買収の噂も出てきています。

Unit

31 Allergy Drug

STEP 1～STEP 6の順に進みながら、スピーキングに必要な英作文する思考を養い、発音力とスピーキング力を鍛えましょう！

STEP 1 テーマの説明を読んで、理解を深めましょう。

Nestlé has paid $2.6 billion for the acquisition of a peanut allergy drug for children. With this purchase, it aims to gain a stronger foothold in the fields of health care and nutrition.

ネスレは、子ども向けのピーナッツアレルギー薬の取得に26億ドルを支払いました。この買収でネスレは、健康管理と栄養の分野でのさらに強固な足場を獲得することを狙っています。

＊foothold「足場」

STEP 2 テーマに関する、簡単なスピーチ（自分の意見）を述べてみましょう。次の日本語を英語にするとどのようなスピーチになるか考えてみましょう。

回答例の日本語訳

子どもの食物アレルギーの主な原因として、卵、牛乳、ピーナッツが大部分を占めるようです。現在のところ、アレルギー症状を避ける唯一の方法は、その食品を控えることしかありません。この新しいアレルギー治療薬はどんな効果を発揮してくれるのでしょうか。

英作文のヒント

› 意見を述べるときの視点・考え方のヒント

▸今はアレルギーを発症する食べ物を避けることしかできませんが、今後は薬ができるかもしれないという推測を述べた意見文。

▸このスピーチの１文目、「子どもの食物アレルギーの主な原因として、卵、牛乳、ピーナッツが大部分を占めるようです」のように、自分の知っている知識を加えることがポイント。トピックに関する知識を持っていたらシェアすることは大切です。

▸答えがあるトピックではないので、正解か不正解かを恐れずに意見を述べるようにしましょう。

› 単語・表現のヒント

Apparently, ...「…のようです」／cause of ...「…の原因」／allergy「アレルギー」／currently「現在のところ」／symptom「症状」／refrain from ...「…を控える」

STEP 3　回答例を確認しましょう。STEP 2の日本語から英語にするときに、どのような点を注意したら、より英語らしい表現になるか、解説を読んで確認してみましょう。

[1]Apparently, eggs, milk, and peanuts are the most common [2]causes of food [3]allergies in children. Currently, [4]the only way to avoid allergic symptoms is to [5]refrain from eating the food. I wonder what this new allergy drug will be able to do.

子どもの食物アレルギーの主な原因として、卵、牛乳、ピーナッツが大部分を占めるようです。現在のところ、アレルギー症状を避ける唯一の方法は、その食品を控えることしかありません。この新しいアレルギー治療薬はどんな効果を発揮してくれるのでしょうか。

スピーチ表現のポイント

1 | Apparently ...

▸ apparently ...「…のようだ」は、この副詞をつけるだけで断定を避ける文を作れる優れものです。

例 › **Apparently**, COVID cases are on the rise.（コロナの感染者は増えているらしい）
Apparently, it's going to rain tomorrow.（明日は雨が降るらしい）

2 | causes of ...

▸「…の原因」という意味の表現。

例 › CO_2 emission is a **cause of** global warming.
（二酸化炭素の排出は地球温暖化の原因のひとつです）

3 | allergies in children

▸ allergies in children「子どもの間でのアレルギー」。ここのinはamongでもOKです。前置詞によって意味が異なるので注意しましょう。

例 › I'm allergic **to** peanuts.（ピーナッツアレルギーがあります）

4 | the only way

▸ onlyの位置に注意。**the way** to avoid allergic symptoms is **only** to **refrain from** eating the food.とすると「アレルギー症状を抑えることができる方法はその食品を控えるだけでいい（単に控えるだけだ）」となり、意味が異なってしまいます。onlyはthe only way ... is ～「…する唯一の方法は～です」というかたまりで使うようにしましょう。

5 | refrain from

▶ refrain from ...「…することを控える；遠慮する」という意味のイディオムです。

例 > Please **refrain from** smoking on the plane.（飛行機での喫煙はお控えください）

STEP 4 回答例のスクリプトから、巻頭の「ルールハンティング・リスト」を使って、「ルールハンティング」しましょう。注意すべき発音をあらかじめ押さえます。

Apparently, 1egg**s**, milk, 2**and** 3 4peanu**ts a**re the 5m**o**st 6c**o**mmon 7cause**s** of 8foo**d** 9**a**llergi**es** in children. Currently, the only way 10**to** 11avoi**d a**llergic 12symptom**s** is to refrain from 13ea**t**ing the food. I wonder what this new allergy drug 14**will** be able 15**to** do.

ルール一覧

1	egg**s**	複数形・三単現・isの短縮のs→リストS-27	9	allergi**es**	複数形・三単現・isの短縮のs→リストS-27
2	**and**	AND→リストM-01	10	**to**	（前置詞）toはル→リストS-25
3	peanut**s**	複数形・三単現・isの短縮のs→リストS-27	11	avoi**d a**llergic	連結→リストM-09
4	peanu**ts a**re	連結→リストM-09	12	symptom**s**	複数形・三単現・isの短縮のs→リストS-27
5	m**o**st	Long O→リストS-09	13	ea**t**ing	弱くなる音→リストM-08
6	c**o**mmon	short O→リストS-10	14	**will**	willはウォ→リストS-15
7	cause**s**	複数形・三単現・isの短縮のs→リストS-27	15	**to**	（前置詞）toはル→リストS-25
8	foo**d a**llergies	連結→リストM-09			

nit

2 Clean Air

STEP 1～STEP 6の順に進みながら、スピーキングに必要な英作文する思考を養い、発音力とスピーキング力を鍛えましょう!

STEP 1 テーマの説明を読んで、理解を深めましょう。

Converse is collaborating with artists around the world to create giant murals, using a special kind of smog-eating paint that helps remove pollution from the air. Two murals have gone up in Bangkok and Warsaw.

コンバースは、世界中のアーティストとコラボレーションし、空気から汚染を除去するのに役立つスモッグを除去する特殊な塗料を使って、巨大な壁画を制作しています。ふたつの壁画がバンコクとワルシャワで完成しました。

＊mural「壁画」／smog-eating「スモッグを除去する」／Warsaw「ワルシャワ（ポーランドの首都）」

STEP 2 テーマに関する、簡単なスピーチ（自分の意見）を述べてみましょう。次の日本語を英語にするとどのようなスピーチになるか考えてみましょう。

回答例の日本語訳

アートと環境保護を組み合わせるとは、なんて聡明なアイデアなのでしょう。私もこんな風に、スマートかつ革新的な行動を通して、環境保護に貢献したいと思います。

英作文のヒント

> 意見を述べるときの視点・考え方のヒント

▶良いアイデアに対しては称賛も大げさに（What a clever idea,）言うことが大事。日本人は喜怒哀楽がわかりにくいので、感情表現をもっとはっきりと言うようにすると良いでしょう。また、良いと褒めるだけでなく、なぜそれが良いのかという理由をつけ加えて伝えるとより説得力が増します。

▶「コンバース・シティー・フォレスト」と呼ばれる名のプロジェクトで、空気をきれいにする機能を持つ塗料を用いて壁画を作成し、世界の空気浄化を行うというもの。タイでは樹木150本分、ポーランドでは樹木780本分の空気浄化作用を持つ壁画が描かれています。

STEP 5　STEP 4のルールと意味の句切れ目とイントネーション、内容語・機能語
意識してスクリプトを読み上げてみましょう。音声は、アメリカ人男性ナレー
アメリカ人女性ナレーター→日本人著者の順に3回読み上げられます。

Apparently, ↓ eggs, milk, and peanuts ↑
are the most common causes ↑ of food allergies ↑ in children.
Currently, ↓ the only way ↑ to avoid ↑ allergic symptoms ↑
is to refrain ↑ from eating ↑ the food. ↓
I wonder ↑ what this new allergy drug ↑ will be able ↑ to do. ↓

※白色ハイライトは内容

複合名詞・形容詞などひとかたまりで発音する単語

▶ common cause／food allergies／allergic symptoms／allergy drug

注意すべきアクセントの位置

▶ **common** (COmmon) [**kaa**·muhn]｜第1音節にアクセント。coは「カ」に近い音
発音します。

▶ **allergies** (Allergies) [**a**·lr·jeez]｜第1音節にアクセント。-giesの部分は「ジーズ
と読みます。

▶ **allergic** (aLLERgic) [uh·**lur**·juhk]｜第2音節にアクセント。allergiesのときとアクセ
トの場所が変わるので注意。

STEP 6　STEP 5までの発音やリズム（句切れ目）に慣れてきたら、音声をもう一度聞きな
らシャドーイングしてみましょう。

Column

子どもたちの疾患の中で、最大のものは現在アレルギー疾患と言われています。主な病名を挙げると、食物アレルギー、アトピー性皮膚炎、蕁麻疹、気管支喘息、花粉症などが、アレルギー疾患に当たります。厚労省の調査では、14歳以下の子どもたちの約4割が、アレルギー性疾患で苦しんでいます。さらに、大都会ではこの数字はさらに高くなる傾向にあります。30年前と比較すると、気管支喘息は約10倍、アトピーも5倍から10倍と、その数は信じられないほど高まっています。昔よりも清潔になった現代社会でのアレルギー疾患の増加の原因とその対応策を、もう一度考え直す必要性があるのかもしれません。

> 単語・表現のヒント

clever「聡明な」／combine「組み合わせる」／contribute「貢献する」／smart「スマートな」／innovative「革新的な」

STEP 3 回答例を確認しましょう。STEP 2の日本語から英語にするときに、どのような点を注意したら、より英語らしい表現になるか、解説を読んで確認してみましょう。

What a clever 1idea, combining art and helping the environment. 2I want to 3contribute to saving our environment through smart and innovative action 4similar to this example.

アートと環境保護を組み合わせるとは、なんて聡明なアイデアなのでしょう。私もこんな風に、スマートかつ革新的な行動を通して、環境保護に貢献したいと思います。

スピーチ表現のポイント

1 idea, combining art and helping the environment

▶「カンマ（ , ）」以下をすることはなんと賢いアイデアだろう」と訳すと良いです。What a clever idea! The idea(It) combines art and helping the environment.がもとの文章です。分詞構文で, combining ...とまとめることでこなれた口語表現としています。

▶またこの文は、感嘆文ですが冷静に述べているので必ずしも「!」で終わらず、ピリオドで終えてもOKです。

2 I want to

▶ want toを使うのは幼稚という記述をよく見かけますが、内容が高尚であれば、want toを使ってもOKです。例えば「アイスクリームが食べたい」というフレーズでwant を使うと幼稚ですが、この意見文の場合、コンテンツがしっかりしているのでwant toでも問題ありません。むしろwould like toよりもダイレクトに伝わります。気取った単語を使っていないので、ストレートに気持ちを伝えやすいという効果もあります。

3 contribute to ...

▶ contribute to ...「…に貢献する；寄与する」という表現です。

例 > I want to **contribute to** this company.（この会社に貢献したい）

Think about how you can **contribute to** cost reduction.

（コスト削減にどのように貢献できるか考えなさい）

4 | similar to

▶ similar to this example「こんな風に」と訳されていますが、直訳は「この例と同じように；この例のように」です。

例 > His way of thinking is **similar to** his father.（彼のお父さんと彼の考え方はそっくりだ）
The taste of frog is **similar to** chicken.（カエルの味は鶏の味に似ている）

STEP 4 回答例のスクリプトから、巻頭の「ルールハンティング・リスト」を使って、「ルールハンティング」しましょう。注意すべき発音をあらかじめ押さえます。

1 Wha**t** a 2 **cl**ever idea, combining 3 **ar**t and helping the 4 environmen**t**. I 5 **want to** 6 contribu**te** to saving 7 8 **our** 9 **e**nvironmen**t** 10 **th**rough 11 sm**ar**t and 12 13 innova**tive** 14 **action** 15 simil**ar** to 16 thi**s** 17 18 **e**x**a**mp**le**.

ルール一覧

1	Wha**t** a	**弱くなる音**→リストM-08	10	**th**rough	Voiceless th→リストS-13
2	**cl**ever	子音クラスター→リストS-20	11	sm**ar**t	スタバのar→リストS-23
3	**ar**t	スタバのar→リストS-23	12	innova**t**ive	**弱くなる音**→リストM-08
4	environmen**t**	**tの脱落（poor T）**→リストM-03	13	innovati**ve** action	**連結**→リストM-09
5	**want to**	wannaと発音→リストS-35	14	ac**tion**	シュン→リストS-21
6	contribu**te**	**tの脱落（poor T）**→リストM-03	15	simil**ar**	リーダーのer→リストS-28
7	**our**	erと発音→リストS-04	16	thi**s e**xample	**連結**→リストM-09
8	ou**r** **e**nvironment	**連結**→リストM-09	17	ex**a**mple	えの口であ→リストS-17
9	environmen**t**	**tの脱落（poor T）**→リストM-03	18	examp**le**	Dark L→リストS-03

STEP 5 **STEP 4のルールと意味の句切れ目とイントネーション、内容語・機能語などを意識してスクリプトを読み上げてみましょう。音声は、アメリカ人男性ナレーター→アメリカ人女性ナレーター→日本人著者の順に3回読み上げられます。** DL-032

What a clever idea, ↑
combining art ↑ and helping ↑ the environment. ↓
I want to ↑ contribute ↑ to saving ↑ our environment ↓
through smart ↑ and innovative action ↓
similar ↑ to this example. ↓

※白色ハイライトは内容語

複合名詞・形容詞などひとかたまりで発音する単語

▸ clever idea／innovative action

注意すべきアクセントの位置

▸ **combining** (comBIning) [kuhm·**bai**·nuhng] | 第2音節にアクセント。biは「バイ」と読みます。

▸ **environment** (enVIronment) [uhn·**vai**·urn·muhnt] | 第2音節にアクセント。アクセントのあるviは下唇をかみながら「ヴァイ」。

▸ **contribute** (conTRIbute) [kuhn·**tri**·byoot] | 第2音節にアクセント。-buteの部分は「ビュート」が近い音です。

▸ **innovative** (InnoVAtive) [**i**·nuh·**vay**·tuhv] | 第1音節に第1アクセント。第2アクセントのある第3音節のvaは「ヴェイ」と読みます。

STEP 6 **STEP 5までの発音やリズム（句切れ目）に慣れてきたら、音声をもう一度聞きながらシャドーイングしてみましょう。**

Column

スモッグとはsmokeとfogを合成してできた単語です。空に白いモヤがかかったような現象を「光化学スモッグ」といいます。光化学スモッグが発生すると目がチカチカしたり、のどが痛んだり、頭痛を引き起こすなど、人体に悪い影響を与えます。
今アジアで最も公害が深刻な都市としてバンコクが挙げられています。スモッグの原因には、排ガス、無軌道な建設工事や野焼き、工場から排出される汚染物質が市内に留まることなどが挙げられています。

Unit

33 Government

STEP 1～STEP 6の順に進みながら、スピーキングに必要な英作文する思考を養い、発音力とスピーキング力を鍛えましょう！

STEP 1 テーマの説明を読んで、理解を深めましょう。

Politicians in Japan refuse to adapt to the digital age. They prefer face-to-face meetings. For remote communication, they tend to rely on fax messages and telephone calls.

日本の政治家はデジタル時代に適応しようとしません。彼らは直接会って話すことを好みます。遠隔コミュニケーションには、ファックスメッセージや電話での通話に頼りがちです。

STEP 2 テーマに関する、簡単なスピーチ（自分の意見）を述べてみましょう。次の日本語を英語にするとどのようなスピーチになるか考えてみましょう。

回答例の日本語訳

私たちの政府のIT活用が遅れているのは非常に残念なことです。ファクスや電話で無駄になる貴重な時間は、メールやメッセージングアプリで代用することで節約できるのです。

英作文のヒント

› 意見を述べるときの視点・考え方のヒント

▸ポイントは、The Japanese gov is bad. のように、なんでもかんでもストレートに言えばいいという訳ではないということです。そこで便利なのが、It's unfortunate that ... や I'm disappointed that ... などの表現です。ネガティブなことを表現したり、自分の怒りを表現したりするときは、どれだけ冷静に落ち着いて相手に伝えられるかが重要です。I don't like this ... のように、英語ははっきりと言えばいいと考えている人も多くいるようですが、むしろこういった表現は直接的すぎて子どもが駄々をこねているように聞こえてしまいます。

> 単語・表現のヒント

unfortunate「残念な」／**fall behind**「遅れている」／**make use of ...**「…を使用する；利用する」／**precious**「貴重な」／**waste**「費やす」／**substitute A with B**「AをBで代用する」

STEP 3 回答例を確認しましょう。STEP 2の日本語から英語にするときに、どのような点を注意したら、より英語らしい表現になるか、解説を読んで確認してみましょう。

1**It's unfortunate that** our government is 2**falling behind** in 3**making use of** IT. Precious time 4**wasted on** fax messages and telephone calls can be saved by 5**substituting them with** email or messaging apps.

私たちの政府のIT活用が遅れているのは非常に残念なことです。ファクスや電話で無駄になる貴重な時間は、メールやメッセージングアプリで代用することで節約できるのです。

スピーチ表現のポイント

1 It's unfortunate that ...

▶ It's unfortunate that ...「…ということのは残念だ」は残念な気持ちを冷静に表現できる便利な表現です。It's fortunate that ...「…ということは幸運だ」は逆の意味。

例 > **It's unfortunate** that it will rain tomorrow.（明日雨が降ることは残念です）

2 falling behind

▶「遅れを取る；…より遅れる」という意味のイディオムです。

例 > The project is **falling behind** because of adverse weather conditions.
（そのプロジェクトは不利な天気状況で遅れています）

3 making use of ...

▶ make use of ... は「…を使用［利用・活用］する」という意味のイディオムです。

例 > I'm happy that you are **making use of** your time in the US.
（あなたがアメリカでの時間を活用していて嬉しいです）

4 wasted on ...

▶「…に（金や時間を）浪費する」という意味で、ネガティブな意味合いで使います。

例 > All this time was **wasted on** you because you didn't come prepared to the meeting.
（打ち合わせへの準備ができてなかったので、このすべての時間が無駄になりました）

5 | substituting them with ...

▶ substitute A with B「AをBで置き換える」。substitute A for B「BをAで代用する」という使い方もあります。

例 > Water can be a **substitute for** milk when making pancakes.

（パンケーキ作るときに牛乳がなければ、水も使えるよ）

STEP 4 回答例のスクリプトから、巻頭の「ルールハンティング・リスト」を使って、「ルールハンティング」しましょう。注意すべき発音をあらかじめ押さえます。

1 2**It's** 3**u**nfortuna**te** 4tha**t** our 5governmen**t** **i**s falling 6behin**d** **i**n 7makin**g** **use of** **I**T. Precious time 8wast**ed** on 9f**a**x 10message**s** 11**and** telephone 12 13ca**ll**s 14**can** be 15save**d** by 16substitu**t**ing them 17wi**th** **e**mail **o**r 18messagin**g** 19 20**a**pp**s**.

ルール一覧

1	It's	複数形・三単現・isの短縮のs→リストS-27	11	**and**	**AND**→リストM-01
2	It's unfortunate	**連結**→リストM-09	12	calls	おの口であ→リストS-18
3	unfortunate	**tの脱落（poor T）**→リストM-03	13	calls	複数形・三単現・isの短縮のs→リストS-27
4	that our	**弱くなる音**→リストM-08	14	**can**	canはクン→リストS-01
5	government is	**連結**→リストM-09	15	saved	過去分詞形-d→リストS-19
6	behind in	**連結**→リストM-09	16	substituting	**弱くなる音**→リストM-08
7	making use of IT	**連結**→リストM-09	17	with email or	**連結**→リストM-09
8	wasted	過去分詞形-id→リストS-19	18	messaging	gの脱落→リストS-06
9	fax	えの口であ→リストS-17	19	apps	えの口であ→リストS-17
10	messages	複数形・三単現・isの短縮のs→リストS-27	20	apps	複数形・三単現・isの短縮のs→リストS-27

STEP 5　STEP 4のルールと意味の句切れ目とイントネーション、内容語・機能語などを意識してスクリプトを読み上げてみましょう。音声は、アメリカ人男性ナレーター→アメリカ人女性ナレーター→日本人著者の順に3回読み上げられます。 DL-033

It's unfortunate that ↑ our government ↑ is falling behind ↑
in making use ↑ of IT. ↓
Precious time ↑ wasted on ↑
fax messages ↑ and telephone calls ↓
can be saved ↑ by substituting them ↑
with email ↑ or messaging apps. ↓

※白色ハイライトは内容語

複合名詞・形容詞などひとかたまりで発音する単語

▶ fax messages／telephone calls／messaging apps

注意すべきアクセントの位置

▶ **unfortunate** (unFORtunante) [uhn·**for**·chuh·nuht] | 第2音節にアクセント。下唇を軽くかみながらアクセントのあるforを発音してみましょう。

▶ **government** (GOvernment) [**guh**·vr·muhnt] | 第1音節にアクセント。-ment部分は「ムン（ト）」に近い音で発音します。

▶ **substituting** (SUBstituting) [**suhb**·stuh·too·tuhng] | 第1音節にアクセント。第3音節はtoo「トゥー」と少し伸ばし気味に発音します。

STEP 6　STEP 5までの発音やリズム（句切れ目）に慣れてきたら、音声をもう一度聞きながらシャドーイングしてみましょう。

Column

2020年に経済産業省が中小企業のデジタル化について調査したところ、生産性の高い中小企業は、IT投資や設備投資等に積極的でひとり当たりの賃金が高い傾向があるそうです。
企業に対してIT化の政策を進めていく一方で、政府や政治家のIT化の遅れは目立ち、国会でのタブレット使用の可否やコロナ感染者数の集計をFAXでしていたというニュースも最近のことでした。

Unit

34 Tattoo

STEP 1～STEP 6の順に進みながら、スピーキングに必要な英作文する思考を養い、発音力とスピーキング力を鍛えましょう！

STEP 1 テーマの説明を読んで、理解を深めましょう。

A grandmother has gotten a frog tattoo at 103 years old. Dorothy spent all her life taking care of her family. She has proven that you're never too old to make your dreams come true.

あるおばあさんが103歳にしてカエルのタトゥーを入れました。ドロシーは、家族の世話をすることに生涯のすべてを費やしてきました。彼女は、夢を叶えるのに遅すぎることはないということを証明しました。

STEP 2 テーマに関する、簡単なスピーチ（自分の意見）を述べてみましょう。次の日本語を英語にするとどのようなスピーチになるか考えてみましょう。

回答例の日本語訳

なんてかわいいのでしょう！ 100歳を超えても生き、タトゥーを入れられるくらい元気でいたいです。長寿の秘訣は、夢、つまり楽しみにする何かを持ち続けることではないでしょうか。

英作文のヒント

› 意見を述べるときの視点・考え方のヒント

▸ 100歳まで生きてタトゥーが入れられること自体が幸せですが、そこから「では長生きするコツは？」と、自問自答して話を抽象化して考える癖を身につけましょう。このように具体的なエピソードが出てきたとき（ここでは100歳を超えて初めてタトゥーを入れたおばあさんの話）、話を抽象化して一般的な話題にして（例えば、100歳を超えてタトゥーをするって、どうしたら長生きできるのだろう？）語る癖をつけましょう。

▸ 具体的な話と抽象的な話を行き来することが大事です。例えば「週末なにしていた？」という話題を出したとして、「箱根まで旅行したよ」と具体的な話として切り返すのも良いですが、それに続けて「旅って△△だと思うよ」と抽象化して話をまとめられると話が広がります。木でいうところの幹と枝のような関係性です。

› 単語・表現のヒント

live「生きる」／healthy「健康な；元気な」／assume ...「…ではないかと推測する」／longevity「長生き；長寿」／continue「続ける」

STEP 3 回答例を確認しましょう。STEP 2の日本語から英語にするときに、どのような点を注意したら、より英語らしい表現になるか、解説を読んで確認してみましょう。

[1]How cute! I hope to live over 100 years old and be healthy [2]enough to get a tattoo. [3]I assume that [4]the secret to longevity is to continue to have a dream, [5]something to look forward to.

なんてかわいいのでしょう！ 100歳を超えても生き、タトゥーを入れられるくらい元気でいたいです。長寿の秘訣は、夢、つまり楽しみにする何かを持ち続けることではないでしょうか。

スピーチ表現のポイント

1 How cute!

▶日本語で考えると使いにくい表現ですが、英語では感嘆文を意見文でもよく使います。むしろ感情をストレートに表現できるので使い勝手がよく、頻繁に使われている表現法です。

▶How cute! はこの場合はOKですが、少し気をつけて使ったほうがいい表現です。外国人の女性に使うと、バカにされているようにも受け止められてしまうので気をつけましょう。ご高齢の方や赤ちゃん、動物に使うのはOKですが、大人の女性に使うと「デキる人ではないから、かわいいね」とネガティブに聞こえてしまいます。

2 enough to ...

▶〜 enough to ...「…するのに十分に〜」「…するのに足りるほど〜」「…するなんてまったく〜だ」。

▶enoughには形容詞と副詞としてのふたつの使い方があります。enoughの位置で品詞が変わるので注意しましょう。

—【形容詞としてのenough】enough+名詞+to ...

—【副詞としてのenough】形容詞+enough+to+動詞

3 I assume that ...

▶「…と推測する；仮定する」が直訳です。ここはI think that ... でも言い換え可能ですが、「…と思います；…ではないでしょうか」という別の表現も使えると良いですね。

4 | the secret to ...

▶「…へのカギ」という意味で使えるフレーズです。

例 > **secret to** success（成功へのカギ）

5 | , something to look forward to

▶ a dreamの言い換えをカンマ（,）で示しています。「夢、なにか楽しみにするもの」が直訳です。

STEP 4 回答例のスクリプトから、巻頭の「ルールハンティング・リスト」を使って、「ルールハンティング」しましょう。注意すべき発音をあらかじめ押さえます。

How 1cu**te**! I 2h**o**pe to 3li**ve o**ver 100 4year**s o**ld and be 5heal**th**y enough to 6ge**t** a tattoo. 7**I a**ssume 8tha**t** the 9 10secre**t t**o 11longevi**t**y is to continue 12**to** 13ha**ve a** dream, 14some**th**ing to look 15 16f**or**w**ar**d to.

ルール一覧

1	cute	tの脱落（poor T）→リストM-03	9	secret	CC-Lemon→リストS-02
2	hope	Long O→リストS-09	10	secret to	同化→リストM-07
3	live over	連結→リストM-09	11	longevity	弱くなる音→リストM-08
4	years old	連結→リストM-09	12	to	（前置詞）toはル→リストS-25
5	healthy	Voiceless th→リストS-13	13	have a	連結→リストM-09
6	get a	弱くなる音→リストM-08	14	something	Voiceless th→リストS-13
7	I assume	y-insertion→リストM-05	15	forward	スポーツのor→リストS-24
8	that	tの脱落（poor T）→リストM-03	16	forward	リーダーのer→リストS-28

STEP 5　STEP 4のルールと意味の句切れ目とイントネーション、内容語・機能語などを意識してスクリプトを読み上げてみましょう。音声は、アメリカ人男性ナレーター→アメリカ人女性ナレーター→日本人著者の順に3回読み上げられます。 DL-034

How cute! ↑
I hope ↑ to live ↑ over 100 years old ↑
and be healthy enough ↑ to get ↑ a tattoo. ↓
I assume that ↑ the secret ↑ to longevity ↑
is to continue ↑ to have a dream, ↓
something ↑ to look forward to. ↓

※白色ハイライトは内容語

複合名詞・形容詞などひとかたまりで発音する単語

▶なし

注意すべきアクセントの位置

▶ **tattoo** (tatTOO) [ta·**too**] | 第2音節にアクセント。

▶ **assume** (aSSUME) [uh·**soom**] | 第2音節にアクセント。-ssumeの部分は「シューム」という発音になることもあります。

▶ **longevity** (lonGEvity) [laan·**jeh**·vuh·tee] | 第2音節にアクセント。綴りではgeですが「ジェ」と発音します。

▶ **continue** (conTInue) [kuhn·**ti**·nyoo] | 第2音節にアクセント。-nueの部分は「ニュー」と発音します。

STEP 6　STEP 5までの発音やリズム（句切れ目）に慣れてきたら、音声をもう一度聞きながらシャドーイングしてみましょう。

Column

2020年8月のCNNに驚きのニュースが流れました。ミシガン州で暮らす御年103歳のドロシー・ポラックさんが、人生で初めてタトゥーを入れたとのことです！
彼女は日々バケットリスト（人生でやりたいことリスト）を眺めながら過ごしていましたが、長期の入院後に突然タトゥーを入れたいと思い立ちました。普通の人とは違い痛みにも微動だにせず、大好きなカエルのタトゥーを入れた後、ポラックさんはバケットリストの中から「バイクに乗る」ことも経験したそうです。彼女の冒険は終わらない、とニュースは締め括っています。

Unit

35 Quarantine

STEP 1～STEP 6の順に進みながら、スピーキングに必要な英作文する思考を養い、発音力とスピーキング力を鍛えましょう！

STEP 1 テーマの説明を読んで、理解を深めましょう。

With social distancing and people staying at home during the pandemic, deodorant sales took a plunge. This is due to fewer people going into offices to work or out to socialize.

パンデミックの間のソーシャルディスタンスやステイホームで、デオドラント製品の売上は急落しました。これは、オフィスに出社して仕事をする人や、外に出てつき合う人が減ったためです。

＊plunge「急落」

STEP 2 テーマに関する、簡単なスピーチ（自分の意見）を述べてみましょう。次の日本語を英語にするとどのようなスピーチになるか考えてみましょう。

回答例の日本語訳

新型コロナウイルスのデオドラント製品への影響は考えたこともありませんでしたが、なるほど納得のいく話です。以前は家を出る前に香水をつけていましたが、今ではほとんどが在宅での仕事のため、もはや香水をつけるきっかけがなくなってしまいました。

英作文のヒント

› 意見を述べるときの視点・考え方のヒント

▸同意するときは、自身の例を持ち出して話をするとより説得力が増します（ここでは香水の例を出して同意しています）。

▸ニュースを読んでいるときや人の話を聞いているときは、「自分なら」と自分のことに置き換えて話を聞く癖をつけましょう。相手の話を聞いている間、自分ならどうするか、と自分の意見を考えながら聞く癖をつけると良いです。ただ受け身で話を聞くのではなく、緊張感を持って臨む癖をつけましょう。

▸デオドラント製品、つまり制汗剤の売上が減少しているという話から香水に結びつけて作った意見文。オーラルケア製品も同様に売り上げが下がったそうです。一方で、温泉や旅行に行けずに気分だけでも楽しもうと入浴剤、在宅期間が長くなったことで消臭芳香剤などは売り上げが上がったそうです。そんな例を挙げても良いですね。

› 単語・表現のヒント

consider「考える」／deodorant「デオドラント」／sales「売上」／make sense「納得がいく」／spray on perfume「香水をつける」／trigger「きっかけ」

STEP 3 回答例を確認しましょう。STEP 2の日本語から英語にするときに、どのような点を注意したら、より英語らしい表現になるか、解説を読んで確認してみましょう。

[1]**I never considered** the effects of COVID on deodorant sales, but [2]**it makes sense**. [3]**I used to** spray on perfume before I left the house, but since I [4]**work from home** most of the time now [5]**there is no trigger** for me to do it anymore.

新型コロナウイルスのデオドラント製品への影響は考えたこともありませんでしたが、なるほど納得のいく話です。以前は家を出る前に香水をつけていましたが、今ではほとんどが在宅での仕事のため、もはや香水をつけるきっかけがなくなってしまいました。

スピーチ表現のポイント

1 | I never considered

▸ never+過去形は、「過去には考えたことはなかった、だけど今考えたらわかる」というニュアンス。現在完了形だと現在も続いていることなので「今現在も考えたことがなかった」というニュアンスになります。

2 | it makes sense

▸ That makes sense. は使い勝手の良いフレーズで「それは理にかなっている」、つまり「なるほど」という意味です。Does it make sense? では「わかる?」という意味になります。I understand. とは置き換えられません（それが理にかなっていることなので）。

3 | I used to ...

▸ get used to ...「…に慣れる」と used to ...「…していた」と混同しないように気をつけましょう。

例 › I've **gotten used to** life under lockdown.（ロックダウンでの生活に慣れてきています）
Before lockdown, I **used to** go out drinking every night.
（ロックダウン前は、毎晩飲み歩いていました）

4 | work from home

▸「リモート」、「テレワーク」などは和製英語です。WFH（work from home）という省略語はよく使われますので覚えておきましょう。

5 | there is no trigger

▶ triggerのもとの意味は「引き金」。ここでは「きっかけ；要因」という意味です。

例 ＞ What was the **trigger**?（原因は何なの？）

What was the **trigger** of WWI?（第一次世界大戦のきっかけは何でしょうか）

STEP 4 回答例のスクリプトから、巻頭の「ルールハンティング・リスト」を使って、「ルールハンティング」しましょう。注意すべき発音をあらかじめ押さえます。

I never 1consider**ed** the 2effect**s** of 3C**O**VID on 4deodoran**t** 5sale**s**, 6bu**t** 7i**t** 8make**s s**ense. I 9use**d t**o spray on perfume 10bef**ore** I left the house, but 11sin**ce I** 12w**or**k from 13h**o**me 14 15m**ost o**f the time now 16 17**there i**s 18n**o** trigger for me to 19d**o i**t anymore.

ルール一覧

1	consider**ed**	過去形-d→リストS-19	11	sin**ce I**	**連結**→リストM-09
2	effect**s**	複数形・三単現・isの短縮のs→リストS-27	12	w**or**k	リーダーのer→リストS-28
3	C**O**VID	Long O→リストS-09	13	h**o**me	Long O→リストS-09
4	deodoran**t**	**tの脱落（poor T）**→リストM-03	14	m**o**st	Long O→リストS-09
5	sale**s**	複数形・三単現・isの短縮のs→リストS-27	15	mos**t o**f	**連結**→リストM-09
6	bu**t** it	**弱くなる音**→リストM-08	16	**th**ere	Voiced th→リストS-12
7	i**t**	**tの脱落（poor T）**→リストM-03	17	the**re i**s	**連結**→リストM-09
8	make**s s**ense	**同化**→リストM-07	18	n**o**	Long O→リストS-09
9	use**d t**o	**同化**→リストM-07	19	d**o i**t	**w-insertion**→リストM-04
10	bef**ore**	スポーツのor→リストS-24			

STEP 5 STEP 4のルールと意味の句切れ目とイントネーション、内容語・機能語などを意識してスクリプトを読み上げてみましょう。音声は、アメリカ人男性ナレーター→アメリカ人女性ナレーター→日本人著者の順に3回読み上げられます。 DL-035

I never considered ↑
the effects of COVID ↑ on deodorant sales, ↓
but it makes sense. ↓
I used ↑ to spray on ↑ perfume ↑ before I left ↑ the house, ↓
but since ↑ I work ↑ from home ↑
most of the time now ↑
there is no trigger ↑ for me ↑ to do it anymore. ↓

※白色ハイライトは内容語

複合名詞・形容詞などひとかたまりで発音する単語

▶ deodorant sales

注意すべきアクセントの位置

▶ **deodorant** (deOdorant) [dee·**ow**·dr·uhnt] | 第2音節にアクセント。アクセントのあるoの部分は「オゥ」と二重母音で発音します。

▶ **perfume** (perFUme) [per·**fyu**m] | 第2音節にアクセント。アクセントのあるfumeの部分は「フューム」と発音します。語末の-meは母音を入れないように。

STEP 6 STEP 5までの発音やリズム(句切れ目)に慣れてきたら、音声をもう一度聞きながらシャドーイングしてみましょう。

Column

コロナの影響でわれわれの行動様式は大きく変化しました。結果的に、販売で苦戦した商品もあります。

インテージが2022年6月に発表した報告によると、化粧品の中で最も影響を受けた口紅は、販売金額が2020年と比べ44%と半分以下になりました。マスクをするから口紅をつけない、という人も増え、コロナ禍の影響を受けた代表的なものとして挙げられることも多いです。マスクにつきにくい口紅の開発など、メーカーも一生懸命、対応をしているようです。

Unit 36 Instagram Likes

STEP 1〜STEP 6の順に進みながら、スピーキングに必要な英作文する思考を養い、発音力とスピーキング力を鍛えましょう!

STEP 1 テーマの説明を読んで、理解を深めましょう。

Social media platforms such as Facebook and Instagram are experimenting with hiding metrics such as "likes." The hiding of metrics could have an impact on social media culture.

FacebookやInstagramなどのSNSプラットフォームでは、「いいね!」などの指標を隠す実験が行われています。指標の非表示は、SNSの文化に影響を与える可能性があります。

＊metrics「測定基準;数的指数」

STEP 2 テーマに関する、簡単なスピーチ(自分の意見)を述べてみましょう。次の日本語を英語にするとどのようなスピーチになるか考えてみましょう。

回答例の日本語訳

SNSは当初、友人とつながったり、情報を共有・収集したりするものでした。最近は、フォロワー数や「いいね!」の数、コメントの数をいかに増やすかということに重点が置かれています。なんだか釈然とせず、ストレスを感じます。

英作文のヒント

> 意見を述べるときの視点・考え方のヒント

▸ SNSの趣旨が変わってきているので脱評価主義には賛成、という意見の例です。賛成なのか、反対なのか立場を明確に示すことが重要です。

▸ SNSはそもそも、友達との情報交換、近況報告…をする場だったはず。それが「いいね!」の数ばかりを追い求めて、気づけば精神的に追い込まれている…なんてことも往々にしてあるのではないでしょうか。その点では、評価基準の「いいね!」の数を非表示にすることは、良いことかもしれません。自分の経験を話しても、周りの人の経験を紹介しても良いですが、多くの人が一度は同じような思いをしたことがあるのではないでしょうか。

› 単語・表現のヒント

start out being ...「当初…だった」／connect「つながる」／gather「収集する」／shift towards ...「…へ移る」／number of ...「…の数」／frustrating「ストレスを感じさせるような」

STEP 3 **回答例を確認しましょう。STEP 2の日本語から英語にするときに、どのような点を注意したら、より英語らしい表現になるか、解説を読んで確認してみましょう。**

SNS [1]started out being about [2]connecting with friends and sharing and gathering information. [3]Nowadays, the focus has [4]shifted towards how to increase [5]number of followers, number of likes, and number of comments. [6]It can be frustrating.

SNSは当初、友人とつながったり、情報を共有・収集したりするものでした。最近は、フォロワー数や「いいね！」の数、コメントの数をいかに増やすかということに重点が置かれています。なんだか釈然とせず、ストレスを感じます。

スピーチ表現のポイント

1 | start out being

▸ SNS is about connecting with friends ...がもとの文で、その文にstart outがくっついたと考えるとわかりやすいです。

例 › Amazon **started out** in a garage.（アマゾンはガレージで始まった）
It **started out** as a one man operation.（それはひとりの組織として始まりました）

2 | connecting with friends and sharing and gathering information

▸ connecting with friends「友人とのつながり」でひとつの区切りと考えます。sharingとgatheringはinformationにかかっていて「情報の共有や収集」と訳しましょう。

3 | Nowadays,

▸ nowadaysは比較的カジュアルで、recentlyは少し硬いニュアンスがある語です。

4 | shifted towards ...

▸ shifted towards ...は「…へ移行する；…へ転換する」という意味。

例 › The automotive industry is **shifting towards** electric cars.
（自動車業界は電気自動車へ移行しつつある）

5 | number of followers, number of likes

▶ number ofが繰り返されているのは、リズムを作り出すためです。同じ表現の繰り返しは、リズムがやインパクトがあって効果的です。

6 | It

▶ Itが指すものは前の文全体。

STEP 4 回答例のスクリプトから、巻頭の「ルールハンティング・リスト」を使って、「ルールハンティング」しましょう。注意すべき発音をあらかじめ押さえます。

SNS 1 2 3 4started out 5being 6about connecting with 7friends and sharing and 8gathering 9information. Nowadays, the 10focus 11has 12shifted towards how 13to increase 14number of 15followers, 16number of 17likes, and 18number of 19 20comments. It 21can be frustrating.

ルール一覧

1	started	スタバのar→リストS-23	12	shifted	過去分詞形-id→リストS-19
2	started	弱くなる音→リストM-08	13	to	（前置詞）toはル→リストS-25
3	started	過去形-id→リストS-19	14	number of	連結→リストM-09
4	started out	連結→リストM-09	15	followers	複数形・三単現・isの短縮のs→リストS-27
5	being about	連結→リストM-09	16	number of	連結→リストM-09
6	about	tの脱落（poor T）→リストM-03	17	likes	複数形・三単現・isの短縮のs→リストS-27
7	friends	複数形・三単現・isの短縮のs→リストS-27	18	number of	連結→リストM-09
8	gathering	Voiced th→リストS-12	19	comments	short O→リストS-10
9	information	シュン→リストS-21	20	comments	複数形・三単現・isの短縮のs→リストS-27
10	focus	Long O→リストS-09	21	can	canはクン→リストS-01
11	has	hの脱落→リストS-07			

STEP 5　STEP 4のルールと意味の句切れ目とイントネーション、内容語・機能語などを意識してスクリプトを読み上げてみましょう。音声は、アメリカ人男性ナレーター→アメリカ人女性ナレーター→日本人著者の順に3回読み上げられます。 DL-036

SNS started out ↑
being about ↑ connecting ↑ with friends ↓
and sharing ↑ and gathering information. ↓
Nowadays, ↓ the focus ↑ has shifted ↑ towards ↑
how to increase ↑ number of followers, ↑
number of likes, ↑ and number of comments. ↓
It can be ↑ frustrating. ↓

※白色ハイライトは内容語

複合名詞・形容詞などひとかたまりで発音する単語

▶ なし

注意すべきアクセントの位置

▶ **connecting** (conNECting) [kuh·**nek**·tuhng] | 第2音節にアクセント。

▶ **Nowadays** (NOWadays) [**nau**·uh·dayz] | 第1音節にアクセント。語末のsは「ズ」です。

▶ **shifted** (SHIFted) [**shif**·tuhd] | 第1音節にアクセント。過去形の-edの部分は-dで読みます。

STEP 6　STEP 5までの発音やリズム（句切れ目）に慣れてきたら、音声をもう一度聞きながらシャドーイングしてみましょう。

Column

SNSの自分の投稿に対して「いいね！」がつくと、承認欲求が満たされます。リアルにおつき合いのある友人、知人に限らず、ネット上の世界でしかつながりのない人からも反応があると、どんどん楽しくなっていきます。

逆に「いいね！」数が少ないと自己嫌悪に陥ってしまったり、落ち込んでしまったりすることもあります。数に追われるようになり、ストレスの原因になっている人もいます。「いいね！」ほしさに行動がエスカレートしていってしまう人もいます。

「いいね！」を求めて危険な場所で自撮りをしていたインスタグラマーが、転落死する事故まで起こっています。

Unit
37 Autonomous Driving

STEP 1～STEP 6の順に進みながら、スピーキングに必要な英作文する思考を養い、発音力とスピーキング力を鍛えましょう！

STEP 1 テーマの説明を読んで、理解を深めましょう。

Tesla aims to make its vehicles completely autonomous by the end of 2022. Founder Elon Musk stated that he is extremely confident that autonomous driving level five will happen.

テスラは、2022年末までに自社の車両を完全に自動走行させることを目指しています。創業者のイーロン・マスクは、自立走行レベル5が実現することに極めて自信を持っていると述べました。

＊autonomous「自立した；自主的な」

STEP 2 テーマに関する、簡単なスピーチ（自分の意見）を述べてみましょう。次の日本語を英語にするとどのようなスピーチになるか考えてみましょう。

回答例の日本語訳

私の今の車には車間距離制御装置がついていて、渋滞に巻き込まれたときに使っていますが、その機能には限界があります。完全な自動運転車が本当に待ち遠しく、それは輸送の概念を変えてくれることでしょう。

英作文のヒント

› 意見を述べるときの視点・考え方のヒント

▸自分のこととして、具体例を交えた意見文の例。

▸運転している人、していない人で意見が変わるかもしれないテーマです。運転しない人だったら、例えば乗馬などを例に出して「昔は乗馬が交通手段だったけれど、今は趣味に変わっている。レベル5が主流になったら、車に乗ることが乗馬をすることと同じようなことになるのだろう」などの発想も良いです。または「そういった運転の仕方ができるなら、車を購入しようかな」、「電車のように不特定多数の人ではなく自分と知り合いだけで乗れる乗り物になるのは便利だ」などの発想でも話を広げていくこともできます。

› 単語・表現のヒント

current「現在の」／adaptive cruise control「車間距離制御装置」／be stuck in ...「…から抜け出せない」／autonomous「自動運転の」／vehicles「乗り物；車」

STEP 3 **回答例を確認しましょう。STEP 2の日本語から英語にするときに、どのような点を注意したら、より英語らしい表現になるか、解説を読んで確認してみましょう。**

My current car has 1**adaptive** 2**cruise control**. I use it when 3**I'm stuck in** traffic, but the function is still limited. I 4**cannot wait for** completely autonomous vehicles, which will transform the concept of transportation.

私の今の車には車間距離制御装置がついていて、渋滞に巻き込まれたときに使っていますが、その機能には限界があります。完全な自動運転車が本当に待ち遠しく、それは輸送の概念を変えてくれることでしょう。

スピーチ表現のポイント

1 adaptive

▶「適応できる；順応できる」という意味の形容詞。-iveは形容詞をつくる接尾辞です。

例 › active, innovative

adaptive cruise controlはACCと呼ぶこともあります。adaptive cruise controlは不可算名詞（a/anなどつかない）なので気をつけましょう。

2 cruise control

▶自動車の専門用語ですが、こういった専門用語が出てこない場合は、

→It's a mode where your car follows the car in front of you.

→The car will follow the speed of the car in front of you. などと自分の言葉で言い換えても良いです。

3 I'm stuck in

▶be stuckは「動きが取れない」という意味。使い勝手のいいイディオムです。

例 › I'm stuck at work.（仕事で手一杯で身動きが取れない）

▶stuck in an elevator[a difficult situation]（エレベーターで［難しい状況で］動けない）のように、atやinの後に状況や場所などを置いて、「物理的に動けない；身動きが取れない；前にも後ろにも進めない」という意味になります。

4 | cannot wait for

▶口語でもよく使われる、非常に使い勝手のいいフレーズです。

例 > I **cannot wait for** tomorrow.（明日が待ち遠しい）

STEP 4 回答例のスクリプトから、巻頭の「ルールハンティング・リスト」を使って、「ルールハンティング」しましょう。注意すべき発音をあらかじめ押さえます。

My 1curren**t** car 2ha**s a**daptive cruise 3contro**l**. I 4u**se i**t 5whe**n I**'m 6stu**ck i**n 7tr**a**ffic, 8bu**t** the 9 10func**tion i**s still 11limit**ed**. I cannot 12wai**t** for completely 13**au**tonomous 14vehicle**s**, which 15**will** 16transf**or**m the 17 18c**o**ncep**t o**f 19 20tr**a**nsporta**tion**.

ルール一覧

1	current	tの脱落（poor T）→リストM-03	11	limited	過去分詞形-id→リストS-19
2	has adaptive	連結→リストM-09	12	wait	tの脱落（poor T）→リストM-03
3	control	Dark L→リストS-03	13	autonomous	おの口であ→リストS-18
4	use it	連結→リストM-09	14	vehicles	複数形・三単現・isの短縮のs→リストS-27
5	when I'm	連結→リストM-09	15	will	willはウォ→リストS-15
6	stuck in	連結→リストM-09	16	transform	スポーツのor→リストS-24
7	traffic	えの口であ→リストS-17	17	concept	short O→リストS-10
8	but	tの脱落（poor T）→リストM-03	18	concept of	連結→リストM-09
9	function	シュン→リストS-21	19	transportation	えの口であ→リストS-17
10	function is	連結→リストM-09	20	transportation	シュン→リストS-21

STEP 5　STEP 4のルールと意味の句切れ目とイントネーション、内容語・機能語などを意識してスクリプトを読み上げてみましょう。音声は、アメリカ人男性ナレーター→アメリカ人女性ナレーター→日本人著者の順に3回読み上げられます。 DL-037

My current car ↑
has adaptive cruise control. ↓
I use it ↑ when I'm stuck ↑ in traffic, ↓
but the function ↑ is still limited. ↓
I cannot wait for ↑ completely autonomous vehicles, ↓
which will transform ↑ the concept ↑ of transportation. ↓

※白色ハイライトは内容語

複合名詞・形容詞などひとかたまりで発音する単語

▶ adaptive cruise control／autonomous vehicles

注意すべきアクセントの位置

▶ **adaptive** (aDAPtive) [uh·**dap**·tuhv] ｜第2音節にアクセント。語頭のaは曖昧母音。

▶ **completely** (comPLETely) [kuhm·**pleet**·lee] ｜第2音節にアクセント。アクセントのあるpleの部分は「プリー」と少し伸ばします。

▶ **autonomous** (auTOnomous) [aa·**taa**·nuh·muhs] ｜第2音節にアクセント。アクセントのあるtoの部分は「ター」に近い音で少し伸ばします。

▶ **vehicles** (VEhicles) [**vee**·uh·klz] ｜第1音節にアクセント。-hidesは「アクルズ」。

STEP 6　STEP 5までの発音やリズム（句切れ目）に慣れてきたら、音声をもう一度聞きながらシャドーイングしてみましょう。

Column

自動運転が実用化されれば、自動運転車が事故や渋滞を減らし、運転手が操作することなく目的地に連れていってくれる、安全で快適な移動手段として活用される技術となります。
自動運転のレベルは国際的に5段階に標準化されています。レベル2までは運転支援の技術で、事故などのトラブルはドライバー側に責任があります。レベル3以上を自動運転システムとみなしていますが、これまでの実用化はレベル2まででした。テスラは自社のオートパイロット機能をレベル3以上に引き上げようとしており、実現すれば自動運転車を一般に販売する最初の企業となります。

Unit

38 Racism

STEP 1～STEP 6の順に進みながら、スピーキングに必要な英作文する思考を養い、発音力とスピーキング力を鍛えましょう！

STEP 1 テーマの説明を読んで、理解を深めましょう。

French cosmetics brand L'Oreal said that it will remove words like "whitening" from its skin care products. This move comes amid global protests against racism sparked by the death of George Floyd.

フランスの化粧品ブランドであるロレアルは、同社のスキンケア製品から「美白」などの言葉を削除すると発表しました。この動きは、ジョージ・フロイドの死に端を発した人種差別に対する世界的な抗議の中で行われたものです。

＊racism「人種差別（主義）」

STEP 2 テーマに関する、簡単なスピーチ（自分の意見）を述べてみましょう。次の日本語を英語にするとどのようなスピーチになるか考えてみましょう。

回答例の日本語訳

スキンケア商品において、"白"はたいてい美を連想させるものです。しかしこれらの言葉を日常的に使うことで、知らず知らずのうちに自らの偏見が一層深まるのかもしれません。

英作文のヒント

› 意見を述べるときの視点・考え方のヒント

▸説明を読んで初めて自分もバイアスがかかっていたことに気づいたという意見です。海外ではホワイトニングが日本ほど売れていません。美白が良いとするのは日本を始めとする一部のアジア諸国に限定的な価値観でもあります。様々な人種が混在する欧米諸国では価値観も様々。

▸「自分は肌が白いのがいいと思っていない、焼けているほうがいいと思っている」という逆の視点からの価値観を述べるのも良いです。または「女性は美白に対するプレッシャーが強くあるが、男性は肌の色に関するプレッシャーがないのは不思議だ」というような全く別視点で意見を述べるのも良いです。

› 単語・表現のヒント

be associated with ...「…を連想させる」／skin care product「スキンケア商品」／unknowingly「知らず知らずのうちに」／term「言葉」／on a daily basis「日常的に」／deepen「深める」／biase「偏見」

STEP 3 **回答例を確認しましょう。STEP 2の日本語から英語にするときに、どのような点を注意したら、より英語らしい表現になるか、解説を読んで確認してみましょう。**

"White" 1is often associated with beauty 2when it comes to skin care products. 3Unknowingly as we use these terms 4on a daily basis, we may be 5deepening our biases.

スキンケア商品において、"白"はたいてい美を連想させるものです。しかしこれらの言葉を日常的に使うことで、知らず知らずのうちに自らの偏見が一層深まるのかもしれません。

スピーチ表現のポイント

1 is associated with ...

▸「…を連想する」という意味で、よく使うイディオムです。

例 › In the US, the number seven **is associated with** good luck.
（アメリカでは、7という数字は幸運を思い起こします）

2 when it comes to ...

▸「…のことになると；…に関しては」という意味の表現です。toのあとは名詞、動名詞がきます。as forやregardingが類似表現ですが、これらのほうが少し硬い語句です。

例 › **When it comes to** kendo, nobody knows more than my father.
（剣道と言えば、私の父以上に知る人はいないでしょう）

3 Unknowingly

▸「知らず知らずに；無意識に」という意味の副詞です。

例 › He **unknowingly** made a mistake because he just joined the company last week.（彼は先週会社に入社したばかりなので、知らず知らずのうちにミスを犯していた）

4 on a daily basis,

▸「日常的に」という表現です。normallyは類語として覚えておいても良いです。routinelyは単語としては存在するのですが、あまり使いません。on a daily basis,は口語っぽい表現であり、リズム的にも発音しやすい表現です。

例 › I check my temperature **on a daily basis**.（日常的に、体温を測ります）

5 | deepening

▶動詞deepen「深める」の現在分詞です。
Let's **deepen** our understanding of ...「…の理解を深めましょう」という表現をよく使います。

STEP 4 回答例のスクリプトから、巻頭の「ルールハンティング・リスト」を使って、「ルールハンティング」しましょう。注意すべき発音をあらかじめ押さえます。

1"Whi**te**" 2**is o**ften 3 4**a**ss**o**ciat**ed** with 5beau**t**y 6whe**n i**t 7come**s** to skin care 8 9pr**o**duct**s**. Unknowingly as we use these 10 11term**s on a** daily 12ba**si**s, we may be 13deepenin**g o**ur 14bias**es.**

ルール一覧

1	"Whi**te**" is	**弱くなる音**→リストM-08	8	pr**o**ducts	short O→リストS-10
2	**is o**ften **a**ssociated	**連結**→リストM-09	9	product**s**	複数形・三単現・isの短縮のs→リストS-27
3	ass**o**ciated	Long O→リストS-09	10	term**s**	複数形・三単現・isの短縮のs→リストS-27
4	associat**ed**	過去分詞形-id→リストS-19	11	term**s on a**	**連結**→リストM-09
5	beau**t**y	**弱くなる音**→リストM-08	12	ba**si**s	CC-Lemon→リストS-02
6	whe**n i**t	**連結**→リストM-09	13	deepenin**g o**ur	**連結**→リストM-09
7	come**s**	複数形・三単現・isの短縮のs→リストS-27	14	bias**es**	複数形・三単現・isの短縮のs→リストS-27

STEP 5 STEP 4のルールと意味の句切れ目とイントネーション、内容語・機能語などを意識してスクリプトを読み上げてみましょう。音声は、アメリカ人男性ナレーター→アメリカ人女性ナレーター→日本人著者の順に3回読み上げられます。 DL-038

"White" ↑ is often associated ↑ with beauty ↓
when it comes to ↑ skin care products. ↓
Unknowingly ↑ as we use ↑ these terms ↑ on a daily basis, ↓
we may be deepening ↑ our biases. ↓

※白色ハイライトは内容語

複合名詞・形容詞などひとかたまりで発音する単語

▶ skin care products

注意すべきアクセントの位置

▶ **associated** (aSSOciated) [uh·**sow**·see·ay·tuhd] | 第2音節にアクセント。アクセントのあるssoの部分は「ソゥ」と二重母音で発音します。

▶ **products** (PROducts) [**praa**·duhkts] | 第1音節にアクセント。proの部分は子音クラスターなので「プ」と母音を入れないように。roの部分は「ア」に近い音。

▶ **Unknowingly** (unKNOWingly) [uhn·**now**·uhng·lee] | 第2音節にアクセント。アクセントのあるknowの部分は「ノゥ」と二重母音。

▶ **basis** (BAsis) [**bay**·suhs] | 第1音節にアクセント。baは二重母音で「ベィ」と発音します。

STEP 6 STEP 5までの発音やリズム（句切れ目）に慣れてきたら、音声をもう一度聞きながらシャドーイングしてみましょう。

Column

日本でも一時期「美白ブーム」がありましたが、色白の肌のほうが価値があるとする偏見を、英語では「カラーリズム」と表現します。化粧品のパッケージに書かれている、「ホワイトニング」や「美白」といった言葉は「カラーリズム」の端的なものと言えるでしょう。これらの言葉は肌の色や人種による差別につながる可能性があるため、欧米諸国では敬遠されていますが、最近は日本の化粧品のCMなどでも他の言葉で言い換えるようになってきました。あらゆる肌の色の人々が、偏見なく平和に暮らす世界に少しでも近づくことができるといいですね。

Unit

39 Amazon

STEP 1～STEP 6の順に進みながら、スピーキングに必要な英作文する思考を養い、発音力とスピーキング力を鍛えましょう！

STEP 1 テーマの説明を読んで、理解を深めましょう。

Amazon is opening a high-tech hair salon in London. The salon will have an augmented-reality mirror that allows clients to try out different colors and styles before treatments.

アマゾンはロンドンにハイテク・ヘアサロンを開設し、施術前に顧客がさまざまな色やスタイルを試すことができる拡張現実の鏡を設置する予定です。

＊augmented-reality「拡張現実の」

STEP 2 テーマに関する、簡単なスピーチ（自分の意見）を述べてみましょう。次の日本語を英語にするとどのようなスピーチになるか考えてみましょう。

回答例の日本語訳

AR機能が搭載された鏡に向かうのは、面白い体験になりそうです。私のヘアスタイリストから、（ARの）鏡に映るものと実際の仕上がり具合は違うと忠告されました。

英作文のヒント

> 意見を述べるときの視点・考え方のヒント

▸ ARは面白そうという半面、ARに映し出される姿と実際の仕上がりは違うのではないかという懸念があるという両方に触れた意見文。

▸ 自分の意見が言えなかったときは、知り合いの人の話を引き合いに出して言うと良いです。遠い人ではなく、身近にいる人の話を出すと説得力が増します。日本人は「有名人の〇〇が」「本では〇〇と言っていました」「専門家が言うには〇〇らしい」など、権威に頼って意見を言いたがる傾向があるように思います。それよりも、自分が直接知っている身近な人の話をするほうが（この意見文では、私のヘアスタイリストの話）、英語圏、特にアメリカでは説得力があり、大事です。

> 単語・表現のヒント

augmented-reality「AR機能が搭載された」／**hair stylist**「ヘアスタイリスト」／**(do) caution**「忠告する」／**difference**「違い」／**... versus ～**「…と(対)～」／**treatment**「処置」／**turn out**「…になる；…の結果になる」

STEP 3 回答例を確認しましょう。STEP 2の日本語から英語にするときに、どのような点を注意したら、より英語らしい表現になるか、解説を読んで確認してみましょう。

Sitting in front of an augmented-reality mirror [1]**seems like** a fun experience. My hair stylist [2]**did caution** me about [3]**the difference in** what you will see in the mirror [4]**versus** how the treatment will actually [5]**turn out**.

AR機能が搭載された鏡に向かうのは、面白い体験になりそうです。私のヘアスタイリストから、(ARの) 鏡に映るものと実際の仕上がり具合は違うと忠告されました。

スピーチ表現のポイント

1 | seems like

▸ seemの後は形容詞がきて、seem likeのあとは名詞がきます。使い分けに注意しましょう。

2 | did caution

▸ didは強調。cautionはここでは動詞です。

例 > He **cautioned** me not to enter this room.
(この部屋に入らないように彼は私に忠告した)

このように動詞形で使うこともありますが、看板などで「Caution!」と使うときは一般的には名詞です。

3 | the difference in ...

▸「…の差」という意味です。

例 > **The difference in** price is the difference in quality. (値段の差は品質の差です)

4 | versus

▸ versusは対比させるときに使います。andにしても良いですが並列感が強いので、versusを使えるようになると良いですね。

例 > Let's compare actual sales **versus** that forecast.
(実際の売上と予測を比較しよう)

→ここはandでも良いし、againstでも良いです。ただし、意見文の英文記事はversusをagainstに代えることはできません。

5 turn out

▶ turn outは「結局…となる；…とわかる」という意味の使い勝手のいい句動詞です。
例 > The cake **turned out** delicious.（そのケーキはおいしいとわかった）

STEP 4 回答例のスクリプトから、巻頭の「ルールハンティング・リスト」を使って、「ルールハンティング」しましょう。注意すべき発音をあらかじめ押さえます。

1 2Sitting in 3 4front of an 5augmented-reality 6mirror seems 7like a fun experience. My hair stylist did 8caution me 9about the 10difference in 11what you will 12 13see in the mirror versus how the 14treatment 15will actually 16 17turn out.

ルール一覧

1	Sitting	弱くなる音→リストM-08	10	difference in	連結→リストM-09
2	Sitting in	連結→リストM-09	11	what you	変換→リストM-02
3	front	tの脱落（poor T）→リストM-03	12	see	CC-Lemon→リストS-02
4	front of an augmented-reality	連結→リストM-09	13	see in	y-insertion→リストM-05
5	augmented-reality	弱くなる音→リストM-08	14	treatment	mentはムン→リストS-34
6	mirror	リーダーのer→リストS-28	15	will	willはウォ→リストS-15
7	like a fun experience	連結→リストM-09	16	turn	リーダーのer→リストS-28
8	caution	シュン→リストS-21	17	turn out	連結→リストM-09
9	about	tの脱落（poor T）→リストM-03			

STEP 5　STEP 4のルールと意味の句切れ目とイントネーション、内容語・機能語などを意識してスクリプトを読み上げてみましょう。音声は、アメリカ人男性ナレーター→アメリカ人女性ナレーター→日本人著者の順に3回読み上げられます。 DL-039

Sitting ↑ in front of ↑ an augmented-reality mirror ↑
seems like ↑ a fun experience. ↓
My hair stylist ↑ did caution me ↑
about the difference in ↑
what you will see ↑ in the mirror ↑ versus ↑
how the treatment ↑ will actually turn out. ↓

※白色ハイライトは内容語

複合名詞・形容詞などひとかたまりで発音する単語

▶ augmented-reality mirror／fun experience／hair stylist

注意すべきアクセントの位置

▶ **augmented** (AUGmented) [**aag**·men·tuhd]｜第１音節にアクセント。過去形の-edの部分は-idと発音します。

▶ **stylist** (STYlist) [**stai**·luhst]｜第１音節にアクセント。

▶ **versus** (VERsus) [**vur**·suhs]｜第１音節にアクセント。

STEP 6　STEP 5までの発音やリズム（句切れ目）に慣れてきたら、音声をもう一度聞きながらシャドーイングしてみましょう。

Column

Amazon Salonでは、ARを利用したバーチャル・ヘアカラーを体験できる他、施術中はFireタブレットで様々なエンタメを楽しめます。ARを活用して様々なヘアカラーを試すことができれば、最小限のリスクでヘア製品を手に取ってもらえるようになります。

ARはAugmented Realityの略で日本語では「拡張現実」と訳すのが一般的です。携帯ゲームの「ポケモンGO」が日本では最も有名なAR技術の利用例です。現実世界をカメラで捉え、それを背景として利用し、携帯の画面に映し出します。その背景の中でポケモンをゲットするのは、とてもリアルで、ワクワクする楽しさがあります。ゲームのみならず、学習や企業研修など、多様な場面での利用が将来的に期待されています。

Unit

40 Masters Golf

STEP 1～STEP 6の順に進みながら、スピーキングに必要な英作文する思考を養い、発音力とスピーキング力を鍛えましょう！

STEP 1 テーマの説明を読んで、理解を深めましょう。

After almost four years without a professional win, Hideki Matsuyama became the first Japanese man to win the Masters Tournament.

ほぼ4年間にプロとして優勝から遠ざかった後、松山英樹選手は初めてマスターズトーナメントを制覇した日本人男性となりました。

STEP 2 テーマに関する、簡単なスピーチ（自分の意見）を述べてみましょう。次の日本語を英語にするとどのようなスピーチになるか考えてみましょう。

回答例の日本語訳

日本人ゴルファーがマスターズで優勝するなんて、想像すらしていませんでした。秀樹さんの英語での優勝スピーチを聞くのを楽しみにしていたのですが、日本語でしか話しませんでした。次回に期待！ 松山英樹さん、おめでとうございます！

英作文のヒント

› 意見を述べるときの視点・考え方のヒント

▸ コロナでゴルフをする人口が増えたらしい（ゴルフは密ではないから）という話から、ゴルフは潤ってきた業界のひとつだ、という話に持っていっても良いかもしれません。または、これまでは高齢化していたゴルフの世界が、松山選手の優勝でさらに若い世代に興味を持ってもらえるきっかけになればいい、という話にしても良いでしょう。

▸ 他にも「海外でゴルフしてみたい」、「ゴルフは少しためらってしまう」…などどんな意見でも良いです。ゴルフについて話を広げられなければ、他のスポーツで松山選手のようなトップ選手の話に切り替えても良いです。

› 単語・表現のヒント

imagine「想像する」／Masters「マスターズ」／be looking forward to ...「…を楽しみにしている」／victory「優勝」／congratulations to ...「…におめでとうございます」

STEP 3　回答例を確認しましょう。STEP 2の日本語から英語にするときに、どのような点を注意したら、より英語らしい表現になるか、解説を読んで確認してみましょう。

1I never imagined that a Japanese golfer would ever win the Masters. 2I was looking forward to 3hearing Hideki's victory speech in English, but he only spoke in Japanese. 4Maybe next time! 5Congratulations to Hideki Matusyama!

日本人ゴルファーがマスターズで優勝するなんて、想像すらしていませんでした。秀樹さんの英語での優勝スピーチを聞くのを楽しみにしていたのですが、日本語でしか話しませんでした。次回に期待！松山英樹さん、おめでとうございます！

スピーチ表現のポイント

1 | I never imagined ... would ever

▸ 時制の一致に注意しましょう。everはここでは、強調の「…なんて」という意味です。

2 | I was looking forward to ...

▸ I look forward to ...と現在形にすると少し硬い印象があります。

例 › **I look forward to** hearing from you.（お返事をお待ちしております）

3 | hearing Hideki's victory speech in English

▸ listen toは意識的に聞くときに使い、hearは流れてくるものを聞くというニュアンスの違いがあります。「聞こえてくるのが楽しみだったな」という意味を込めてここではhearを使っています（ニュースで流れるかな…という意識で待ち構えていたのでhearを使っている）。また、この松山選手のスピーチは自分だけに向けて話してくれるものではなく、公然のスピーチなので大衆向けということもあり、hearを使っています。

4 | Maybe next time!

▸ このような口語的な表現をスピーチに入れるのは、スピーチに動きを出すのに効果的です。硬すぎるスピーチはあまり受けが良くありません。英語のスピーチではメッセージそのものには重みがあるけれど、話している言葉は硬くないものが多いです。

▸ ここは人差し指を立てるジェスチャーを入れて気持ちを乗せて話したいところです。しかし、普段からやっていない人がやると不自然になるので、常日頃からジェスチャーも交えて話をする癖をつけられると良いですね。

5 | Congratulations to ...

▶ Congratulations to［人］で「［人］におめでとう」。

例 > **Congratulations to** you for a job well done.（仕事をよくやった君に、お疲れ様！）

STEP 4 回答例のスクリプトから、巻頭の「ルールハンティング・リスト」を使って、「ルールハンティング」しましょう。注意すべき発音をあらかじめ押さえます。

I 1never 2imagined 3that a Japanese golfer 4would ever win the Masters. I 5**was** looking 6 7forward 8**to** hearing 9Hideki's 10victory 11speech in English, but 12he only 13spoke in Japanese. Maybe 14next time! 15Congratulations to Hideki Matusyama!

ルール一覧

1	never imagined	連結→リストM-09	9	Hideki's	所有格のs→リストS-22
2	imagined	過去形-d→リストS-19	10	victory	唇をかんでv→リストS-29
3	that a	弱くなる音→リストM-08	11	speech in English	連結→リストM-09
4	would ever	連結→リストM-09	12	he	hの脱落→リストS-07
5	**was**	wasはウズ→リストS-14	13	spoke in	連結→リストM-09
6	forward	スポーツのor→リストS-24	14	next time	同化→リストM-07
7	forward	リーダーのer→リストS-28	15	Congratulations	えの口であ→リストS-17
8	**to**	（前置詞）toはル→リストS-25			

STEP 5　STEP 4のルールと意味の句切れ目とイントネーション、内容語・機能語などを意識してスクリプトを読み上げてみましょう。音声は、アメリカ人男性ナレーター→アメリカ人女性ナレーター→日本人著者の順に3回読み上げられます。 DL-040

I never imagined ↑
that a Japanese golfer ↑ would ever ↑ win the Masters. ↓
I was looking forward ↑ to hearing ↑
Hideki's victory speech ↑ in English, ↓
but he only spoke ↑ in Japanese. ↓
Maybe next time! ↓
Congratulations to ↑ Hideki Matusyama! ↓

※白色ハイライトは内容語

複合名詞・形容詞などひとかたまりで発音する単語

▶ victory speech

注意すべきアクセントの位置

▶ **golfer** (GOLfer) [**gaal**·fr] | 第1音節にアクセント。「ガールファ」のようにアクセントのある部分を少し伸ばして、「ア」に近い音で発音します。

▶ **victory** (VICtory) [**vik**·tr·ee] | 第1音節にアクセント。下唇を少しかんでvicを発音しましょう。

STEP 6　STEP 5までの発音やリズム（句切れ目）に慣れてきたら、音声をもう一度聞きながらシャドーイングしてみましょう。

Column

男子ゴルフのメジャー大会、マスターズで松山選手は日本勢初の優勝を果たしました。それまでの日本勢の最高位はこれまで、2009年の片山晋呉選手の4位でした。マスターズはメジャーの中でも唯一開催コースが変わらない、特別なトーナメントです。

表彰式で袖を通したのは、優勝者に贈られる「グリーンジャケット」。ゴルフ界最高の栄誉、と言えるジャケットですが、1年後には返却しなければなりません。ジャケットはクラブ内に保管され、優勝者はクラブに来れば着ることができます。

Unit

41 Cyberbullying

STEP 1～STEP 6の順に進みながら、スピーキングに必要な英作文する思考を養い、発音力とスピーキング力を鍛えましょう!

STEP 1 テーマの説明を読んで、理解を深めましょう。

Hana Kimura, a professional wrestler and cast member of the Netflix show *Terrace House*, committed suicide because of heavy cyberbullying on Twitter.

プロレスラーで、Netflixの番組『テラスハウス』のキャストでもある木村花さんが、Twitterでの激しいいじめが原因で自殺しました。

*cyberbullying「ネットいじめ」

STEP 2 テーマに関する、簡単なスピーチ(自分の意見)を述べてみましょう。次の日本語を英語にするとどのようなスピーチになるか考えてみましょう。

回答例の日本語訳

ネットいじめは厳しく取り締まるべきです。私たちには意見を持つ権利があり、言論の自由を与えられるべきだと思います。しかしそれと同時に、発言する際には自らの身分を明かす必要があります。

英作文のヒント

> 意見を述べるときの視点・考え方のヒント

▸ネットいじめの横行をどうしたらいいのか、対策案を自分なりに考えてアクションプランを出しましょう(ここでは発言する際には身分を明かし、名乗る必要があるというアクションプランを提案しています)。自分の経験を交えて対策案を考えて提案すると説得力が増します。

▸投稿前に、相手を傷つける可能性のある言葉を含む投稿をしようとすると再考するように促すアラートが出るアプリや機能があるようです(Instagramや米Twitterでも似たような機能があります)。このような具体的な対策を講じている機能やアプリを知っていれば、それを意見に取り入れて賛成の立場を支持するのも良いです。

> 単語・表現のヒント

cyberbullying「ネットいじめ」／crack down on ...「…に断固たる措置を取る；…を厳しく取り締まる；…を厳罰に処する」／be entitled to ...「…する権利がある」／by the same token「それと同時に」／identify「身分を特定する」

STEP 3 **回答例を確認しましょう。STEP 2の日本語から英語にするときに、どのような点を注意したら、より英語らしい表現になるか、解説を読んで確認してみましょう。**

1Cyberbullying needs to be 2cracked down on. I think all of us 3are entitled to an opinion, and we should be given freedom of speech. However, 4by the same token, you need to identify yourself when you 5speak out.

ネットいじめは厳しく取り締まるべきです。私たちには意見を持つ権利があり、言論の自由を与えられるべきだと思います。しかしそれと同時に、発言する際には自らの身分を明かす必要があります。

スピーチ表現のポイント

1 Cyberbullying

▶「ネットいじめ」という意味の語。online bullyingとも言いますが、onlineよりもcyberを使うほうが一般的です。

2 cracked down on

▶通常、悪いことに対して「取り締まる」という意味で使います。

例 > The campus police are **cracking down on** alcohol consumption among underage college students.
（キャンパスポリスは未成年の大学生のアルコール消費量について取り締まっています）

*campus police＝大学構内にいる警察

3 are entitled to ...

▶「…する権利がある；資格がある」という意味のイディオムです。類語のqualifiedは「免許などの資格がある」という意味でニュアンスが異なります。

例 > I **am entitled to** an opinion too.（私も意見する権利がある）

4 by the same token

▶「それと同時に」と意訳していますが「それと同様の理由で」が直訳です。

例 > He is guilty and **by the same token** so are you.
（彼は有罪です。同じ理由であなたも有罪です＝共犯者）

▶ tokenを使った別の表現as a token of …「…のしるしに」も覚えておきましょう。

例 > **As a token of** our appreciation, we present you with a gift card.

（感謝の気持ちを込めて、ギフトカードを差し上げたいと思います）

5 | speak out

▶「思い切って言う」「遠慮なく話す」という意味の句動詞。

例 > Don't be afraid to **speak out**!（恐れずに話してください！）

STEP 4 回答例のスクリプトから、巻頭の「ルールハンティング・リスト」を使って、「ルールハンティング」しましょう。注意すべき発音をあらかじめ押さえます。

Cyberbullying 1need**s** to be 2 3**cr**ack**ed** 4dow**n o**n. I 5thin**k all of us are** 6entitle**d** 7**to** 8**an o**pinion, and we 9shoul**d** be given 10freedo**m o**f speech. However, by the same 11t**o**ken, you need 12**to i**dentify yourself 13whe**n y**ou 14spea**k o**ut.

ルール一覧

1	need**s**	複数形・三単現・isの短縮のs→リストS-27	8	a**n o**pinion	**連結**→リストM-09
2	**cr**acked	子音クラスター→リストS-20	9	shoul**d**	**dの脱落（poor T）**→リストM-03
3	crack**ed**	過去分詞形-t→リストS-19	10	freedo**m o**f	**連結**→リストM-09
4	dow**n o**n	**連結**→リストM-09	11	t**o**ken	Long O→リストS-09
5	thin**k all of us are e**ntitled	**連結**→リストM-09	12	**to i**dentify	**w-insertion**→リストM-04
6	entitle**d**	過去分詞形-d→リストS-19	13	whe**n y**ou	**変換**→リストM-02
7	**to** a**n**	**w-insertion**→リストM-04	14	spea**k o**ut	**連結**→リストM-09

STEP 5　STEP 4のルールと意味の句切れ目とイントネーション、内容語・機能語などを意識してスクリプトを読み上げてみましょう。音声は、アメリカ人男性ナレーター→アメリカ人女性ナレーター→日本人著者の順に3回読み上げられます。 DL-041

Cyberbullying ↑ needs to be ↑ cracked down on. ↓
I think ↑ all of us ↑ are entitled ↑ to an opinion, ↓
and we should ↑ be given ↑ freedom of speech. ↓
However, ↓ by the same token, ↓
you need ↑ to identify yourself ↑
when you speak out. ↓

※白色ハイライトは内容語

複合名詞・形容詞などひとかたまりで発音する単語

▸ cyberbullying

注意すべきアクセントの位置

▸ **Cyberbullying** (CYberBUllying) [**sai**·br·bu·lee·uhng]｜第1音節に第1アクセント。第2アクセントは第3音節。語頭のcyは「サイ」。

▸ **entitled** (enTItled) [uhn·**tai**·tld]｜第2音節にアクセント。-tledの部分は子音クラスターなので母音を入れないように。過去分詞形の発音は-dです。

▸ **identify** (iDENtify) [ai·**den**·tuh·fai]｜第2音節にアクセント。語末の-fyは「ファイ」です。

STEP 6　STEP 5までの発音やリズム（句切れ目）に慣れてきたら、音声をもう一度聞きながらシャドーイングしてみましょう。

Column

最近、アメリカで急増中のネットによるいじめはSpilling the tea型と言われています。Spill the teaはよく使われるスラングで「ゴシップを話すこと」「噂話をすること」「他では言えない内容を話すこと」などの意味があります。
常識を超えたセレブ高校生が、恋愛・友情・ドラッグ・家族などが複雑に絡み合う様々な出来事に翻弄され、悩む姿が多くの若者の共感を得た人気ドラマ『ゴシップガール』。彼らが最近一番注目しているのが、正体不明の管理人が運営する人気者の目撃情報や恋愛事情が投稿される「ゴシップガール」という情報サイトです。
このドラマからの影響を受け、ティーンたちも同様に学校内の噂話をSNSで流し、関係者間でのトラブルを誘発することが増えています。

Unit

42 Life Quote

STEP 1～STEP 6の順に進みながら、スピーキングに必要な英作文する思考を養い、発音力とスピーキング力を鍛えましょう！

STEP 1 テーマの説明を読んで、理解を深めましょう。

Every situation in life is temporary. So, when life is good, make sure you enjoy and embrace it fully. And when life is not so good, remember that bad things will not last forever and better days are on the way. ~Jenni Young

「人生におけるあらゆる状況は一時的なものです。ですから、人生が順調なときは、それを十分に楽しみ、受け入れるようにしましょう。そして、人生があまり良くないときは、悪いことが永遠に続くわけではなく、より良い日が近づいていることを思い出してください。」ジェニ・ヤングの言葉より

STEP 2 テーマに関する、簡単なスピーチ（自分の意見）を述べてみましょう。次の日本語を英語にするとどのようなスピーチになるか考えてみましょう。

回答例の日本語訳

私はこの考え方に賛成です。私自身嫌なことがあっても、あまり気にしないようにしています。自分のできることを精一杯やり、あとは流れに身を任せます。頭で考えすぎて良いことなんてありません。

英作文のヒント

› 意見を述べるときの視点・考え方のヒント

▸まずはSTEP 1 のテーマの説明を読んで、そういった考え方が好きなのか、嫌いなのか立場を明確にします。その上で、その立場を明確にしたら、自分の言葉で自分の考え方を紹介することがポイントです。

▸ Columnで紹介しているように「周りの成功者」を例に出して、そこから人生との向き合い方について話をしても良いです。周りの成功者はどんなときも常に冷静であるから、うまくいかないときも、うまくいっているときも常に変わらずいることが大切だと思う、という風に具体例を出して、自身の考察を述べます。具体的な話は説得力を増しますので、ワード数の制限がないときはぜひ挑戦してみましょう。

> 単語・表現のヒント

have a bad day「嫌なことがある」／fixate on ...「…にこだわる；執着する；固執する」／go with the flow「流れに身を任せる」／overthink「考えすぎる」

STEP 3 回答例を確認しましょう。STEP 2の日本語から英語にするときに、どのような点を注意したら、より英語らしい表現になるか、解説を読んで確認してみましょう。

1**I like this way of thinking.** When I have a bad day, I try not to 2**fixate on** it too much. I just do the best that I can do and 3**go with the flow**. 4**No good comes from** overthinking things in your head.

私はこの考え方に賛成です。私自身嫌なことがあっても、あまり気にしないようにしています。自分のできることを精一杯やり、あとは流れに身を任せます。頭で考えすぎて良いことなんてありません。

スピーチ表現のポイント

1 | I like this way of thinking.

▶日本語で「あなたの考え方が好きです」という言い方はなじみがないかもしれないですが、賛成を表す表現のひとつです。目上の人である上司などにI really like your idea./I'm very excited about this idea!「そのアイデア、いいですね」と使っても違和感はありません。

▶このように、直訳が「賛成」ではなくても「賛成」を表すフレーズは他にもあります。What a great idea! のような感嘆文も良いです。

2 | fixate on

▶fixate on details「細かいことにこだわる」はよく使うイディオムなので覚えておきましょう。

例 > He is **fixated on** details.（彼は細かいことにこだわる）

ちなみに、アメリカでは、こだわりが強すぎると評価が低くなります。いちいちつっかかる人は非常にネガティブな印象を与え、go with the flow「臨機応変な」人が評価される傾向があります。

3 | go with the flow

▶go with the flowは「人生を流れに任せる」。類語のplay it by earは「（待ち合わせなどで）流れに任せよう」というときに使い、ニュアンスに違いがあります。

4 | No good comes from ...

▶ Noから始まる（No ...が主語の）文。「…から来ることで良いことは何もない」が直訳。否定文にするよりも「否定」を強調できる言い方です。
No good can come from ...「…から来ることで良いことは何もない」
Nothing good comes out of ...「…から来ることで良いことは何もない」
という表現はよく使うので、すぐ口から出るようにしておきましょう。

STEP 4 回答例のスクリプトから、巻頭の「ルールハンティング・リスト」を使って、「ルールハンティング」しましょう。注意すべき発音をあらかじめ押さえます。

I like 1**th**is way of 2**th**inking. 3Whe**n I** ha**ve a** 4 5b**a**d day, I try 6no**t** to 7fixa**te** 8**on** 9i**t** too much. I 10jus**t** do the 11bes**t** 12tha**t** I 13**can** do and go with the flow. No 14goo**d** 15come**s** 16fro**m** 17**o**ver**th**inking 18 19**th**ing**s** 20**in y**our head.

ルール一覧

1	this	Voiced th→リストS-12	11	best	tの脱落（poor T）→リストM-03
2	thinking	Voiceless th→リストS-13	12	that I	弱くなる音→リストM-08
3	When I have a	連結→リストM-09	13	can	canはクン→リストS-01
4	bad	えの口であ→リストS-17	14	good	dの脱落（poor T）→リストM-03
5	bad	dの脱落（poor T）→リストM-03	15	comes	複数形・三単現・isの短縮のs→リストS-27
6	not	tの脱落（poor T）→リストM-03	16	from overthinking	連結→リストM-09
7	fixate on	弱くなる音→リストM-08	17	overthinking	Voiceless th→リストS-13
8	on it	連結→リストM-09	18	things	Voiceless th→リストS-13
9	it	tの脱落（poor T）→リストM-03	19	things in	連結→リストM-09
10	just	tの脱落（poor T）→リストM-03	20	in your	変換→リストM-02

STEP 5 STEP 4のルールと意味の句切れ目とイントネーション、内容語・機能語などを意識してスクリプトを読み上げてみましょう。音声は、アメリカ人男性ナレーター→アメリカ人女性ナレーター→日本人著者の順に3回読み上げられます。 DL-042

I like ↑ this way ↑ of thinking. ↓
When I ↑ have a bad day, ↓
I try not to ↑ fixate on it ↑ too much. ↓
I just do the best ↑ that I can do ↑ and go with the flow. ↓
No good ↑ comes from ↑
overthinking things ↑ in your head. ↓

※白色ハイライトは内容語

複合名詞・形容詞などひとかたまりで発音する単語

▸ bad day

注意すべきアクセントの位置

▸ **fixate** (FIXate) [**fik**·sayt] | 第1音節にアクセント。「フィクセイト」のように発音します。

▸ **overthinking** (overTHINking) [ow·vr·**thing**·kuhng] | 第3音節にアクセント。注意すべきは、語頭のover部分で「オーヴァ」ではなく「オゥヴァ」と二重母音で発音することです。

STEP 6 STEP 5までの発音やリズム（句切れ目）に慣れてきたら、音声をもう一度聞きながらシャドーイングしてみましょう。

Column

私の周りの「成功者」たちを観察していて、共通していると思われることは感情の起伏があまりなく、いつでも穏やかという点です。逆に言えば、どんなときも慌てることがなく、冷静です。

災難やトラブルというのは誰にでも平等に起きていると思います。人生には良いときもあれば悪いときもあります。気持ちの変化もありますし環境の変化もありますし、時代の変化も体調の変化もあるのですから、良いときも悪いときもあって当然です。人間にはバイオリズムがあるので、良いことも、そして悪いこともずっと続く訳ではないのです。良いときもあれば悪いときもあります。
いろんなことを体験して、失敗をしていくことで人は成長していくのだと考えています。

Unit 43

Big Cities

STEP 1～STEP 6の順に進みながら、スピーキングに必要な英作文する思考を養い、発音力とスピーキング力を鍛えましょう！

STEP 1 テーマの説明を読んで、理解を深めましょう。

The coronavirus pandemic has brought about massive change around the globe, including a change in how people think about life in big, crowded cities.

コロナウイルスのパンデミックは、世界中に大きな変化をもたらしました。そのひとつが、密集している大都市での生活に対する人々の考え方です。

STEP 2 テーマに関する、簡単なスピーチ（自分の意見）を述べてみましょう。次の日本語を英語にするとどのようなスピーチになるか考えてみましょう。

回答例の日本語訳

パンデミック以降、東京の人口は減少しているという記事を読んだことがあります。しかし個人的には、田舎での生活よりも、都会での生活のメリットのほうが依然として大きいと思います。

英作文のヒント

› 意見を述べるときの視点・考え方のヒント

▸東京に住んでいる筆者としては、自分はそのまま都心に住んでいたいという意見。

▸文字数制限がなければ、There is a Japanese saying ...「日本のことわざに次のようなものがあります…」と言った後に「田舎の学問より京の昼寝」ということわざを紹介して、I agree with this saying. と都心に住み続けることを肯定しても良いでしょう。

▸もちろん、東京を離れて郊外での生活を推進する意見も良いです。空気がきれい、殺伐としていない、地元だから…などたくさんの理由が挙げられるはずです。

▸コロナを理由に移住を検討している人は増えているそうです。感染リスクが拡大したことによって安全な地域へ移住したい、テレワークの普及によって通勤時間を考えずに好きなところに住みたいなど、コロナの影響は大きいようです。Column でも触れているように都市部と地方のそれぞれ良さがあって、テレワークの広がりによって地方に住むデメリットもなくなってきているように感じます。

› 単語・表現のヒント

population「人口」／decrease「減少する」／since ...「…以来」／pandemic「パンデミック」／personally「個人的には」／benefits「メリット」／outweigh ...「…にまさる」

STEP 3 回答例を確認しましょう。STEP 2の日本語から英語にするときに、どのような点を注意したら、より英語らしい表現になるか、解説を読んで確認してみましょう。

1I've read that the 2population in Tokyo 3has been decreasing since the pandemic. 4Personally though, the benefits of city life still 5outweigh rural living for me.

パンデミック以降、東京の人口は減少しているという記事を読んだことがあります。しかし個人的には、田舎での生活よりも、都会での生活のメリットのほうが依然として大きいと思います。

スピーチ表現のポイント

1 I've read

▸「…したことがある」という意味の「経験」を表す現在完了形です。

2 population in

▸ increase[decrease] in population「人口の増加［減少］」という表現もあわせて覚えておきましょう。populateは動詞で「人が住んでいる；人がそこにいる」という意味があります。

3 has been decreasing

▸現在も続いていることなので、現在完了進行形にします。「継続」を強調するために現在完了進行形になっています。「徐々に減っていっている」という意味です。

4 Personally

▸ personally speakingとも表現できます。

例 › **Personally speaking**, I am not a fan of this color.

（個人的にはこの色はあまり好きではないわ）

5 outweigh ...

▸「…よりまさる；より重い」という意味。重さが重いだけでなく、重要度や価値が、より上回るときに使う動詞です。ふたつを天秤に掛けているイメージを持ちましょう。

例 > The advantages of the plan **outweigh** its disadvantages.
（このプランの利益は不利益を上回ります）

STEP 4 **回答例のスクリプトから、巻頭の「ルールハンティング・リスト」を使って、「ルールハンティング」しましょう。注意すべき発音をあらかじめ押さえます。**

I've 1 rea**d** 2 tha**t** the 3 4 5 p**o**pula**tion i**n 6 T**o**ky**o** 7 **h**as 8 **been** decreasing 9 **s**ince the 10 p**a**ndemic. Personally though, the 11 12 benefit**s of** 13 ci**t**y life 14 sti**ll o**utweigh 15 rura**l** living 16 **for** me.

ルール一覧

1	rea**d**	**dの脱落（poor T）**→リストM-03	9	**s**ince	CC-Lemon→リストS-02
2	tha**t**	**tの脱落（poor T）**→リストM-03	10	p**a**ndemic	えの口であ→リストS-17
3	p**o**pulation	short O→リストS-10	11	benefit**s**	複数形・三単現・isの短縮のs→リストS-27
4	popula**tion**	シュン→リストS-21	12	benefit**s o**f	**連結**→リストM-09
5	populatio**n i**n	**連結**→リストM-09	13	ci**t**y	**弱くなる音**→リストM-08
6	T**o**ky**o**	Long O→リストS-09	14	sti**ll o**utweigh	**連結**→リストM-09
7	**h**as	hの脱落→リストS-07	15	rura**l**	Dark L→リストS-03
8	**been**	beenはベン→リストS-33	16	**for**	forはフォ→リストS-05

STEP 5　STEP 4のルールと意味の句切れ目とイントネーション、内容語・機能語などを意識してスクリプトを読み上げてみましょう。音声は、アメリカ人男性ナレーター→アメリカ人女性ナレーター→日本人著者の順に3回読み上げられます。 DL-043

I've read that ↑
the population ↑ in Tokyo ↓
has been decreasing ↑ since the pandemic. ↓
Personally though, ↓
the benefits of ↑ city life ↑
still outweigh ↑ rural living ↑ for me. ↓

※白色ハイライトは内容語

複合名詞・形容詞などひとかたまりで発音する単語

▶ city life／rural living

注意すべきアクセントの位置

▶ **population** (popuLAtion) [paa·pyuh·**lay**·shn] ｜第3音節にアクセント。アクセントのあるlaは「レィ」。語末の-tionは「シュン」。

▶ **pandemic** (panDEmic) [pan·**deh**·muhk] ｜第2音節にアクセント。アクセントのあるde部分は少し伸ばし気味に発音します。

▶ **outweigh** (outWEIGH) [owt·**way**] ｜第2音節にアクセント。weigh部分は「ウェイ」。

▶ **rural** (RUral) [**rur**·uhl] ｜第1音節にアクセント。rの音が2度続くので少し難しいですが、口をすぼめて、舌をどこにも触れないようにしてruとralを発音します。

STEP 6　STEP 5までの発音やリズム（句切れ目）に慣れてきたら、音声をもう一度聞きながらシャドーイングしてみましょう。

Column

東京都の年間の転出入数は、1997 年以降ずっと、地方からの人口流入（転入）が都内からの転出を上回り、転入超過が継続されていました。しかしながら、東京への人口の一極集中傾向は、コロナ禍の1年で一転、流出へと転じてしまいました。また、東京都によると、都内の企業のテレワーク実施率は、従業員30 人以上の企業で、2020 年3月の24%から、2021 年5月には64.8%へと激増しました。テレワークをしている家族にとっては居住地の選択の自由が大幅に広がり、これも東京からの人口流出の一因となったと見られます。

Unit

44 True Leadership

STEP 1～STEP 6の順に進みながら、スピーキングに必要な英作文する思考を養い、発音力とスピーキング力を鍛えましょう！

STEP 1 テーマの説明を読んで、理解を深めましょう。

In countries such as Iceland, Taiwan, Germany, New Zealand, Finland and Denmark, women are stepping up to show the world how to manage. Women in these countries are setting examples for true leadership in a crisis.

アイスランド、台湾、ドイツ、ニュージーランド、フィンランド、デンマークなどの国々では、女性が立ち上がり、うまく対処する方法を世界に示しています。この国々の女性たちは、危機における真のリーダーシップの見本となっています。

STEP 2 テーマに関する、簡単なスピーチ（自分の意見）を述べてみましょう。次の日本語を英語にするとどのようなスピーチになるか考えてみましょう。

回答例の日本語訳

世界中でさらに多くの女性リーダーが行動しているのはとても心強いです。彼女たちは、女性も男性と同じように国を率いるのに十分な能力があることを示す良い見本だと思います。

英作文のヒント

› 意見を述べるときの視点・考え方のヒント

▸リーダーは男性であるべきという発言をする人も、昨今、少なくなってきているのではないでしょうか。女性で活躍する人が現れれば現れるほど、「女性だから能力が低い」といった偏ったイメージはなくなっていくことでしょう。さらに、男性と女性というふたつの性別に限らず、ジェンダーの問題は多様化しているので、それに応じて様々なリーダーシップがあっても良いという意見も良いです。

▸性別の話は関係なく、自分が出会ったことのあるリーダーや理想像、もしくは、なりたくないリーダーの話をするのもありです。自分の中で浮かぶリーダー像の話をしてみても良いでしょう。

› 単語・表現のヒント

encouraging「心強い」／take action「行動する」／all over the world「世界中で」／living proof「生きた証；良い見本」／qualified「能力がある」

STEP 3 回答例を確認しましょう。STEP 2の日本語から英語にするときに、どのような点を注意したら、より英語らしい表現になるか、解説を読んで確認してみましょう。

[1]It's encouraging to [2]see more female leaders [3]take action all over the world. I think they are [4]living proof that women [5]are just as qualified as men to lead nations.

世界中でさらに多くの女性リーダーが行動しているのはとても心強いです。彼女たちは、女性も男性と同じように国を率いるのに十分な能力があることを示す良い見本だと思います。

スピーチ表現のポイント

1 | It's encouraging to

例 › **It's encouraging to** hear President Obama address this issue in his speech.
（彼のスピーチでこの問題についてオバマ大統領が述べてくれたのを聞いて心強いです）

▶「どう思っているか」という問いに対する回答でよく使う表現のひとつ。「良いことだと思います」と述べるときのバリエーション表現のひとつとして覚えておきましょう。

2 | see more female leaders take action

▶ see O V「OがVするのを見る」という知覚動詞の形を使えると良いですね。ここではOがmore female leadersで、Vがtake actionです。see O V-ing「OがVしているのを見る」と現在分詞形を使うこともありますが、これは「Vしている（一部を）見る」と継続を表すのに対し、前者は「Vしているのを（終始）見る」と状況を表します。

3 | take action

▶具体的なアクションがわかっているときはanを入れてtake an actionとしますが、「動く；行動する」という抽象的な意味のときはtake actionを使います。

例 › We need to **take action** now.（すぐに動きましょう）

4 | living proof

▶「良い見本」という意味です。

例 › I am **living proof** of that fact.（私はその事実の良い見本です）

→その事実が本当だということは私を見ればわかるでしょう、という意味。

例 › I am **living proof** that bilinguals exist.
（バイリンガルが存在するというのは、私がその証拠（生きている証拠でしょう））

5 | are just as qualified as

▶ qualified「資格要件を満たした」。justはここでは「まさに；まったく」という強調の意味で使われています。

例 > You **are qualified to** take the test.（この試験を受ける資格があります）

STEP 4 回答例のスクリプトから、巻頭の「ルールハンティング・リスト」を使って、「ルールハンティング」しましょう。注意すべき発音をあらかじめ押さえます。

1It'**s e**ncouraging 2**to** 3**see** more female 4 5**l**eader**s** 6ta**ke a**ction 7acti**on** 8a**ll o**ver the 9w**or**ld. I 10**th**ink they are 11**l**iving proof 12tha**t** 13wome**n a**re jus**t as** 14qualifie**d a**s men to 15lea**d** 16nation**s**.

ルール一覧

1	It's encouraging	連結→リストM-09	9	world	リーダーのer→リストS-28
2	to	（前置詞）toはル→リストS-25	10	think	Voiceless th→リストS-13
3	see	CC-Lemon→リストS-02	11	living	Light L→リストS-08
4	leaders	Light L→リストS-08	12	that	tの脱落（poor T）→リストM-03
5	leaders	複数形・三単現・isの短縮のs→リストS-27	13	women are just as	連結→リストM-09
6	take action	連結→リストM-09	14	qualified as	連結→リストM-09
7	action	シュン→リストS-21	15	lead	dの脱落（poor T）→リストM-03
8	all over	連結→リストM-09	16	nations	複数形・三単現・isの短縮のs→リストS-27

STEP 5　STEP 4のルールと意味の句切れ目とイントネーション、内容語・機能語などを意識してスクリプトを読み上げてみましょう。音声は、アメリカ人男性ナレーター→アメリカ人女性ナレーター→日本人著者の順に3回読み上げられます。 DL-044

It's encouraging ↑ to see ↑ more female leaders ↑
take action ↑ all over the world. ↓
I think ↑ they are ↑ living proof ↑
that women ↑ are just as qualified as men ↑
to lead nations. ↓

※白色ハイライトは内容語

複合名詞・形容詞などひとかたまりで発音する単語

▶ female leaders／living proof

注意すべきアクセントの位置

▶ **qualified** (QUAlified) [**kwaa**·luh·fide] | 第1音節にアクセント。アクセントのあるqua部分は「クワァ」と読みます。過去分詞形の-ed部分は-dと発音します。
▶ **nations** (NAtions) [**nay**·shnz] | 第1音節にアクセント。第2音節は「シュンズ」。

STEP 6　STEP 5までの発音やリズム（句切れ目）に慣れてきたら、音声をもう一度聞きながらシャドーイングしてみましょう。

Column

コロナ対策は世界のリーダーたち、特に女性のリーダーがリーダーシップを発揮する良い機会になったとも言えます。例えば、ニュージーランドの首相、ジャシンダ・アーダーン氏が指揮した新型コロナウイルス対策は、世界で最も成功した例と言われています。その成果の結果、彼女が率いる労働党は、2020 年10月の選挙で圧勝を収めることができたのです。その後、彼女は、自国の歴史の中で、最も多様性に富んだ新内閣を組閣し、世界の注目を集めました。全閣僚20名のうち、女性が8名、マオリ族が5名、太平洋島嶼諸国の住民（パシフィカ）が3名、さらに、LGBTQ+が3名含まれていました。

Unit

45 Jane Goodall

STEP 1～STEP 6の順に進みながら、スピーキングに必要な英作文する思考を養い、発音力とスピーキング力を鍛えましょう！

STEP 1 テーマの説明を読んで、理解を深めましょう。

Primatologist Jane Goodall believes the coronavirus pandemic was caused by humanity's greed. As we destroy natural habitats, animals are forced into proximity with humans. Diseases are passed from one animal to another and then to humans.

霊長類学者ジェーン・グドール氏は、コロナウイルスの大流行は人類の貪欲によって引き起こされたと考えています。私たちが自然の生息地を破壊すると、動物たちは人間と接近せざるを得なくなります。病気は動物から動物へ、そして人間へと伝染していくのです。

＊primatologist「霊長類学者」／proximity「近接」

STEP 2 テーマに関する、簡単なスピーチ（自分の意見）を述べてみましょう。次の日本語を英語にするとどのようなスピーチになるか考えてみましょう。

回答例の日本語訳

コロナウイルスの発生源について特定の国に責任を問うことで、人々は納得し安心するかもしれませんが、私はジェーン・グドール氏の見解に同意します。この病気をもたらしたのは、私たちの貪欲なライフスタイルなのです。

英作文のヒント

› 意見を述べるときの視点・考え方のヒント

▸新型コロナウイルスの発祥は中国ではないかということで調査団が入りました。犯人捜しをしたいけれども、犯人捜しをすれば良いという訳ではないという考えもできます。一方で、誰かに責任を取ってもらいたいから犯人を捜したい…という意見があっても良いです。

▸（コロナウイルスの原因が動物だという説があるので、）動物から人間に感染してしまうというのは、もとをたどると人間の自然破壊のせいだというのがグドール氏の立場です。具体例を加えて人間と動物の接近を余儀なくされている一例を紹介することもできるでしょう。

› 単語・表現のヒント

While ...「…ですが」／**reassuring**「(人を)安心させるような」／**blame for ...**「…の責任を問う」／**greedy**「欲張りの；貪欲な；強欲な；がめつい；ガツガツした」／**disease**「病気」

STEP 3 回答例を確認しましょう。STEP 2の日本語から英語にするときに、どのような点を注意したら、より英語らしい表現になるか、解説を読んで確認してみましょう。

While 1**it is reassuring to** find a specific country to 2**blame for** the origins of COVID-19, I 3**agree with** Jane Goodall's perspective. 4**It is our** 5**greedy lifestyle that** 6**brought about** this disease.

コロナウイルスの発生源について特定の国に責任を問うことで、人々は納得し安心するかもしれませんが、私はジェーン・グドール氏の見解に同意します。この病気をもたらしたのは、私たちの貪欲なライフスタイルなのです。

スピーチ表現のポイント

1 it is reassuring to

▶ 主語によってreassuringとするかreassuredとするか選びましょう。

例 › **It's reassuring to** know that the Olympics isn't going to be canceled.
(オリンピックがキャンセルされないと知り、安心しました)

2 blame for ...

▶ 「…の責任を問う；…のことでとがめる；…のせいである」という意味のイディオムです。類語にscoldがありますが、これは子どもを叱るときに使うことが多いです。

例 › He is to **blame for** the accident. (彼がその事故の責任を取るべき人です)

3 agree with ...

▶ agree with ...「(人・人の意見など) に同意する」、agree to ...「(相手の提示する条件など) に同意する」でtoの後に人はきません。前置詞の使い分けに注意しましょう。

例 › I **agree with** this idea. (このアイデアに同意します)
I **agree to** the terms. (条件に賛成します)

4 It is our greedy lifestyle that ...

▶ It is ～ that ...という強調構文。

5 greedy

▶「貪欲な；ケチな；がめつい」という意味のスラング。類語にstingyがありますが、「お金にケチな人」という意味なので、ここではstingyで置き換えることはできません。

6 brought about

▶比較的フォーマルな場面で使う句動詞で「もたらす；引き起こす」という意味。

例 > Nuclear weapons may **bring about** the end of mankind.
（核兵器は人類の終わりをもたらすかもしれない）

STEP 4 回答例のスクリプトから、巻頭の「ルールハンティング・リスト」を使って、「ルールハンティング」しましょう。注意すべき発音をあらかじめ押さえます。

While 1i**t** is reassuring to 2fin**d a** 3specifi**c c**ountry to blame for the 4origin**s o**f COVID-19, 5**I a**gree with Jane 6Goodall**'s** perspective. 7I**t** 8i**s o**ur 9**gr**eedy 10**l**ifestyle 11tha**t** 12brough**t** about 13**th**is 14di**sea**se.

ルール一覧

1	it	弱くなる音→リストM-08	8	is our	連結→リストM-09
2	find a	連結→リストM-09	9	greedy	子音クラスター→リストS-20
3	specific country	同化→リストM-07	10	lifestyle	Light L→リストS-08
4	origins of	連結→リストM-09	11	that	tの脱落（poor T）→リストM-03
5	I agree	y-insertion→リストM-05	12	brought about	弱くなる音→リストM-08
6	Goodall's	所有格のs→リストS-22	13	this	Voiced th→リストS-12
7	It is	弱くなる音→リストM-08	14	disease	zzziploc→リストS-31

STEP 5　STEP 4のルールと意味の句切れ目とイントネーション、内容語・機能語などを意識してスクリプトを読み上げてみましょう。音声は、アメリカ人男性ナレーター→アメリカ人女性ナレーター→日本人著者の順に3回読み上げられます。 DL-045

While it is reassuring ↑ to find ↑ a specific country ↑
to blame ↑ for the origins ↑ of COVID-19, ↓
I agree with ↑ Jane Goodall's perspective. ↓
It is our greedy lifestyle ↑
that brought about ↑ this disease. ↓

※白色ハイライトは内容語

複合名詞・形容詞などひとかたまりで発音する単語

▶ COVID-19

注意すべきアクセントの位置

▶ **origins** (Origins) [**aw**·ruh·jnz] | 第1音節にアクセント。語頭のoは「オゥ」と少し伸ばし気味に発音します。

▶ **agree** (aGREE) [uh·**gree**] | 第2音節にアクセント。語頭のaは曖昧母音です。

▶ **perspective** (perSPECtive) [pr·**spek**·tuhv] | 第2音節にアクセント。

▶ **greedy** (GREEdy) [**gree**·dee] | 第1音節にアクセント。「グリーディー」と伸ばします。

STEP 6　STEP 5までの発音やリズム（句切れ目）に慣れてきたら、音声をもう一度聞きながらシャドーイングしてみましょう。

Column

ジェーン・グドール氏はイギリス・ロンドン生まれのチンパンジー研究の先駆者。動物行動学者、霊長類学者、人類学者であり国連平和大使。子どものころから大の動物好きで、将来はアフリカで動物に関わる仕事がしたいと話していたといいます。20代後半に著名な人類学者ルイス・リーキーに素質を見い出されたのが彼女の人生の転機でした。

その後、ルイス・リーキーがケンブリッジ大学の動物行動学の博士課程に推挙し、学士号すらもっていなかったグドール氏はいくつもの学界の通説との衝突を経て1966年博士号を取得しました。そしてナショナル・ジオグラフィック協会から研究支援を受けるようになり、『ナショナルジオグラフィック』誌に記事を掲載したり、ドキュメンタリー番組に出演するなどして世界的に著名になっていきました。1971年に出版した『森の隣人—チンパンジーと私』はベストセラーになりました。

Unit

46 Zoom

STEP 1～STEP 6の順に進みながら、スピーキングに必要な英作文する思考を養い、発音力とスピーキング力を鍛えましょう!

STEP 1 テーマの説明を読んで、理解を深めましょう。

Zoom was founded ten years ago by Eric Yuan. He refined a concept that he first dreamed up during 10-hour train trips to see his then-girlfriend, now his wife, when he was a college student in China in the 1990s.

Zoomは10年前、エリック・ヤンによって設立されました。1990年代、中国の大学生だった彼は、当時つき合っていた彼女（現在の妻）に会うために10時間かけて列車で移動していた際に初めて思いついた発想を磨き上げたのです。

＊dream up「思いつく」

STEP 2 テーマに関する、簡単なスピーチ（自分の意見）を述べてみましょう。次の日本語を英語にするとどのようなスピーチになるか考えてみましょう。

回答例の日本語訳

もうZoomのない生活は考えられません。今や私の英会話レッスンやビジネスミーティングは、全てZoomで行われています。移動時間を削減できるので、効率的なツールだと思います。

英作文のヒント

› 意見を述べるときの視点・考え方のヒント

▶遠距離恋愛の発想から来ている、という説明から遠距離恋愛ネタを話しても良いです。

▶白人以外がCEOランキングで1位になったのは初めてのことなので（Columnを参照）、「アジア人の活躍を誇りに思う」という方向に話を持っていっても良いです。

▶Zoom（オンラインミーティング）が良いか悪いかについては立場を明確にせず、濁す日本人が多い気がします。ビジネスでトラブルが起きないように、意見を主張しすぎないようにするという日本人は多いです。しかし、考えが合わなければ、それはそれで関係が解消するきっかけができるだけという考え方もできます。はっきりと意見を述べることで立場が明確になり関係が解消することも、ひとつの解決法だと考えると良いでしょう。衝突を恐れないようにしましょう。

› 単語・表現のヒント

not ... anymore「もう…ない」／imagine「考える；想像する」／without ...「…のない」／carry out「行う」／via ...「…を通じて；…で」／eliminate「削減する」／efficient「効率的な」

STEP 3 **回答例を確認しましょう。**STEP 2**の日本語から英語にするときに、どのような点を注意したら、より英語らしい表現になるか、解説を読んで確認してみましょう。**

1**I cannot imagine** life **without** Zoom 2**anymore**. All of my English lessons and business meetings are 3**carried out** via Zoom now. 4**Since** it can 5**eliminate** travel time, I think it's an efficient tool.

もうZoomのない生活は考えられません。今や私の英会話レッスンやビジネスミーティングは、全てZoomで行われています。移動時間を削減できるので、効率的なツールだと思います。

スピーチ表現のポイント

1 | I cannot imagine ... without ~

▸ I cannot believe [think] ... without ～「～なしでは…を考えられない」という言い方もできます。

例 › I **cannot imagine** life **without** you.（あなたなしの生活は考えられない）

例文のようにwithoutとセットで使うことが多いです。

2 | anymore

▸ any moreとanymoreの使い分けに注意しましょう。否定文で副詞「もはや・・・ない」として使う際に、アメリカでは anymore と1語で使うこともあります。つまり、anymore はアメリカ英語、イギリスでは使いません。some time「しばらくの間；少しの間」とsometime「いつか」や、every day「毎日」とeveryday「日常の；普通の」のように1語と2語で意味が変わるものに注意したいですね。

3 | carried out

▸ carry out「行う；実行する」という意味の句動詞。イベント・打ち合わせなどを行うときや、実行するときに使います。

例 › The plan will be **carried out** this evening.（その計画が今夜行われます）

4 | Since ...

▸「…なので」という説明や理由を表す場合は、その後の文章は現在形、過去形、未来形…どのような時制でもOKです。「以来」という意味で使われている場合は、ある時点から現在までの継続を表すので、現在完了形や過去完了形がきます。文脈で意味の使い分けができると思いますが、文の形でもどちらの意味なのか理解できると良いですね。

5 | eliminate

▶「(人や物事を) 除外する、取り除く」という意味が本来の意味。「時間を省く」という意味では、似た表現にsave time「時間を節約する」がありますが、ここでは「移動時間を完全に消す」という意味なのでeliminateを使っています。似た語にdeleteもありますが、deleteはデータやファイル、文字などを消して取り除くニュアンスがあります。

STEP 4 回答例のスクリプトから、巻頭の「ルールハンティング・リスト」を使って、「ルールハンティング」しましょう。注意すべき発音をあらかじめ押さえます。

I 1canno**t** imagine 2**l**ife 3withou**t** Zoom anymore. All of my English 4 5**l**esson**s** and 6bu**si**ness 7 8mee**t**ing**s a**re 9carrie**d o**ut via Zoom now. 10 11Sin**ce it** 12ca**n e**liminate 13 14**tr**ave**l** time, I 15 16**th**in**k it's an** 17**e**fficien**t t**ool.

ルール一覧

1	cannot imagine	弱くなる音→リストM-08	10	Since it	連結→リストM-09
2	life	Light L→リストS-08	11	it	tの脱落(poor T)→リストM-03
3	without	tの脱落(poor T)→リストM-03	12	can eliminate	連結→リストM-09
4	lessons	Light L→リストS-08	13	travel	子音クラスター→リストS-20
5	lessons	複数形・三単現・isの短縮のs→リストS-27	14	travel	Dark L→リストS-03
6	business	zzziploc→リストS-31	15	think	Voiceless th→リストS-13
7	meetings	弱くなる音→リストM-08	16	think it's an efficient	連結→リストM-09
8	meetings are	連結→リストM-09	17	efficient tool	同化→リストM-07
9	carried out	連結→リストM-09			

STEP 5　STEP 4のルールと意味の句切れ目とイントネーション、内容語・機能語などを意識してスクリプトを読み上げてみましょう。音声は、アメリカ人男性ナレーター→アメリカ人女性ナレーター→日本人著者の順に3回読み上げられます。 DL-046

I cannot imagine ↑
life without Zoom ↑ anymore. ↓
All of my ↑ English lessons ↑ and business meetings ↑
are carried out ↑ via Zoom now. ↓
Since it can eliminate ↑ travel time, ↓
I think ↑ it's an efficient tool. ↓

※白色ハイライトは内容語

複合名詞・形容詞などひとかたまりで発音する単語

▸ English lessons／business meetings／travel time／efficient tool

注意すべきアクセントの位置

▸ **anymore** (anyMORE) [eh·nee·**mor**]｜第3音節にアクセント。
▸ **eliminate** (eLIminate) [ee·**li**·muh·nayt]｜第2音節にアクセント。語頭のeは「イ」の音に近い音で発音します。
▸ **efficient** (eFFIcient) [uh·**fi**·shnt]｜第2音節にアクセント。

STEP 6　STEP 5までの発音やリズム（句切れ目）に慣れてきたら、音声をもう一度聞きながらシャドーイングしてみましょう。

Column

Zoom創業者の袁征（Eric S.Yuan）氏は、「2018年CEOランキング」（米国の求人サイトGlassdoorによる）でトップの座を獲得しました。従業員支持率が99%に達したことでこの称号を得たのです。これによって、初の白人以外のCEOのトップランカーが生まれました。袁氏はツイッター上で「今回の受賞は、私個人のものでなく、Zoomの企業文化（人類の幸福、思いやりなどの価値観を大事にする文化）が評価されたものです」とつぶやきました。袁征氏すばらしい技術者であり、かつ、敏腕な指導者でもあります。この両方の資質が、Zoomの設立と大成功に、非常に大きく貢献したと言えるでしょう。

Unit

47 Sugar

STEP 1～STEP 6の順に進みながら、スピーキングに必要な英作文する思考を養い、発音力とスピーキング力を鍛えましょう!

STEP 1 テーマの説明を読んで、理解を深めましょう。

Singapore has become the first country in the world to ban advertisements for unhealthy drinks with high sugar content. Soft drinks, juices, yogurt drinks and instant coffee will all be affected by the new regulation.

シンガポールは、糖分を多く含む、体に有害な飲み物の広告を禁止する世界初の国となりました。ソフトドリンクやジュース、ヨーグルトドリンク、インスタントコーヒーなどがこの新規制に影響を受けることになります。

STEP 2 テーマに関する、簡単なスピーチ(自分の意見)を述べてみましょう。次の日本語を英語にするとどのようなスピーチになるか考えてみましょう。

回答例の日本語訳

私は、お酒も飲まないし、タバコも吸いません。常に自分は健康には気を遣ってきたと思います。しかし、砂糖の摂取量に関しては目も当てられません。

英作文のヒント

> 意見を述べるときの視点・考え方のヒント

▸健康と人生の楽しみを天秤に掛けてどう思うか、について意見を述べると良いです。ここでは、健康には人一倍気を遣っているけれども、砂糖の摂取はやめることはできない、という立場の意見文です。

▸砂糖の取りすぎは、精神的に不安になりやすいという説もあります。そういった知識を持ち合わせていると、この広告に賛成する理由づけができて、さらに説得力が増しますね。

▸シンガポールは18～69歳の国民のうち、11%が糖尿病を抱えており、先進国の中では米国に次ぐ最高水準。生活習慣の変化によって不健康な食生活が広がっているとして、「糖尿病との戦い」を宣言。増加の一因には、甘い飲み物の消費があるとみて、抑制策を検討していました。

› 単語・表現のヒント

alcohol「酒」／smoke「タバコを吸う」／health-conscious「健康に気を遣っている」／when it comes to ...「…と言えば」／intake「摂取」

STEP 3 回答例を確認しましょう。STEP 2の日本語から英語にするときに、どのような点を注意したら、より英語らしい表現になるか、解説を読んで確認してみましょう。

1I don't drink alcohol and I don't smoke. 2I've always considered myself 3health-conscious. However, 4I'm very bad 5when it comes to my sugar intake.

私は、お酒も飲まないし、タバコも吸いません。常に自分は健康には気を遣ってきたと思います。しかし、砂糖の摂取量に関しては目も当てられません。

スピーチ表現のポイント

1 I don't drink alcohol and I don't smoke.

▶ andで並列する文の長さやリズムをそろえています。I don't drink and I don't smoke. でもいいですが、ここでは甘い飲み物の話が出ているのでお酒と甘い飲み物を明確に区別するためにalcoholを入れています。

2 I've always ...

▶ 現在完了形+alwaysで「ずっと…だった」。

例 › **I've always** been good at playing the piano.（ピアノはずっと上手でした）

I've always excelled at math.（数学はずっと得意でした）

alwaysがあると「小さいときからずっと」というニュアンスが強まります。意見文も長いスパンで、小さいときからずっと気を遣っているニュアンスになります。

3 health-conscious

▶ self-conscious「人目を気にしすぎている」という語から派生した、health-conscious「健康意識の高い；健康志向の」という形容詞です。

4 I'm very bad

▶ 直訳だと「私はとても悪い」ですが、文脈によって色々意味が変わる英文です。「自分は本当にできていないんです」というときにI'm very bad. と使います。「だめです」ではなく「できていないんです」という意味。私はそこに関しては行いが良くありません＝「不良です；そういう欠陥があります」と考えるとわかりやすいでしょう。

5 | when it comes to my sugar intake

▶ when it comes toのあとは名詞（動名詞）がきます。ここではsugar intake「糖分摂取」という名詞句がきています。文の前半でI'm very badというくだけた表現を使っているので、後半でintakeという高度な単語を使うことで文全体の難易度のバランスを取っています。

STEP 4 回答例のスクリプトから、巻頭の「ルールハンティング・リスト」を使って、「ルールハンティング」しましょう。注意すべき発音をあらかじめ押さえます。

I 1 2d**o**n'**t** drink 3alcoho**l** and I 4 5d**o**n'**t** 6sm**o**ke. 7I'**ve** 8**al**ways 9consider**ed** myself 10heal**th**-conscious. However, I'm very 11b**a**d 12whe**n** 13**it** 14come**s** to my 15 16sug**ar** **i**ntake.

ルール一覧

1	d**o**n't	Long O→リストS-09	9	consider**ed**	過去分詞形-d→リストS-19
2	don'**t**	**tの脱落（poor T）**→リストM-03	10	heal**th**-conscious	Voiceless th→リストS-13
3	alcoho**l**	Dark L→リストS-03	11	b**a**d	えの口であ→リストS-17
4	d**o**n't	Long O→リストS-09	12	whe**n** **i**t	**連結**→リストM-09
5	don'**t**	**tの脱落（poor T）**→リストM-03	13	i**t**	**tの脱落（poor T）**→リストM-03
6	sm**o**ke	Long O→リストS-09	14	come**s**	複数形・三単現・isの短縮のs→リストS-27
7	I'**ve** **a**lways	**連結**→リストM-09	15	sug**ar**	リーダーのer→リストS-28
8	**al**ways	おの口であ→リストS-18	16	sug**ar** **i**ntake	**連結**→リストM-09

STEP 5 STEP 4のルールと意味の句切れ目とイントネーション、内容語・機能語などを意識してスクリプトを読み上げてみましょう。音声は、アメリカ人男性ナレーター→アメリカ人女性ナレーター→日本人著者の順に3回読み上げられます。 DL-047

I don't drink alcohol ↑ and I don't smoke. ↓
I've always ↑ considered myself ↑ health-conscious. ↓
However, ↓ I'm very bad ↑
when it comes to ↑ my sugar intake. ↓

※白色ハイライトは内容語

複合名詞・形容詞などひとかたまりで発音する単語

▶ health-conscious／sugar intake

注意すべきアクセントの位置

▶ **intake** (INtake) [**in**·tayk] | 第1音節にアクセント。

STEP 6 STEP 5までの発音やリズム（句切れ目）に慣れてきたら、音声をもう一度聞きながらシャドーイングしてみましょう。

Column

甘いスイーツに目がない人は多いはずです。しかし、精製された砂糖の摂りすぎは、体に悪影響を及ぼすこともあります。体重増加や虫歯の原因になるだけでなく、最新の研究によって、砂糖の多量摂取には、うつや不安などの精神衛生上の問題を引き起こすリスクとの関連が認められています。

特に砂糖との関連がはっきりしているのが不安です。砂糖の摂取が不安の直接原因という訳ではありませんが、血糖値がアップダウンするローラーコースター状態が続くと、アドレナリンとインシュリンが分泌され、すでに不安を抱いている人の状態を悪化させる可能性はあります。

Unit

48 Sharing Economy

STEP 1～STEP 6の順に進みながら、スピーキングに必要な英作文する思考を養い、発音力とスピーキング力を鍛えましょう！

STEP 1 テーマの説明を読んで、理解を深めましょう。

Silicon Valley is betting $750 million that young people are not interested in owning things. Startups are bringing the sharing economy to sailboats, swimming pools, and luxury watches.

シリコンバレーは、若い人々がモノを所有することに興味がないことに7億5千万ドルを賭けています。スタートアップ企業は、ヨット、プール、高級時計にシェアリングエコノミーを導入しつつあります。

STEP 2 テーマに関する、簡単なスピーチ（自分の意見）を述べてみましょう。次の日本語を英語にするとどのようなスピーチになるか考えてみましょう。

回答例の日本語訳

私の友人は、カーシェアの会社を立ち上げて成功しています。ミレニアル世代に限って言えば、物を買うことは、それがメンテナンスを必要とするものであればなおさら面倒だと感じています。私もどちらかと言えば、レンタカーで気軽に動き回るほうがいいかもしれません。

英作文のヒント

> 意見を述べるときの視点・考え方のヒント

▶メンテナンスや車検、駐車場などで非常にお金や手間がかかる車の維持を考えると、そういったことをしないで済むレンタカーやカーシェアリングは気軽でいいと思うミレニアル世代は多いだろう、という意見でした。

▶ヨットやプールなどの超高級なぜいたく品だけでなく、ブランドバックや洋服などの身近な品物のシェアリングサービスもありますね。ヨットやプールなどのシェアリングエコノミーは近寄り難いけれど、洋服やブランドバックなどのサービスだったらもう少し手軽に始められるので良い、という意見でも良いでしょう。

> 単語・表現のヒント

be successful in ...「…で成功する」／start up「開業する」／car-share company「カーシェア企業」／Speaking for ...「…に限って言えば」／stuff「もの」／burden「負担；面倒」／maintenance「メンテナンス」／on the go「動き回って」

STEP 3 回答例を確認しましょう。STEP 2の日本語から英語にするときに、どのような点を注意したら、より英語らしい表現になるか、解説を読んで確認してみましょう。

A friend of mine [1]has been successful in starting up a car-share company. [2]Speaking for the millennial generation, buying [3]stuff feels like a burden, especially if it is something that requires maintenance. [4]I'd rather be able to rent a car and be [5]on the go.

私の友人は、カーシェアの会社を立ち上げて成功しています。ミレニアル世代に限って言えば、物を買うことは、それがメンテナンスを必要とするものであればなおさら面倒だと感じています。私もどちらかと言えば、レンタカーで気軽に動き回るほうがいいかもしれません。

スピーチ表現のポイント

1 | has been successful in ...

▸ be successful in ...「…で成功する」という意味のイディオムです。

例 > He **was successful in** his previous job, so I'm sure he will be great here.
（彼は前職で成功したので、ここでも成功すると確信している）

2 | Speaking for

▸ Speaking on behalf of ...「…を代表して言うと」と言い換えられます。直訳は、「(人) を代表する；代弁する」。speaking of ...「…と言えば」とは意味が異なるので注意。

3 | stuff

▸ ここではbuying thingsでもOKです。thingとstuffの違いは、stuffは数えられない名詞に使い、カジュアルな語であることです。

4 | I'd rather ...

▸ I'd rather ...=I would rather ...の短縮形です。「私はむしろ…したい；…するほうが良い」という意味でよく使う表現のひとつです。

例 > **I'd rather** not talk about it now.（それについて今話したくないの）
→「どちらかと言うと」というニュアンスが含まれます。

5 | on the go

▶「あちこち動き回って；働き詰めで」「移動中；活動中」という意味で、on the run とも言い換えられます。

例 > He is always **on the go**.（彼は忙しい人だ［いつも動き回っている］）

STEP 4 回答例のスクリプトから、巻頭の「ルールハンティング・リスト」を使って、「ルールハンティング」しましょう。注意すべき発音をあらかじめ押さえます。

A 1frien**d o**f mine 2**h**as been 3successfu**l i**n 4 5star**t**in**g up a** 6**car**-share company. Speaking for the 7millennia**l** 8genera**tion**, buying stuff 9feel**s** 10li**ke a** 11b**ur**den, especially 12i**f** 13**it** is 14some**th**ing 15tha**t** 16require**s** maintenance. I'd 17 18**r**a**th**er 19b**e a**ble 20**to** 21ren**t a** 22**car** and 23b**e o**n the go.

ルール一覧

1	frien**d o**f	**連結→リストM-09**	13	**it** is	**弱くなる音→リストM-08**
2	**h**as	hの脱落→リストS-07	14	some**th**ing	Voiceless th→リストS-13
3	successfu**l i**n	**連結→リストM-09**	15	tha**t**	**tの脱落（poor T）→リストM-03**
4	star**t**ing	**弱くなる音→リストM-08**	16	require**s**	複数形・三単現・isの短縮のs→リストS-27
5	startin**g up a**	**連結→リストM-09**	17	**r**ather	本当のr→リストS-30
6	**car**-share	スタバのar→リストS-23	18	ra**th**er	Voiced th→リストS-12
7	millennia**l**	Dark L→リストS-03	19	b**e a**ble	**y-insertion→リストM-05**
8	genera**tion**	シュン→リストS-21	20	**to**	（前置詞）toはル→リストS-25
9	feel**s**	複数形・三単現・isの短縮のs→リストS-27	21	ren**t a**	**連結→リストM-09**
10	li**ke a**	**連結→リストM-09**	22	**car**	スタバのar→リストS-23
11	b**ur**den	リーダーのer→リストS-28	23	b**e o**n	**y-insertion→リストM-05**
12	i**f it**	**連結→リストM-09**			

STEP 5　STEP 4のルールと意味の句切れ目とイントネーション、内容語・機能語などを意識してスクリプトを読み上げてみましょう。音声は、アメリカ人男性ナレーター→アメリカ人女性ナレーター→日本人著者の順に3回読み上げられます。 DL-048

A friend of mine ↑
has been successful in ↑ starting up ↑ a car-share company. ↓
Speaking for ↑ the millennial generation, ↓
buying stuff ↑ feels like a burden, ↓
especially ↑ if it is something ↑ that requires maintenance. ↓
I'd rather ↑ be able ↑ to rent a car ↑
and be on the go. ↓

※白色ハイライトは内容語

複合名詞・形容詞などひとかたまりで発音する単語

▸ car-share

注意すべきアクセントの位置

▸ **millennial** (miLLEnnial) [muh·**leh**·nee·uhl] | 第2音節にアクセント。アクセントのあるleは少し伸ばし気味に発音します。語末のlはDark Lです。

▸ **generation** (generAtion) [jeh·nr·**ay**·shn] | 第3音節にアクセント。アクセントのあるraは「レイ」と発音します。

▸ **requires** (reQUIres) [ree·**kwai**·urz] | 第2音節にアクセント。アクセントのある-qui部分は「クワィ」と発音します。

▸ **maintenance** (MAINtenance) [**mayn**·tuh·nuhns] | 第1音節にアクセント。

STEP 6　STEP 5までの発音やリズム（句切れ目）に慣れてきたら、音声をもう一度聞きながらシャドーイングしてみましょう。

Column

インターネット上の各種プラットフォームを通して、個人の間でレンタルや売買などを行う新たな経済の仕組みを「共有型経済＝シェアリングエコノミー」と呼びます。物や空間あるいは移動手段など、シェアされるものは多岐にわたります。例えば、フリマアプリで中古品を売買すること、あるいは民泊による自宅のレンタル、自動車のシェアサービスなどがその例です。

Unit

49 Flight Shame

STEP 1～STEP 6の順に進みながら、スピーキングに必要な英作文する思考を養い、発音力とスピーキング力を鍛えましょう！

STEP 1 テーマの説明を読んで、理解を深めましょう。

The "flight shame" movement has lured travelers concerned about climate change back to trains. Sweden's rail authority has decided to run more overnight sleeper trains to serve passengers skipping airlines.

「フライト・シェイム（飛び恥）」運動は、気候変動を懸念する旅行者たちを鉄道に呼び戻しました。スウェーデンの鉄道局は、航空会社を利用しない乗客のために、夜行寝台列車を増便することを決定しました。

＊lure ... back「…を呼び戻す」

STEP 2 テーマに関する、簡単なスピーチ（自分の意見）を述べてみましょう。次の日本語を英語にするとどのようなスピーチになるか考えてみましょう。

回答例の日本語訳

一番の疑問は、飛行機に比べて電車のほうが本当に良い解決策なのかということです。より多くの電車を走らせるために必要な発電の負担も、同じように問題になるのではないかと疑問に思います。

英作文のヒント

› 意見を述べるときの視点・考え方のヒント

▸このテーマに関しては、知らないと意見を述べにくいので、知識を増やしましょう。もちろん、テーマの説明を読んだ上で考えて意見を言っても良いですが、考える時間があまりないときには事前知識があると意見を作るのがスムーズになります。

▸寝台列車であれば時間のロスも少なく、値段も安くなるだろうなどのメリットが考えられます。しかし、島国である日本などは、電車だと移動も限界がありそうです。メリット、デメリットの両方を考えた上で夜行寝台列車に対する立場を明確にできると良いですね。

▸日本はもともと飛行機よりも電車を好む文化なので、国内の事情としてはエコだと言える、という意見を述べても良いです。

› 単語・表現のヒント

My biggest question is ...「一番の疑問は…だ」／if ...「…なのかどうか」／better solution「より良い解決策」／compared to ...「…に比べて」／I wonder if ...「…かどうか疑問に思う」／burden「負担」／generate electricity「発電する」／operate「走らせる」

STEP 3 回答例を確認しましょう。STEP 2の日本語から英語にするときに、どのような点を注意したら、より英語らしい表現になるか、解説を読んで確認してみましょう。

1My biggest question is if trains are really the better solution 2when compared to flying. I wonder if 3the burden of 4generating the electricity needed to 5operate more trains will be just 6as much of a problem.

一番の疑問は、飛行機に比べて電車のほうが本当に良い解決策なのかということです。より多くの電車を走らせるために必要な発電の負担も、同じように問題になるのではないかと疑問に思います。

スピーチ表現のポイント

1 | My biggest question is

▶ミーティングで意見を聞かれて「この質問に答えてもらわないと進まない」と言うときに有効な表現。

例 › **My question** is whether or not this plan is beneficial to our company.
（私の質問はこの計画がわが社にとって有益かどうかということです）

2 | when compared to flying

▶ compared toはcompared withでも同じです。when compared to flyingはwhen (trains are) compared with flyingと言い換えることもできます。

3 | the burden of generating the electricity needed to operate more trains

▶ここではthe burden of generating the electricity needed to operate more trainsがif節の主語です。長いので文意を捉える際に、注意しましょう。

4 | generating

▶電気を生み出すときはgenerateを使います。発電機のことをgeneratorと言うので、ガスや蒸気などを生み出すときにはgenerateを使います。createは創造性のあるものに使い、makeは何でも使える、抽象的な語です。

5 | operate

▶ operate trains「電車を運転する」の他、operate a machine「機械を作動する」、operate a system「システムを操作する」、operate a business「ビジネスを運営する」のような組み合わせで使います。類語に、manipulateがありますが、これは「操る」という意味でネガティブなイメージがあります。

6 | as much of ...

▶ as much of ...で「同じ量の…；同程度の…」という意味。as much of a problem (as flying)の省略です。

STEP 4 回答例のスクリプトから、巻頭の「ルールハンティング・リスト」を使って、「ルールハンティング」しましょう。注意すべき発音をあらかじめ押さえます。

My 1biggest 2question is if 3trains are really the 4better 5solution when 6compared to flying. I 7wonder if the 8 9burden of generating the 10electricity 11needed 12to 13operate more 14trains will be 15just as 16much of a 17 18problem.

ルール一覧

1	biggest	tの脱落（poor T）→リストM-03	10	electricity	弱くなる音→リストM-08
2	question is if	連結→リストM-09	11	needed	過去分詞形-id→リストS-19
3	trains are	連結→リストM-09	12	to	（前置詞）toはル→リストS-25
4	better	弱くなる音→リストM-08	13	operate	tの脱落（poor T）→リストM-03
5	solution	シュン→リストS-21	14	trains	複数形・三単現・isの短縮のs→リストS-27
6	compared	過去分詞形-d→リストS-19	15	just as	連結→リストM-09
7	wonder if	連結→リストM-09	16	much of a	連結→リストM-09
8	burden	リーダーのer→リストS-28	17	problem	short O→リストS-10
9	burden of	連結→リストM-09	18	problem	子音クラスター→リストS-20

STEP 5　STEP 4のルールと意味の句切れ目とイントネーション、内容語・機能語などを意識してスクリプトを読み上げてみましょう。音声は、アメリカ人男性ナレーター→アメリカ人女性ナレーター→日本人著者の順に3回読み上げられます。 DL-049

My biggest question is ↑
if trains ↑ are really ↑ the better solution ↑
when compared to flying. ↓
I wonder if ↑
the burden ↑ of generating ↑
the electricity needed ↑ to operate ↑
more trains ↑ will be ↑ just as much ↑ of a problem. ↓

※白色ハイライトは内容語

複合名詞・形容詞などひとかたまりで発音する単語

▸ なし

注意すべきアクセントの位置

▸ **burden** (BURden) [**bur**·dn]｜第1音節にアクセント。語末の -den は子音クラスターなので母音を入れないように。

▸ **electricity** (elecTRIcity) [uh·lek·**tri**·suh·tee]｜第3音節にアクセント。語頭の e は「イ」に近い音で発音します。

▸ **operate** (Operate) [**aa**·pr·ayt]｜第1音節にアクセント。アクセントのある o は「オ」ではなく「ア」に近い音で。

STEP 6　STEP 5までの発音やリズム（句切れ目）に慣れてきたら、音声をもう一度聞きながらシャドーイングしてみましょう。

Column

スウェーデンで生まれたFlygskam（フリュグスカム）という言葉があります。これは英語ではFlight shameとなり、日本語では「飛行恥」のようになります。読んで字の如く、「飛行機で移動することを恥とする」という意味で使われています。飛行機は移動手段としては、燃費が悪く、二酸化炭素も非常に多く排出します。環境を守るために、そのような非効率的な乗り物を避けようとする運動をFlygskam（フリュグスカム）と呼んでいるのです。鉄道、自動車、飛行機を比較すると、乗客ひとりの1キロの移動につき、それぞれの二酸化炭素排出量は、14g:158g：285gとなり、飛行機の排出量の大きさはとても目立っています。

Unit 50

Food Labels

STEP 1～STEP 6の順に進みながら、スピーキングに必要な英作文する思考を養い、発音力とスピーキング力を鍛えましょう！

STEP 1 テーマの説明を読んで、理解を深めましょう。

Food labels showing how much exercise is needed to burn off a product's calorie content could be used in the fight against obesity. However, some experts are concerned about the potential impact such labeling might have on people with eating disorders.

商品の含むカロリーを消費するために必要な運動量を示す食品表示が、肥満との闘いに利用できるかもしれません。しかし、専門家たちによって、このような表示が摂食障害の人に影響を与えるのではないかとの懸念も示されています。

＊obesity「肥満」／eating disorder「摂食障害」

STEP 2 テーマに関する、簡単なスピーチ（自分の意見）を述べてみましょう。次の日本語を英語にするとどのようなスピーチになるか考えてみましょう。

回答例の日本語訳

どんな良いアイデアにも欠点はあります。摂食障害のある人へのそのようなラベルの影響も考慮しなければいけませんが、国として肥満対策を最優先すべきです。

英作文のヒント

› 意見を述べるときの視点・考え方のヒント

▸カロリー計算だけでなく、それを消費するのに必要な運動量も掲載するのは良いことです。摂食障害の人への問題も考えられますが（反対の意見への理解を示す）、肥満対策をどうにかするほうが先決だという意見文です。

▸アフリカの貧困層では今、飢餓の次に肥満が問題になっているそうです。何が身体に良くないものなのかを知らなかったり、添加物が多く含まれている安いものを食べる傾向があったりすることなどが原因のようです。これは教育水準が低いことが影響しています。こういった事情を知っていれば、意見文にもっと厚みを持たせることができるでしょう。例えば、「摂取カロリーを消費するために必要な運動量を明記しておけば、食べ物に対する教育が十分に行き届いていない場所に住む子どもたちでもわかりやすくカロリー計算ができます」などのような理由づけができるでしょう。

> 単語・表現のヒント

downfall「欠点」／take into consideration「考慮する」／effect「影響」／eating disorder「摂食障害」／combat obesity「肥満と闘う」／top priority「最優先」

STEP 3 回答例を確認しましょう。STEP 2の日本語から英語にするときに、どのような点を注意したら、より英語らしい表現になるか、解説を読んで確認してみましょう。

[1]Any good idea has its downfalls. While we need to [2]take into consideration [3]the effects such labels will have on people with eating disorders, [4]combatting obesity as a nation should be a top priority.

どんな良いアイデアにも欠点はあります。摂食障害のある人へのそのようなラベルの影響も考慮しなければいけませんが、国として肥満対策を最優先すべきです。

スピーチ表現のポイント

1 Any good idea has ...

▸ Any+単数名詞が主語にくると、「どんな…でも」「どの…でも」という意味になります。

例 > **Any person** who has an income should pay taxes.
（収入にかかわらず、どんな人でも税金を支払わなければなりません）
Any outfit you wear looks great on you.（どんなアウターもあなたに似合っています）

2 take into consideration

▸ considerと言い換えることができますが、語数が多いほうが伝わりやすく、丁寧な印象を与えることができます。「摂食障害のある人への影響」も大事ですが、それとは逆の結論に持って行こうとしているので丁寧に言っています。

3 the effects (such labels will have on people with eating disorders)

▸ (such labels will have on ...)「そのようなラベルが…に与える」がeffects「影響」を後置修飾しています。withはここでは「…のある」なので、people with eating disordersは「摂食障害のある人々」です。したがって、この部分は「そのようなラベルが、摂食障害のある人へ与える影響」という意味になります。

4 combating

▸ fighting, battlingでもOKです。

STEP 4 **回答例のスクリプトから、巻頭の「ルールハンティング・リスト」を使って、「ルールハンティング」しましょう。注意すべき発音をあらかじめ押さえます。**

Any 1good idea 2has 3its 4downfalls. 5While we 6need 7to 8take into 9consideration the 10effects such 11labels will 12have on 13people with 14eating 15disorders, 16combatting 17 18obesity 19as a 20nation should be a 21top priority.

ルール一覧

1	good idea	連結→リストM-09	12	have on	連結→リストM-09
2	has its	連結→リストM-09	13	people	Dark L→リストS-03
3	its	所有格のs→リストS-22	14	eating	弱くなる音→リストM-08
4	downfalls	複数形・三単現・isの短縮のs→リストS-27	15	disorders	複数形・三単現・isの短縮のs→リストS-27
5	While	Dark L→リストS-03	16	combatting	弱くなる音→リストM-08
6	need to	同化→リストM-07	17	obesity	Long O→リストS-09
7	to	（前置詞）toはル→リストS-25	18	obesity	弱くなる音→リストM-08
8	take into	連結→リストM-09	19	as a	連結→リストM-09
9	consideration	シュン→リストS-21	20	nation	シュン→リストS-21
10	effects	複数形・三単現・isの短縮のs→リストS-27	21	top	short O→リストS-10
11	labels	複数形・三単現・isの短縮のs→リストS-27			

STEP 5　STEP 4のルールと意味の句切れ目とイントネーション、内容語・機能語などを意識してスクリプトを読み上げてみましょう。音声は、アメリカ人男性ナレーター→アメリカ人女性ナレーター→日本人著者の順に3回読み上げられます。 DL-050

Any good idea ↑ has its downfalls. ↓
While we need ↑ to take into consideration ↑
the effects ↑ such labels ↑ will have ↑ on people ↑ with eating disorders, ↓
combatting obesity ↑ as a nation ↑
should be ↑ a top priority. ↓

※白色ハイライトは内容語

複合名詞・形容詞などひとかたまりで発音する単語

▶ downfalls／eating disorders／top priority

注意すべきアクセントの位置

▶ **downfalls** (DOWNfalls) [**down**·faalz] | 第1音節にアクセント。

▶ **labels** (LAbels) [**lay**·blz] | 第1音節にアクセント。-bels部分は子音クラスターなので母音を入れないように。「ラベル」ではなく「レイブル」が近い音です。

▶ **disorders** (diSORders) [duh·**sor**·drz] | 第2音節にアクセント。アクセント部分は「ソー」と伸ばします。

▶ **combatting** (comBAtting) [kuhm·**ba**·tuhng] | 第2音節にアクセント。

▶ **obesity** (oBEsity) [ow·**bee**·suh·tee] | 第2音節にアクセント。語頭のoは「オゥ」と二重母音で発音します。

STEP 6　STEP 5までの発音やリズム（句切れ目）に慣れてきたら、音声をもう一度聞きながらシャドーイングしてみましょう。

Column

「摂取した食べ物のカロリーを消費するための必要運動量」を消費者が理解すれば、その人の摂取するカロリーが減る可能性があることが、イギリスの学術誌『ブリティッシュ・メディカル・ジャーナル（BMJ）』に論文として掲載されました。例えば、駄菓子のパッケージに印刷されているカロリー表示の代わりに、あるいはカロリー表示とともに、そのカロリーを消費するのに必要な運動の種類や時間を「ウォーキング15分」などとを示してやれば、個々人の摂取カロリーを減らすことができるかもしれないのです。

Unit

51 Swimming Hijab

STEP 1～STEP 6の順に進みながら、スピーキングに必要な英作文する思考を養い、発音力とスピーキング力を鍛えましょう！

STEP 1 テーマの説明を読んで、理解を深めましょう。

Nike has launched the Victory Swim Collection, a new swimwear line designed for athletes who wear a hijab. Women can choose from a full body swimsuit or individual pieces including a swimming hijab, a tunic top and leggings.

ナイキは、ヒジャブを着用するアスリートのためにデザインされた新しい水着シリーズの「ビクトリー・スイム・コレクション」を発売しました。女性は、全身を覆う水着と、ヒジャブ、チュニックトップ、レギンスなどの単品から選ぶことができます。

STEP 2 テーマに関する、簡単なスピーチ（自分の意見）を述べてみましょう。次の日本語を英語にするとどのようなスピーチになるか考えてみましょう。

回答例の日本語訳

水着は肌の露出が多く、それを許さない文化もあります。若い頃インドネシアに住んでいたときに、インドネシア人が服を着たままプールに入っているのを見たことを思い出します。この新しいスイムウェアは泳ぎやすく、それでいて手軽に肌を隠すこともできるようになるでしょう。

英作文のヒント

› 意見を述べるときの視点・考え方のヒント

▸ 著者の体験を交えた意見文。インドネシアは暑くてプールに入ることが多く、服を着たままプールに入っている光景を目にすることがよくありました。肌を露出することを許容しない国も多いので、そもそも競技としてどうなのか、という意見もあります。

▸ 女性だけがなぜそんなに露出を気にしなければならないのか、という男女差別の話に持っていくのも良いです。もしくは、スポーツで技術革新が起きるのは良いことだという意見にするのもありでしょう。

▸ フランスの海水浴場でブルキニ（ムスリム女性向けの水着の一種）が着用禁止になった問題がありました。しかし、ナイキはどんな人でも水泳を楽しめるべきだという考えで、動きやすく、体のラインがわからないようなスイムウェアを製造しました。

› 単語・表現のヒント

swimwear「水着」／**reveal**「見せる；暴露する；さらけ出す」／**in one's youth**「若い頃」／**recall**「思い出す」／**fully**「完全に」

STEP 3 回答例を確認しましょう。STEP 2の日本語から英語にするときに、どのような点を注意したら、より英語らしい表現になるか、解説を読んで確認してみましょう。

Swimwear reveals a lot of skin[1]**, and** [2]**some cultures** do not allow that. [3]**Living** in Indonesia in my youth, [4]**I recall seeing** Indonesians fully clothed in the pool. This new swimwear will [5]**make it easy for them to** swim and hide their skin at the same time.

水着は肌の露出が多く、それを許さない文化もあります。若い頃インドネシアに住んでいたときに、インドネシア人が服を着たままプールに入っているのを見たことを思い出します。この新しいスイムウェアは泳ぎやすく、それでいて手軽に肌を隠すこともできるようになるでしょう。

スピーチ表現のポイント

1 | , and

▶ andの前に,「カンマ」がある場合、文が1回区切れていると考えると良いです。

2 | some cultures ...

▶「…する［名詞］もある」という意味を持つsome。

例 › **Some people** eat rice with curry, while other people eat naan.
（カレーをご飯と食べる人もいれば、カレーをナンと食べる人もいる）

3 | Living ...

▶ When I livedを分詞構文Living ...で表現しています。

4 | I recall seeing

▶ recall ... to one's mind「…を［記憶などを］回想する；呼び起こす」という表現も一緒に覚えておきましょう。なお、I recall to do ...という使い方はありません。

5 | make it easy for them to ...

▶ make it［形容詞］for［人］to［動詞］は、「［人］が［動詞］するのが［形容詞］になる」という意味の構文です。

例 › The ambiance of a library **makes it easy for people to** concentrate on their studies.（図書館の雰囲気は人々が勉強に集中するのを容易にします）

STEP 4 **回答例のスクリプトから、巻頭の「ルールハンティング・リスト」を使って、「ルールハンティング」しましょう。注意すべき発音をあらかじめ押さえます。**

Swimwear 1 2reveal**s a** 3lo**t** of skin, and some 4culture**s** do 5no**t** allow 6tha**t**. 7Livin**g in I**ndonesia in my youth, I recall 8seein**g** 9**I**ndonesian**s** fully 10 11clothe**d i**n the pool. This new swimwear 12**will** 13ma**ke** 14**it** easy for 15**th**em to swim and hide 16**th**eir 17ski**n** 18**at** the same time.

ルール一覧

1	reveal**s**	複数形・三単現・isの短縮のs→リストS-27	10	clothe**d**	過去分詞形-d→リストS-19
2	reveal**s a**	連結→リストM-09	11	clothe**d i**n	連結→リストM-09
3	lo**t** of	弱くなる音→リストM-08	12	**will**	willはウォ→リストS-15
4	culture**s**	複数形・三単現・isの短縮のs→リストS-27	13	ma**ke i**t	連結→リストM-09
5	no**t** allow	弱くなる音→リストM-08	14	i**t** easy	弱くなる音→リストM-08
6	tha**t**	tの脱落（poor T）→リストM-03	15	**th**em	Voiced th→リストS-12
7	Livin**g in I**ndonesia	連結→リストM-09	16	**th**eir	Voiced th→リストS-12
8	seein**g I**ndonesians	連結→リストM-09	17	ski**n at**	連結→リストM-09
9	Indonesian**s**	複数形・三単現・isの短縮のs→リストS-27	18	a**t**	tの脱落（poor T）→リストM-03

STEP 5　STEP 4のルールと意味の句切れ目とイントネーション、内容語・機能語などを意識してスクリプトを読み上げてみましょう。音声は、アメリカ人男性ナレーター→アメリカ人女性ナレーター→日本人著者の順に3回読み上げられます。 DL-051

Swimwear reveals ↑ a lot of skin, ↓
and some cultures ↑ do not allow that. ↓
Living in Indonesia ↑ in my youth, ↓
I recall ↑ seeing Indonesians ↑ fully clothed ↑ in the pool. ↓
This new swimwear ↑ will make it easy ↑ for them ↑
to swim ↑ and hide their skin ↑ at the same time. ↓

※白色ハイライトは内容語

複合名詞・形容詞などひとかたまりで発音する単語

▶ swimwear

注意すべきアクセントの位置

▶ **reveals** (reVEALS) [ruh·**veelz**] | 第2音節にアクセント。下唇を軽くかみながら-vealsを発音しましょう。

▶ **recall** (reCALL) [ri·**kahl**] | 第2音節にアクセント。

▶ **Indonesians** (IndoNEsians) [in·duh·**nee**·zhnz] | 第3音節にアクセント。-sian部分はshの音で「ジャン」のように発音します。

STEP 6　STEP 5までの発音やリズム（句切れ目）に慣れてきたら、音声をもう一度聞きながらシャドーイングしてみましょう。

Column

新しい水着は体の露出を避けた水着を求めるイスラム教徒（ムスリム）の女性アスリートの声に応えて制作されたといいます。開発するに当たって、宗教を信仰する上で体を隠す必要がある女性アスリートの声を聞くと、「水中でヒジャブが取れてしまう」「快適に安心して体を動かせる選択肢がない」など様々な声が上がったそうです。

ナイキが発表した『ヴィクトリー・スイム・コレクション』は「可能性に限界はない」という思いをもとに誕生し、体全体を覆うスイムスーツの他、ムスリムの女性が頭に着用する水中用ヒジャブ、チュニック、レギンスなどのラインナップが揃っています。

Unit

52 Tea

STEP 1～STEP 6の順に進みながら、スピーキングに必要な英作文する思考を養い、発音力とスピーキング力を鍛えましょう！

STEP 1 テーマの説明を読んで、理解を深めましょう。

In languages around the world, the word "tea" is typically pronounced one of two ways. One sounds like "cha," and the other sounds like "tea." Both versions originated in China. "Cha" spread across land, along the Silk Road. "Tea" spread along water routes by Dutch traders.

世界中の言語で、「茶」という言葉は、一般にふた通りのうちの片方で発音されます。ひとつは「cha」、もうひとつは「tea」のような音です。どちらも中国が起源です。「チャ」はシルクロードに沿って陸路で広まりました。「ティー」はオランダの商人によって海路で広まりました。

STEP 2 テーマに関する、簡単なスピーチ（自分の意見）を述べてみましょう。次の日本語を英語にするとどのようなスピーチになるか考えてみましょう。

回答例の日本語訳

これは面白い！　お茶の広がりの歴史が言葉に影響を与えたという考えには魅了されます。つまり、「チャイティー」という言葉は、同じ言葉を2回繰り返しているだけなんですね！

英作文のヒント

› 意見を述べるときの視点・考え方のヒント

▸ 筆者は言語学に興味があるので、「チャイティー」は同じ言葉を2度繰り返しているという話を意見に採り入れました。

▸ 英語学習者のひとりとして、単語や言葉の誕生とその伝播に興味を持ってみても良いのではないでしょうか。

▸ ヨーロッパ人にとって英語は方言のようなものですが、日本人にとっての英語は全然違う言語です。そういった観点からも言語に興味を持つと良いです。

▸ ロシア語やスワヒリ語、トルコ語などではチャイ＝お茶の意味で、中国のchaが起源です。イギリスやフランスなどのヨーロッパ諸国はオランダからお茶を購入したため、teaという言葉がヨーロッパに広がったのですが、ポルトガルだけはマカオで貿易をしていたのでchaが使われているようです。

> 単語・表現のヒント

expand「広がる」／effect on ...「…への影響」／mesmerizing「魅惑的な」／guess「推測する」／term「言葉」

STEP 3 回答例を確認しましょう。STEP 2の日本語から英語にするときに、どのような点を注意したら、より英語らしい表現になるか、解説を読んで確認してみましょう。

1How interesting! The idea that the history of how tea expanded 2had an effect on language is 3mesmerizing. So, 4I guess the term "chai tea" is 5simply repeating the same word twice!

これは面白い！　お茶の広がりの歴史が言葉に影響を与えたという考えには魅了されます。つまり、「チャイティー」という言葉は、同じ言葉を2回繰り返しているだけなんですね！

スピーチ表現のポイント

1 How interesting!

▶ What a +[名詞]!／How+[形容詞]! という感嘆文の作り方の違いに注意しましょう。

2 had an effect on ...

▶ 「…に影響を与える」という意味のイディオムです。
類語にaffect, impact, have an impact on ... などがあります。

3 mesmerizing

▶ attractiveと同じ「魅了的な；魅惑的」などの意味。「驚くだけでなく、そしてすごいと思った」というニュアンスがあります。

例 > I was mesmerized by Meryl Streep's performance in *Devil Wears Prada*.
(『プラダを着た悪魔』のメリル・ストリープの演技には魅了されました)

→attractedは男女の恋愛で使うことが多いですが、mesmerizedはもっと感動したときに使う単語です。ここでattractedを使うと、Meryl Streepのことが好きなニュアンスになってしまうので単語の使い分けに気をつけましょう。

4 I guess

▶ guessとsupposeは似ている語です。supposeのほうが確信度合いが少し高く、guessは確信度が低いカジュアルな語です。

5 | simply

▶「単に；ただ単に；単純に」の他、「全く；とても；本当に」という強調を表す語です。

例 > You are **simply** annoying everyone.

（あなたの行為は、ただただ、みなをイライラさせている＝本当にみなをイライラさせている）

→「その行為が」にフォーカスしているのでreally「とても」よりも強く聞こえます。

STEP 4 回答例のスクリプトから、巻頭の「ルールハンティング・リスト」を使って、「ルールハンティング」しましょう。注意すべき発音をあらかじめ押さえます。

1Ho**w** **i**nteresting! The idea 2tha**t** the history of how 3te**a** 4 5**ex**pand**ed** 6ha**d** **an** **e**ffec**t** **o**n 7 8**l**angua**ge** **i**s 9me**s**meri**z**ing. So, I guess the 10t**er**m "chai tea" is simply 11 12**r**epea**t**ing the same 13 14w**ord** twice!

ルール一覧

1	How interesting	w-insertion→リストM-04	8	language is	連結→リストM-09
2	that	tの脱落（poor T）→リストM-03	9	mesmerizing	zzziploc→リストS-31
3	tea expanded	y-insertion→リストM-05	10	term	リーダーのer→リストS-28
4	expanded	子音クラスター→リストS-20	11	repeating	本当のr→リストS-30
5	expanded	過去形-id→リストS-19	12	repeating	弱くなる音→リストM-08
6	had an effect on	連結→リストM-09	13	word	リーダーのer→リストS-28
7	language	Light L→リストS-08	14	word	dの脱落（poor T）→リストM-03

STEP 5 STEP 4のルールと意味の句切れ目とイントネーション、内容語・機能語などを意識してスクリプトを読み上げてみましょう。音声は、アメリカ人男性ナレーター→アメリカ人女性ナレーター→日本人著者の順に3回読み上げられます。 DL-052

How interesting! ↑
The idea that the history ↑ of how tea expanded ↑
had an effect ↑ on language ↑
is mesmerizing. ↓
So, I guess ↑ the term ↑ "chai tea" ↑
is simply ↑ repeating ↑
the same word twice! ↓

※白色ハイライトは内容語

複合名詞・形容詞などひとかたまりで発音する単語

▶ chai tea

注意すべきアクセントの位置

▶ **expanded** (exPANded) [uhk·**span**·duhd] | 第2音節にアクセント。過去形の部分は-idと発音します。

▶ **mesmerizing** (MESmerizing) [**mez**·mr·ai·zuhng] | 第1音節にアクセント。アクセントのあるmes-は「メズ」と濁る音なので注意。

STEP 6 STEP 5までの発音やリズム（句切れ目）に慣れてきたら、音声をもう一度聞きながらシャドーイングしてみましょう。

Column

お茶は、緑茶、紅茶など多様な形で、世界中で愛されています。中国発祥の茶ですが、呼び方は飲まれている地域によって異なっています。呼び方は大別すると「チャ」（cha）と「テー」（te）のふたつのグループがあって、どちらも中国語由来の単語です。中国の歴代王朝は、諸外国と茶の交易を行ったため、茶は世界中に広まっていったのです。ヨーロッパで最初に茶を紹介したのはオランダ東インド会社で、大航海時代に海路を通ってヨーロッパまで運ばれましたが、これが「テー」と呼ばれるようになりました。

Unit

53 Mica Industry

STEP 1～STEP 6の順に進みながら、スピーキングに必要な英作文する思考を養い、発音力とスピーキング力を鍛えましょう！

STEP 1 テーマの説明を読んで、理解を深めましょう。

Mica is a mineral used in batteries, hair dryers, microwaves and cosmetics. At least 10,000 children work in the mica mining industry. They suffer from back pain and headaches because of the heat and the lack of water and oxygen inside the mines.

マイカは、電池、ドライヤー、電子レンジ、化粧品などに使われる鉱物です。マイカ採掘業では、少なくとも1万人の子どもたちが働いています。鉱山の中は熱く、水や酸素が少ないため、子どもたちは腰痛や頭痛に苦しんでいます。

＊mica「雲母」

STEP 2 テーマに関する、簡単なスピーチ（自分の意見）を述べてみましょう。次の日本語を英語にするとどのようなスピーチになるか考えてみましょう。

回答例の日本語訳

化粧品、電池、ドライヤー、電子レンジなど、どれも私が日常的に使っている製品ですが、その生産背景に児童労働があるとは想像したこともありませんでした。今後は、倫理観に則って作られている製品を応援したいと思います。

英作文のヒント

› 意見を述べるときの視点・考え方のヒント

▸児童労働問題については知らなかったという意見でも問題ありません。知らなかったとしても児童労働に関わるものは買いたくない、買わないようにしたいという意思や行動力を見せられると良いですね。

▸ティファニーは児童労働問題力を入れていると言われています。また、資生堂も海外に商品を輸出するときのチェックが厳しいと言われています。企業も「知らなかった」では許されなくなってきている時代。ウイグル人権問題など人権対応がしっかりしていないと、これからの時代は生き残りづらくなっていくのかもしれません。

▸エシカルコンシューマーとして自分がやっている行動、フェアトレードコーヒーを飲んでいる、エコバッグを持ち歩く…などがあれば事例として述べても良いです。

> 単語・表現のヒント

battery「電池」／hair dryer「ドライヤー」／microwave「電子レンジ」／in my daily life「日常的に」／child labor「児童労働」／ethically「倫理的に」

STEP 3 回答例を確認しましょう。STEP 2の日本語から英語にするときに、どのような点を注意したら、より英語らしい表現になるか、解説を読んで確認してみましょう。

1Makeup, batteries, hair dryers and microwaves are all products that I use in my daily life. 2I never imagined that child labor 3was behind their production. 4I would like to support products that are made 5ethically.

化粧品、電池、ドライヤー、電子レンジなど、どれも私が日常的に使っている製品ですが、その生産背景に児童労働があるとは想像したこともありませんでした。今後は、倫理観に則って作られている製品を応援したいと思います。

スピーチ表現のポイント

1 Makeup, batteries, hair dryers and microwaves

▶ A, B, C and Dの形に気づきましょう。最後の語句の前にandを置いて並列します。

2 I never imagined that

▶ never + imagined「想像もしなかった」。

3 ... was behind their production

▶「その裏には…があった」。behindのコアイメージは「あるものの後ろ」なので、場所として「…の後ろに；裏側に」、時間や進度で「…より遅れて」という意味になります。

4 I would like to

▶強く購入したいと思うという気持ちを表すよりも、正しく購入していきたいという気持ちを表したかったので、控え目な表現を使いました。「ちゃんとやります」という気持ちを表明するには、I want toよりもI would like toを使うほうがふさわしいと思います。

5 ethically

▶「倫理的」と「購入する」という言葉の組み合わせがピンとこない人もいるかもしれません。エシカルショッピング、エシカルコンシューマーといった単語があります。環境問題を意識する10代、20代が多くなっている気がします。環境問題を意識した企業からきちんと買うこと、そこで買っている自分がかっこ良いと思う傾向があるようです。エシカルコンシューマーは環境や人権に対して十分配慮された商品やサービスを選択・購入する消費者のことを指します。

STEP 4 回答例のスクリプトから、巻頭の「ルールハンティング・リスト」を使って、「ルールハンティング」しましょう。注意すべき発音をあらかじめ押さえます。

Makeup, 1 2ba**tt**erie**s**, hair 3dryer**s**, and 4 5microwave**s are a**ll 6product**s** 7tha**t** I 8**use i**n my daily 9**l**ife. I 10neve**r** 11**i**magine**d** that 12chil**d** labor 13**was** 14behin**d** their production. I 15woul**d** 16**l**ike to 17suppor**t** 18 19pr**o**duct**s** 20tha**t** are made 21e**th**ically.

ルール一覧

1	batteries	弱くなる音→リストM-08	12	child	dの脱落（poor T）→リストM-03
2	batteries	複数形・三単現・isの短縮のs→リストS-27	13	was	wasはウズ→リストS-14
3	dryers	複数形・三単現・isの短縮のs→リストS-27	14	behind their	dの脱落（poor T）→リストM-03
4	microwaves	複数形・三単現・isの短縮のs→リストS-27	15	would	dの脱落（poor T）→リストM-03
5	microwaves are all	連結→リストM-09	16	like	Light L→リストS-08
6	products	複数形・三単現・isの短縮のs→リストS-27	17	support	tの脱落（poor T）→リストM-03
7	that I	弱くなる音→リストM-08	18	products	short O→リストS-10
8	use in	連結→リストM-09	19	products	複数形・三単現・isの短縮のs→リストS-27
9	life	Light L→リストS-08	20	that are	弱くなる音→リストM-08
10	never imagined	連結→リストM-09	21	ethically	Voiceless th→リストS-13
11	imagined	過去形-d→リストS-19			

STEP 5　STEP 4のルールと意味の句切れ目とイントネーション、内容語・機能語などを意識してスクリプトを読み上げてみましょう。音声は、アメリカ人男性ナレーター→アメリカ人女性ナレーター→日本人著者の順に3回読み上げられます。 DL-053

Makeup, ↑ batteries, ↑ hair dryers, ↑ and microwaves ↓
are all products ↑ that I use ↑ in my daily life. ↓
I never imagined that ↑
child labor ↑ was behind their production. ↓
I would like ↑ to support products ↑ that are made ethically. ↓

※白色ハイライトは内容語

複合名詞・形容詞などひとかたまりで発音する単語

▸ hair dryers／microwaves／daily life／child labor

注意すべきアクセントの位置

▸ **batteries** (BAtteries) [**ba**·tr·eez] | 第１音節にアクセント。baの部分は「あ」の口で「え」を発音する音です。

▸ **products** (PROducts) [**praa**·duhkts] | 第１音節にアクセント。

▸ **imagined** (iMAgined) [uh·**ma**·jnd] | 第２音節にアクセント。過去形の -edの部分は-dと発音します。

▸ **ethically** (Ethically) [**eh**·thuh·kuh·lee] | 第１音節にアクセント。-thi-は舌を軽くかんで発音します。「シ」にならないように。

STEP 6　STEP 5までの発音やリズム（句切れ目）に慣れてきたら、音声をもう一度聞きながらシャドーイングしてみましょう。

Column

世界の天然雲母（マイカ）の４分の１は、インドのジャールカンド州とビハール州の鉱山で採掘されています。貧困層の10歳前後の子どもたちは、学校へ通えず、毎日鉱山労働を強いられているのが現状です。この年齢の児童はマイカ鉱山の狭い坑内に入るのに適しているのだそうです。鉱山で不法に働かされる子どもたちの事故や死亡も多く、大きな問題になっています。天然雲母を仕入れるブランドや企業の倫理観が試されています。

Unit 54

Educational Show on Television

STEP 1～STEP 6の順に進みながら、スピーキングに必要な英作文する思考を養い、発音力とスピーキング力を鍛えましょう！

STEP 1 テーマの説明を読んで、理解を深めましょう。

Sesame Street celebrated its 50th anniversary in 2019. The show has taught generations of children how to count and say their ABCs and continues to serve as a model for kids' TV shows everywhere.

『セサミストリート』は、2019年に50周年を祝いました。この番組は、何世代にもわたって子どもたちに数の数え方やABCの言い方を教え、世界中の子ども向けテレビ番組のお手本であり続けています。

STEP 2 テーマに関する、簡単なスピーチ（自分の意見）を述べてみましょう。次の日本語を英語にするとどのようなスピーチになるか考えてみましょう。

回答例の日本語訳

『セサミストリート』の長年の成功を心より祝福します。セサミストリートは、教育内容と今日の世界情勢とをうまく適応させていると思います。

英作文のヒント

› 意見を述べるときの視点・考え方のヒント

▶セサミストリートは、キャラクターを通して社会問題を説明する番組。子ども番組でアニメやキャラクターが社会情勢を伝える役割を果たし、問題提起をするのはアメリカではよくあることです。製作者に問題意識が強く、面白さを求めるよりも教育的な面を意識している気がします。

▶「（セサミストリートの）キャラクターが好き／かわいいです」といった意見は浅いです。アメリカでは「キャラクターがかわいい」という発想がないので、そういった意見を言うと、とんちんかんな意見文になってしまうかもしれません。

▶セサミストリートが教育番組だということがわかれば、日本の教育番組と比較して意見を述べるのでも良いです（頭を使うアメリカの番組と身体を使う日本の番組の違いに触れるなど）。

› 単語・表現のヒント

Sesame Street『セサミストリート』／over the years「長年の」／do well in ...「…でうまくやる」／adapt「適応させる」／relevant「関係のある；関連のある；重要な；人気のある」

STEP 3 回答例を確認しましょう。STEP 2の日本語から英語にするときに、どのような点を注意したら、より英語らしい表現になるか、解説を読んで確認してみましょう。

[1]Congratulations to *Sesame Street* for its success [2]over the years. I believe that *Sesame Street* [3]has done well in [4]adapting its educational content to what is [5]relevant in today's world.

『セサミストリート』の長年の成功を心より祝福します。セサミストリートは、教育内容と今日の世界情勢とをうまく適応させていると思います。

スピーチ表現のポイント

1 | Congratulations to *Sesame Street* for ...

▸ Congratulations to［人・もの］for［理由］の形に気をつけましょう。その後にくるものが理由だけなら、Congratulations onとしてもOKです。つまり、Congratulations on 50 years of success. であればonだけで表現しても良いです。

2 | over the years

▸「長年にわたって」という意味の表現。over the past year「この1年で」、over the last few years「ここ数年で」は言えますが、over the past yearsは使えないので注意しましょう。

3 | has done well in

▸ do well「うまくいく；好成績を出す；業績が良い；よく売れる」。do well in business「仕事で成功する」、do well in everything「全てにおいて優秀である」のように使います。

4 | adapting its educational content to

▸ adapt A to Bは「AをBに適合させる」という意味のイディオムです。

例 › The company **adapted its product to** be used in hot weather.

（その企業は、その商品を暑い気候でも使えるように適合させた）

5 | relevant in

▶ relevantは「関連のある」「適切な；妥当な」という意味の語です。反意語のirrelevantも一緒に覚えておきましょう。

例 > The book, written over 50 years ago, is **relevant** today more than ever.

(50年以上前に書かれた本だけれども、これまで以上に今すごく意味がある)

→今読む価値があるという意味。

STEP 4 **回答例のスクリプトから、巻頭の「ルールハンティング・リスト」を使って、「ルールハンティング」しましょう。注意すべき発音をあらかじめ押さえます。**

1 2Congr**a**tulation**s** to *Sesame* 3*Stree**t*** 4fo**r i**ts 5succe**ss o**ver the 6year**s**. I 7be**l**ieve 8tha**t** *Sesame* 9*Stree**t*** 10**h**as done 11we**ll i**n 12 13ad**a**ptin**g its** 14**e**duca**tion**al 15 16c**o**nten**t to** 17wha**t** is relevant in 18today**'s** 19w**or**ld.

ルール一覧

1	Congratulations	えの口であ→リストS-17	11	well in	連結→リストM-09
2	Congratulations	複数形・三単現・isの短縮のs→リストS-27	12	adapting	えの口であ→リストS-17
3	Street	tの脱落(poor T)→リストM-03	13	adapting its educational	連結→リストM-09
4	for its	連結→リストM-09	14	educational	シュン→リストS-21
5	success over	連結→リストM-09	15	content	short O→リストS-10
6	years	複数形・三単現・isの短縮のs→リストS-27	16	content to	同化→リストM-07
7	believe	Light L→リストS-08	17	what is	弱くなる音→リストM-08
8	that	tの脱落(poor T)→リストM-03	18	today's	所有格のs→リストS-22
9	Street	tの脱落(poor T)→リストM-03	19	world	リーダーのer→リストS-28
10	has	hの脱落→リストS-07			

STEP 5　STEP 4のルールと意味の句切れ目とイントネーション、内容語・機能語などを意識してスクリプトを読み上げてみましょう。音声は、アメリカ人男性ナレーター→アメリカ人女性ナレーター→日本人著者の順に3回読み上げられます。 DL-054

Congratulations to ↑ *Sesame Street* ↑ for its success ↑ over the years. ↓
I believe that ↑ *Sesame Street* ↑ has done well ↑
in adapting ↑ its educational content ↑
to what is relevant ↑ in today's world. ↓

※白色ハイライトは内容語

複合名詞・形容詞などひとかたまりで発音する単語

▸ Sesame Street／educational content

注意すべきアクセントの位置

▸ **Congratulations** (conGRAtulations) [kuhn·**gra**·chuh·lay·shnz] ｜第2音節にアクセント。第3音節のtuの部分は「チュ」。
▸ **success** (sucCESS) [suhk·**ses**] ｜第2音節にアクセント。
▸ **adapting** (aDAPting) [uh·**dap**·tuhng] ｜第2音節にアクセント。
▸ **educational** (eduCAtional) [eh·juh·**kay**·shuh·nuhl] ｜第3音節にアクセント。第2音節のduは「ジュ」と発音します。

STEP 6　STEP 5までの発音やリズム（句切れ目）に慣れてきたら、音声をもう一度聞きながらシャドーイングしてみましょう。

Column

テレビ番組『セサミストリート』はアメリカで1969年から教育番組として放映されてきました。

ビッグバードやエルモ、クッキーモンスター、アビーなど、個性豊かなマペットたちは、キャラクターとして今も人気が高く、世代を超えて愛されています。かわいらしい作風ですが、登場人物たちは、両親の肌の色が違うなど、さまざまな社会的背景が反映されており、放送開始時より、多様性が重視されていました。今も「世界中の全ての子どもたちが、かしこく、たくましく、やさしく育つことを支援する」という理念を掲げ、世界160カ国以上で、その国やコミュニティーの文化に合ったコンテンツを制作しています。

Unit

55 Shuri Castle

STEP 1～STEP 6の順に進みながら、スピーキングに必要な英作文する思考を養い、発音力とスピーキング力を鍛えましょう！

STEP 1 テーマの説明を読んで、理解を深めましょう。

A fire destroyed Shuri Castle, a UNESCO World Heritage Site in Japan's southernmost prefecture of Okinawa. The Governor urged people around the world to step in to help rebuild the historic castle.

日本最南端の沖縄県にあるユネスコの世界遺産、首里城が火災で破壊されました。知事は、世界中の人々に、その歴史的な城の再建への協力に加わるよう強く求めました。

＊step in「参加する」

STEP 2 テーマに関する、簡単なスピーチ（自分の意見）を述べてみましょう。次の日本語を英語にするとどのようなスピーチになるか考えてみましょう。

回答例の日本語訳

破壊されたのは物理的な城だけではありません。首里という地域は、日本、中国、琉球の要素の独特な融合と、3つの文化の長きにわたる交流の歴史を象徴していました。

英作文のヒント

› 意見を述べるときの視点・考え方のヒント

▸日本人は「きれいだったのに。寂しい、残念」という意見が多い気がしますが、それだとただの感想になってしまい意見文にはならないので注意しましょう。

▸ユネスコの文化遺産である、歴史的な背景が含まれた建物だったということがポイントです。今回の意見文のようにユネスコ文化遺産の歴史的背景に絡めるなどして一歩踏み込んだ意見を言うようにしましょう。自分にしか言えないことは何なのか、ということを踏まえて、人と違う意見を発言しましょう。

▸今回の火災によって世界遺産の取り消しはないといいます。登録は「琉球王国のグスク及び関連遺産群」なのであくまでも首里城跡が世界遺産の登録となっています。とは言え、中国と日本の築城文化を融合した独特の建築様式や石組み技術には文化的・歴史的に高い価値があるとされています。また、文化の多様性を物語る存在で、象徴的な存在でもあると言えます。

› 単語・表現のヒント

destroy「破壊する」／more than ...「…だけではない」／physical castle「物理的な城」／symbolize「象徴する」／unique「独特な」／blend「融合」／element「要素」／interaction「交流」

STEP 3 回答例を確認しましょう。STEP 2の日本語から英語にするときに、どのような点を注意したら、より英語らしい表現になるか、解説を読んで確認してみましょう。

1What was destroyed was 2more than a physical castle. Shuri 3symbolized a 4unique blend of Japanese, Chinese and 5Ryukyuan elements 6, and a long history of interaction among the three cultures.

破壊されたのは物理的な城だけではありません。首里という地域は、日本、中国、琉球の要素の独特な融合と、3つの文化の長きにわたる交流の歴史を象徴していました。

スピーチ表現のポイント

1 | What was destroyed

▶ ふたつのwasが文意の理解を少し複雑にしていますが、(What **was** destroyed) was more than a physical castle.と考えましょう。(　　) 内は「破壊されたもの」という主語です。よって「破壊されたものは物理的な城以上でした」という意味になります。

2 | more than

▶ more thanは「…より多くの～」という意味。例えばmore than 100は「100より多い」、つまり「101以上」という意味です。ここでのmore than+名詞の使い方は「…以上に」「十分に」「…どころではない」という意味の慣用表現。

3 | symbolized

例 › The dove **symbolizes** peace. (ハトは平和の象徴です)

4 | unique

▶ 日本語の「ユニーク (めずらしい；変わった；面白い)」という意味ではなく、「特有の；他に類がない」という意味であることに注意しましょう。

▶ uni-が「ひとつの (ひとつしかない)」という接頭辞だと覚えておくと意味がわかりやすいです。人に対してuniqueは使いません。

5 | Ryukyuan

▶「人」を表す接尾辞には、-er, -or, -ist, -an, -eseなどがあります。Okinawan, Tokyoiteなど、その都度、触れて覚えていきましょう。

6 | , and

▶ elementsのカンマの後は、1文が終わったかのように区切って話すと良いです。

STEP 4 回答例のスクリプトから、巻頭の「ルールハンティング・リスト」を使って、「ルールハンティング」しましょう。注意すべき発音をあらかじめ押さえます。

1Wha**t** was 2destroy**ed** was more 3tha**n** **a** 4physica**l** 5cast**le**. Shuri 6 7symbolize**d** **a** unique 8 9**bl**en**d** **o**f Japanese, Chinese and 10Ryukyua**n** 11**e**lement**s**, 12an**d** **a** long 13**h**istory 14o**f** 15 16interac**tion** **a**mong the 17**th**ree 18culture**s**.

ルール一覧

1	What	tの脱落(poor T)→リストM-03	10	Ryukyuan elements	連結→リストM-09
2	destroyed	過去分詞形-d→リストS-19	11	elements	複数形・三単現・isの短縮のs→リストS-27
3	than a	連結→リストM-09	12	and a	連結→リストM-09
4	physical	Dark L→リストS-03	13	history	hの脱落→リストS-07
5	castle	Dark L→リストS-03	14	of interaction	連結→リストM-09
6	symbolized	過去形-d→リストS-19	15	interaction	シュン→リストS-21
7	symbolized a	連結→リストM-09	16	interaction among	連結→リストM-09
8	blend	子音クラスター→リストS-20	17	three	Voiceless th→リストS-13
9	blend of	連結→リストM-09	18	cultures	複数形・三単現・isの短縮のs→リストS-27

STEP 5　STEP 4のルールと意味の句切れ目とイントネーション、内容語・機能語などを意識してスクリプトを読み上げてみましょう。音声は、アメリカ人男性ナレーター→アメリカ人女性ナレーター→日本人著者の順に3回読み上げられます。 DL-055

What was destroyed ↑ was more than ↑ a physical castle. ↓
Shuri symbolized ↑ a unique ↑ blend of ↑
Japanese, ↑ Chinese ↑ and Ryukyuan elements, ↓
and a long history ↑ of interaction among ↑ the three cultures. ↓

※白色ハイライトは内容語

複合名詞・形容詞などひとかたまりで発音する単語

▶ なし

注意すべきアクセントの位置

▶ **castle** (CAstle) [**ka**·sl] | 第1音節にアクセント。tの音は発音しません。

▶ **unique** (uNIQUE) [yoo·**neek**] | 第2音節にアクセント。niの部分は「ニー」と少し伸ばします。

▶ **interaction** (interACtion) [in·tr·**ak**·shn] | 第3音節にアクセント。-tionは「シュン」。

STEP 6　STEP 5までの発音やリズム（句切れ目）に慣れてきたら、音声をもう一度聞きながらシャドーイングしてみましょう。

Column

正殿などが焼失した2019年10月の首里城の火災について、市消防局が「火災原因は不明」とする調査書をまとめました。正殿など全焼6棟に加え、調査中だった奉神門と女官居室の2棟を部分焼と断定しました。建物と収容物を合わせた損害額は約53億円と算定しました。

沖縄県警も放火などの事件性は否定した上で、原因を特定できずに捜査を終えています。調査書によると、正殿の北東側で溶けて細切れになった配線などが見つかり、1階で通電していた延長コードと、その先の発光ダイオード（LED）照明器具で何らかの電気的異常があり、出火原因となった可能性があると指摘しています。放火やたばこによる出火は否定しました。

Unit

56 Tiffany

STEP 1～STEP 6の順に進みながら、スピーキングに必要な英作文する思考を養い、発音力とスピーキング力を鍛えましょう！

STEP 1 テーマの説明を読んで、理解を深めましょう。

Tiffany has created the ultimate advent calendar, which costs an astounding 112,000 dollars. A sparkling Tiffany product is hiding behind each door.

ティファニーは、11万2千ドルという驚きの価格の究極のアドベントカレンダーを作りました。それぞれの扉の裏には、光輝くティファニー製品が隠れています。

＊ultimate「究極の；最高の」

STEP 2 テーマに関する、簡単なスピーチ（自分の意見）を述べてみましょう。次の日本語を英語にするとどのようなスピーチになるか考えてみましょう。

回答例の日本語訳

アドベントカレンダーがなぜこれほど私を惹きつけるのかわかりませんが、それは私をとても楽しい気分にさせてくれます。きっと、それぞれの扉の向こうに何があるかわからないというワクワク感があるからだと思います。

英作文のヒント

> 意見を述べるときの視点・考え方のヒント

▸クリスマスはキリスト教信者にとって、1年で最もワクワクするイベント。キリスト教信者にとってクリスマスが日本の年末に相当すると考えても良いでしょう（年末年始はキリスト教信者にとってはただの普通の日）。家族で集まって、ターキーを食べて、プレゼント交換して…という1年で最もほっこりするイベントです。そんなクリスマスに向けてカウントダウンしたい、というのがアドベントカレンダーなのでしょう。

▸プレゼント交換がすごく大事な文化のひとつ。クリスマスカードは年賀状と同じ感覚で、プレゼント交換はお年玉に近い感覚のイメージがあります。クリスマスはお店が閉まることも多いので、家族と一緒に過ごすのが普通です。言語を学ぶならその言語が話されている国や地域の文化についても知っておきましょう！

> 単語・表現のヒント

advent calendar「アドベントカレンダー」／fill with ...「…でいっぱいにする」／joy「楽しい気分」／excitement「ワクワク感」

STEP 3 回答例を確認しましょう。STEP 2の日本語から英語にするときに、どのような点を注意したら、より英語らしい表現になるか、解説を読んで確認してみましょう。

1I don't know what it is about 2advent calendars, but they 3fill me with so much joy. I think 4it's the excitement 5of not knowing what is behind each door.

アドベントカレンダーがなぜこれほど私を惹きつけるのかわかりませんが、それは私をとても楽しい気分にさせてくれます。きっと、それぞれの扉の向こうに何があるかわからないというワクワク感があるからだと思います。

スピーチ表現のポイント

1 I don't know what it is

▶語順に注意しましょう。what is itではなくwhat it isです。

例 > **I don't know what it is** about Tom, but I don't trust him.
（トムのことについてはなぜかはわかりませんが、彼を信用していません）

2 advent calendars

▶アドベントカレンダーは子ども向けでチョコレートが入っているものが多いです。女性に人気なのはクリスマスコフレ（ミニパフュームやハンドクリームなど）が入っているものです。通常、12月1日～24日まで発売しています。

3 fill me with

例 > I'm **filled with** joy every time I see you.（あなたに会う度にいつも嬉しい）

▶類語のfullは「スペースがない状態」で、fillはfullになる状態やその動きを表し、fill with ...で「…で満たす」という意味になります。

4 it's the excitement

▶ it's the excitement of ...「…というワクワク感がある」という形で使うことが多いです。

例 > Are you ready for **the excitement of** a lifetime?
（人生一のワクワク体験の準備はできている？）

→これからバンジージャンプをする、というときなどに使う表現。アミューズメントパークの乗り物の出発、旅に出る前などによく使われます。

5 | of not knowing

▶ ofのあとにnotがくる場合の語順に注意しましょう。

STEP 4　回答例のスクリプトから、巻頭の「ルールハンティング・リスト」を使って、「ルールハンティング」しましょう。注意すべき発音をあらかじめ押さえます。

I 1d**o**n't 2kn**ow** 3wha**t** i**t** 4**is** 5**a**bou**t** 6 7**a**dven**t** 8 9**ca**lendar**s**, 10bu**t** they fill me with so much joy. I 11**th**ink 12it**'s** the 13excitemen**t** **o**f 14no**t** knowing 15wha**t** is 16behin**d** **e**ach door.

ルール一覧

1	don't	Long O→リストS-09	9	calendars	複数形・三単現・isの短縮のs→リストS-27
2	know	Long O→リストS-09	10	but	**tの脱落（poor T）**→リストM-03
3	what it is	**弱くなる音**→リストM-08	11	think	Voiceless th→リストS-13
4	is about	**連結**→リストM-09	12	it's	複数形・三単現・isの短縮のs→リストS-27
5	about advent	**弱くなる音**→リストM-08	13	excitement of	**連結**→リストM-09
6	advent	えの口であ→リストS-17	14	not	**tの脱落（poor T）**→リストM-03
7	advent	**tの脱落（poor T）**→リストM-03	15	what is	**弱くなる音**→リストM-08
8	calendars	キャ→リストS-36	16	behind each	**連結**→リストM-09

STEP 5　STEP 4のルールと意味の句切れ目とイントネーション、内容語・機能語などを意識してスクリプトを読み上げてみましょう。音声は、アメリカ人男性ナレーター→アメリカ人女性ナレーター→日本人著者の順に3回読み上げられます。 DL-056

I don't know ↑ what it is ↑ about advent calendars, ↓
but they fill me ↑ with so much joy. ↓
I think ↑
it's the excitement ↑ of not knowing ↑
what is behind ↑ each door. ↓

※白色ハイライトは内容語

複合名詞・形容詞などひとかたまりで発音する単語

▶ advent calendars

注意すべきアクセントの位置

▶ **advent** (ADvent) [**ad**·vent] | 第1音節にアクセント。

▶ **calendars** (CAlendars) [**ka**·luhn·drz] | 第1音節にアクセント。語頭のcaは「あ」の口で「え」の音なので、「キャ」のように発音します。

▶ **excitement** (exCITEment) [uhk·**site**·muhnt] | 第2音節にアクセント。語頭のeは「イ」に近い音で発音することもあります。-mentは「ムン（ト）」。

STEP 6　STEP 5までの発音やリズム（句切れ目）に慣れてきたら、音声をもう一度聞きながらシャドーイングしてみましょう。

Column

アドベントカレンダー(Advent Calendar) とは、クリスマスまでの日数を数えるために使われるカレンダーのことです。ホリデーシーズンに向けてティファニー初のアドベントカレンダー型の限定ジュエリーコレクション“The Very Very Tiffany”を発表しました。

アドベントカレンダーは、ティファニーブルーで仕上げた高さ約120cmのボックスです。ニューヨーク五番街本店が手描きでデザインされており、「ティファニー T」「ティファニー ハードウェア」「ティファニー ペーパーフラワー」といったアイコニックなジュエリーをはじめ、スターリングシルバーのペーパーカップ、ハーモニカ、キャンドルなどのホーム&アクセサリーを含む全24個のアイテムがセットになっています。

Unit

57 Amtrak

STEP 1～STEP 6の順に進みながら、スピーキングに必要な英作文する思考を養い、発音力とスピーキング力を鍛えましょう！

STEP 1 テーマの説明を読んで、理解を深めましょう。

Amtrak announced that it will replace its onboard kitchen meals with pre-packaged meals and eliminate the white-tablecloth dining car. Amtrak is expected to save around $2 million per year with this move.

アムトラックは、車内厨房の食事を弁当に置き換え、白いテーブルクロスの食堂車を廃止すると発表しました。この動きで、アムトラックは、年間約200万ドルの経費削減が見込まれています。

STEP 2 テーマに関する、簡単なスピーチ（自分の意見）を述べてみましょう。次の日本語を英語にするとどのようなスピーチになるか考えてみましょう。

回答例の日本語訳

日本でも、ほとんどの新幹線で列車内キッチンや食堂車がすでに廃止されています。過去の華やかさが消えてしまうのは悲しいことですが、だからといって採算の合わない事業を続けていい理由にはなりません。

英作文のヒント

› 意見を述べるときの視点・考え方のヒント

▶もし食堂車が好きだったと思い入れがある人は、惜しむ気持ちを述べても良いでしょう。高級寝台列車に乗る楽しみは、他にはない贅沢だという意見を述べるのもありです。

▶食堂車で知らない人と食べたり話したりするのは嫌だというミレニアル世代も増えていることと思います。電車の中でお弁当を買う人さえも減っている世代かもしれません。どんどん簡素化する一方で、そういった楽しみを味わう人が減っているのはある意味で寂しい気もします。

> 単語・表現のヒント

onboard「列車内」／dining car「食堂車」／eliminate「廃止する」／bullet train「新幹線」／glamor「うっとりさせる魅力；魅惑；容姿の美しさ」／disappear「消える；姿を消す」／unprofitable「採算の合わない」／business「事業」／run「続く」

STEP 3 回答例を確認しましょう。STEP 2の日本語から英語にするときに、どのような点を注意したら、より英語らしい表現になるか、解説を読んで確認してみましょう。

In Japan, onboard kitchens and dining cars have been 1eliminated from most bullet trains as well. 2It's sad to 3see glamor from the past disappear, but 4that's no reason to keep an unprofitable business running.

日本でも、ほとんどの新幹線で列車内キッチンや食堂車がすでに廃止されています。過去の華やかさが消えてしまうのは悲しいことですが、だからといって採算の合わない事業を続けていい理由にはなりません。

スピーチ表現のポイント

1 eliminated from

「…から除く；除去する；削除する」という意味のイディオム。

例 > That competition was **eliminated from** the Olympics four year ago.
(その競技は4年前にオリンピックから除外された)

2 It's sad to ...

▶ It's unfortunate to ... のように、冷静に残念な気持ちを表す便利な表現のひとつ。unfortunateよりも「寂しい」という気持ちがもう少し入る表現。

例 > **It's sad to** see you go, but I wish you all the best in your future endeavors.
([退職などで] やめてしまうのは残念だが、次でも頑張ってね)

3 see glamor from the past disappear

▶ see O V「OがVするのを見る」、ここではO＝glamor from the past, V＝disappearの形に気づきましょう。

4 that's no reason to ...

▶ that's no reason to ...「…する理由にはならない」というフレーズです。

例 > **That's no reason** to be mean to her. (彼女にいじわるしていい理由にはならないよ)
That's no reason to skip work. (仕事を休む理由にはなっていない)

STEP 4 **回答例のスクリプトから、巻頭の「ルールハンティング・リスト」を使って、「ルールハンティング」しましょう。注意すべき発音をあらかじめ押さえます。**

In [1]Japan, [2] [3] [4]onboard [5]kitchens and dining [6]cars [7]have [8]been [9]eliminated from [10]most [11]bullet [12]trains as well. [13]It's [14]sad to see [15]glamor from the [16]past disappear, but [17]that's no reason to [18]keep an [19] [20]unprofitable [21]business running.

ルール一覧

1	Japan	えの口であ→リストS-17	12	trains	複数形・三単現・isの短縮のs→リストS-27
2	onboard	short O→リストS-10	13	It's	複数形・三単現・isの短縮のs→リストS-27
3	onboard	スポーツのor→リストS-24	14	sad to	**同化**→リストM-07
4	onboard kitchens	**同化**→リストM-07	15	glamor	リーダーのer→リストS-28
5	kitchens	複数形・三単現・isの短縮のs→リストS-27	16	past	**tの脱落（poor T）**→リストM-03
6	cars	複数形・三単現・isの短縮のs→リストS-27	17	that's	複数形・三単現・isの短縮のs→リストS-27
7	have	hの脱落→リストS-07	18	keep an unprofitable	**連結**→リストM-09
8	been eliminated	**連結**→リストM-09	19	unprofitable	short O→リストS-10
9	eliminated	過去分詞形-id→リストS-19	20	unprofitable	Dark L→リストS-03
10	most	**tの脱落（poor T）**→リストM-03	21	business	zzziploc→リストS-31
11	bullet trains	**同化**→リストM-07			

STEP 5　STEP 4のルールと意味の句切れ目とイントネーション、内容語・機能語などを意識してスクリプトを読み上げてみましょう。音声は、アメリカ人男性ナレーター→アメリカ人女性ナレーター→日本人著者の順に3回読み上げられます。 DL-057

In Japan, ↓
onboard kitchens ↑ and dining cars ↑
have been eliminated ↑ from most bullet trains ↑ as well. ↓
It's sad to see ↑ glamor from the past ↑ disappear, ↓
but that's no reason ↑ to keep ↑
an unprofitable business ↑ running. ↓

※白色ハイライトは内容語

複合名詞・形容詞などひとかたまりで発音する単語

▸ onboard kitchens／dining cars／bullet trains

注意すべきアクセントの位置

▸ **onboard** (ONboard) [**aan**·bord]｜第1音節にアクセント。onは「アン」に近い音で発音します。

▸ **eliminated** (eLIminated) [uh·**li**·muh·nay·tuhd]｜第2音節にアクセント。過去分詞形の-ed部分は-idと発音します。

▸ **bullet** (BUllet) [**bu**·luht]｜第1音節にアクセント。

▸ **glamor** (GLAmor) [**gla**·mr]｜第1音節にアクセント。glaの部分のaは「あ」の口で「え」で発音します。

STEP 6　STEP 5までの発音やリズム（句切れ目）に慣れてきたら、音声をもう一度聞きながらシャドーイングしてみましょう。

Column

アムトラックは、アメリカ東海岸で運行している夜行列車です。1971年の創業以来、アムトラックは一貫して食堂車でサービスを提供してきました。しかし、同社は食堂車を廃止すると発表しました。鉄道の旅を象徴する存在だった食堂車ですが、今後は、調理済みの料理を提供する「フレキシブル・ダイニング・サービス」に代わるそうです。

食堂車サービス廃止のニュースは、インターネットで反発を呼ぶとともに、知らない人と隣り合わせで夕食を取るよりも自分の個室で過ごすことを好むミレニアル世代の傾向が挙げられています。

Unit

58 College Admissions

STEP 1〜STEP 6の順に進みながら、スピーキングに必要な英作文する思考を養い、発音力とスピーキング力を鍛えましょう！

STEP 1 テーマの説明を読んで、理解を深めましょう。

An American actress who starred in *Desperate Housewives* has been sentenced to 14 days in prison for her involvement in a college admissions scandal. She admitted to paying $15,000 to have her daughter's exam answers secretly corrected.

『デスパレートな妻たち』に出演していたアメリカの女優が、大学入試のスキャンダルに関与したとして、14日間の禁固刑を言い渡されました。彼女は、娘の試験の答案をこっそり添削してもらうために、1万5千ドルを支払ったことを認めました。

＊star「出演する」

STEP 2 テーマに関する、簡単なスピーチ（自分の意見）を述べてみましょう。次の日本語を英語にするとどのようなスピーチになるか考えてみましょう。

回答例の日本語訳

名門大学への入学にはメリットがありますが、裏口入学は子どもにとって何の役にも立ちません。正しい手段で入学を果たした他の子どもたちにとっても、それは不公平です。

英作文のヒント

› 意見を述べるときの視点・考え方のヒント

▸裏口入学してまで入学する意味は？ お金を出せばなんでもありなのか？ そもそも大学に行く意味は？ などの意見もありです。一方で、学歴がすごくコンプレックスという人もいてお金で解決できるならそれでいいと思うのであればそういう意見もありです。
多くの人が高校入試、大学入試など様々な入試を経験しているので、自分の受験エピソードを入れるのも良いでしょう。

▸アメリカと日本の入試の違いについて触れてみても良いでしょう。日本の入試のように一回の試験で日にちが決まって行われるわけではなく、願書、成績表、推薦表などの書類、共通テスト（SATなど）のスコアを順々に提出して評価します。一部の大学ではコロナをきっかけに共通テストがなくなってきているトレンドにあります。今回の事件では、共通テストの替え玉を用意したりなど子ども（本人）も知らないところで起きていたのはアメリカ独自の試験制度もあるのかもしれません。

> 単語・表現のヒント

prestigious college「名門大学」／**benefit**「利益；恩恵」／**fair**「公平」／**legitimate**「合法の；合法的な；適法の；正当な」／**get admitted**「入学を果たす；認められる」

STEP 3　回答例を確認しましょう。STEP 2の日本語から英語にするときに、どのような点を注意したら、より英語らしい表現になるか、解説を読んで確認してみましょう。

Getting into a [1]**prestigious college** [2]**has its benefits** but [3]**buying your way in is not helping your child in any way**. [4]**It's not fair to** other children who have [5]**taken the legitimate steps** to get admitted.

名門大学への入学にはメリットがありますが、裏口入学は子どもにとって何の役にも立ちません。正しい手段で入学を果たした他の子どもたちにとっても、それは不公平です。

スピーチ表現のポイント

1 ｜ prestigious college

▶ famous collegeよりもこのコロケーションで使うほうが圧倒的に多いです。prestigious universityでもOKです。

2 ｜ has its benefits

▶ its＝getting into a prestigious collegeを指します。

3 ｜ buying your way in is not helping your child in any way

▶ buying your way in＝「お金で…（学校、企業など）に入ること」。反対の意味にbuying your way out＝「お金を払って…（刑務所など）を出ること」という表現があります。ここでのin any wayは強調で「どんな方法でも」なので、「どんな方法でもお金を払って学校に入学する（裏口入学する）ことは子どもにとって何の役にも立たない」が直訳です。

4 ｜ It's not fair to ...

▶ fairの後に不定詞を置くとIt’s not fair to ...「…することはフェアではない」というフレーズになります。

例 > **It’s not fair to** cut in line.（列に横から入るのはフェアじゃない）

5 | taken the legitimate steps

▶ take steps to「…するための策を講じる；措置を取る」という意味のイディオムです。

例 > We need to **take steps to** improve the situation immediately.

（ただちにこの状況を改善するために、私たちは策を講じる必要があります）

STEP 4 回答例のスクリプトから、巻頭の「ルールハンティング・リスト」を使って、「ルールハンティング」しましょう。注意すべき発音をあらかじめ押さえます。

1Ge**tt**ing 2int**o a** prestigious 3c**o**llege 4**h**as 5it**s** 6benefit**s** 7bu**t** 8buyin**g y**our way 9**in is** 10no**t** 11helpin**g y**our 12chil**d in a**ny way. 13It'**s** 14no**t** fair 15**to o**ther children who 16**h**ave taken the 17 18**l**egitima**te** 19step**s** to 20ge**t** 21admitt**ed**.

ルール一覧

1	Getting	弱くなる音→リストM-08	12	child in any	連結→リストM-09
2	into a	w-insertion→リストM-04	13	It's	複数形・三単現・isの短縮のs→リストS-27
3	college	short O→リストS-10	14	not	tの脱落（poor T）→リストM-03
4	has	hの脱落→リストS-07	15	to other	w-insertion→リストM-04
5	its	所有格のs→リストS-22	16	have	hの脱落→リストS-07
6	benefits	複数形・三単現・isの短縮のs→リストS-27	17	legitimate	Light L→リストS-08
7	but	tの脱落（poor T）→リストM-03	18	legitimate	tの脱落（poor T）→リストM-03
8	buying your	変換→リストM-02	19	steps	複数形・三単現・isの短縮のs→リストS-27
9	in is	連結→リストM-09	20	get admitted	弱くなる音→リストM-08
10	not	tの脱落（poor T）→リストM-03	21	admitted	過去分詞形-id→リストS-19
11	helping your	変換→リストM-02			

STEP 5 STEP 4のルールと意味の句切れ目とイントネーション、内容語・機能語などを意識してスクリプトを読み上げてみましょう。音声は、アメリカ人男性ナレーター→アメリカ人女性ナレーター→日本人著者の順に3回読み上げられます。 DL-058

Getting into ↑ a prestigious college ↑ has its benefits ↓
but buying your way in ↑
is not helping ↑ your child ↑ in any way. ↓
It's not fair ↑ to other children ↑
who have taken ↑ the legitimate steps ↑ to get admitted. ↓

※白色ハイライトは内容語

複合名詞・形容詞などひとかたまりで発音する単語

▶ prestigious college／legitimate steps

注意すべきアクセントの位置

▶ **prestigious** (preSTIgious) [pruh·**sti**·juhs] ｜第2音節にアクセント。-giousの部分は「ジャス」。

▶ **legitimate** (leGItimate) [li·**ji**·tuh·mit] ｜第2音節にアクセント。アクセントの部分は「ジ」。語末のmateは「ミット」に近い音で発音します。

▶ **admitted** (adMItted) [uhd·**mi**·tuhd] ｜第2音節にアクセント。過去分詞形の-edの部分は-idと発音します。

STEP 6 STEP 5までの発音やリズム（句切れ目）に慣れてきたら、音声をもう一度聞きながらシャドーイングしてみましょう。

Column

アメリカ史上最大の不正（裏口）入試事件で、有名女優や企業幹部など50名ほどが、アメリカの検察当局に訴追されました。師弟を名門大学に裏口入学させたことが原因です。この中には、テレビの人気ドラマ『デスパレートな妻たち』などに出演している女優フェリシティ・ハフマンや、『フルハウス』のロリ・ロックリンなども含まれています。カリフォルニア州の入試対策企業が賄賂や替え玉、写真の捏造を手段として、さまざまな不正入試を行っていたのです。

Unit

59 Apple

STEP 1〜STEP 6の順に進みながら、スピーキングに必要な英作文する思考を養い、発音力とスピーキング力を鍛えましょう!

STEP 1 テーマの説明を読んで、理解を深めましょう。

Apple announced it will offer new iMac colors for the first time in 20 years. New iMacs are available in teal, blue, purple, yellow, orange and red.

Apple社は20年ぶりにiMacでのカラーバリエーションの提供を発表しました。新しいiMacは、ティール、ブルー、パープル、イエロー、オレンジ、レッドで購入可能です。

STEP 2 テーマに関する、簡単なスピーチ（自分の意見）を述べてみましょう。次の日本語を英語にするとどのようなスピーチになるか考えてみましょう。

回答例の日本語訳

ボンダイブルーのiMac G3を思い出しました。学校の図書館で見かけて、とてもきれいだと思いました。Apple製品はシルバーが主流のため、カラーバリエーションが登場するのは、購入者にとっては嬉しいものです。

英作文のヒント

> 意見を述べるときの視点・考え方のヒント

▸ボンダイブルーは、オーストラリアのボンダイビーチが由来だと思われます。カラーバリエーションを出すということは、新商品開発が結構苦しい（商品が売れていないから、目新しさを出すために色を出している）ということでもあります。スティーブ・ジョブズはシルバーが好き（車もシルバーが好き）でした。そのため、シルバー主流の商品が多いのでしょう。このような情報を知っている人は少ないと思いますが、知っている情報があれば取り入れて意見を言うと説得力が増します。

▸まずは一般的には、自分がアップル好きか好きではないかという意見を入れると良いです。アップルは強烈に好きな人もいるし、そうでない人もいるので意見が分かれるところです。

› 単語・表現のヒント

Bondi blue iMac G3「ボンダイブルーのiMac G3」／**school library**「学校の図書館」／**come in ...**「…で売られる」／**color variations**「カラーバリエーション」

STEP 3 回答例を確認しましょう。STEP 2の日本語から英語にするときに、どのような点を注意したら、より英語らしい表現になるか、解説を読んで確認してみましょう。

I remember the Bondi blue iMac G3. I saw [1]**one** in the school library and thought **it** was so beautiful. [2]**Since** Apple [3]**products usually come in** the iconic silver [4]**, when** color variations are introduced, it's exciting for customers.

ボンダイブルーのiMac G3を思い出しました。学校の図書館で見かけて、とてもきれいだと思いました。Apple製品はシルバーが主流のため、カラーバリエーションが登場するのは、購入者にとっては嬉しいものです。

スピーチ表現のポイント

1 | one, it

▶ 繰り返しの語は代名詞で置き換えましょう。one＝the Bondi blue iMac G3, it＝the Bondi blue iMac G3 in the school library。なぜ、同じものを指すのにoneとitになっているかと言うと、oneは「そのうちのひとつ」を見たということで、the Bondi blue iMac G3の1台。itは「学校の図書館にあったもの」を指しているのでitになります。

2 | Since ...

▶ Since ...「…だから」と理由や原因を表すときは接続詞です。その後に主語＋動詞がきます。現在完了形の「継続用法」の中で使うsince ...は「…以来」の意味になります。

3 | products usually come in ...

▶ come in ...という句動詞「…で発売される」という意味です。inの後は色やサイズが通常きます。

4 | , when

▶ Sinceという接続詞の中にもうひとつの接続詞、whenを入れても良いという好例です。

例 › Since Tokyo is under a state of emergency**, when** I take a walk I make sure to wear a mask.

（東京は緊急事態宣言下なので、散歩するときは、マスクを必ずつけます）

STEP 4 **回答例のスクリプトから、巻頭の「ルールハンティング・リスト」を使って、「ルールハンティング」しましょう。注意すべき発音をあらかじめ押さえます。**

I [1]**r**emember the [2]B**o**ndi blue iMac G3. I saw [3]**one i**n the school library and [4] [5]**th**ough**t** [6]i**t** was so [7]beau**t**iful. [8] [9]**S**in**ce A**pple [10]produc**ts u**sually [11]co**me i**n the iconic silver, when [12]col**or** [13]variation**s** [14]**are** [15]**i**ntroduce**d**, [16]it'**s e**xciting [17]**for** [18]customer**s**.

ルール一覧

1	**r**emember	本当のr→リストS-30	10	produc**ts** **u**sually	連結→リストM-09
2	B**o**ndi	short O→リストS-10	11	co**me** **i**n	連結→リストM-09
3	**one i**n	連結→リストM-09	12	col**or**	リーダーのer→リストS-28
4	**th**ought	Voiceless th→リストS-13	13	variation**s**	複数形・三単現・isの短縮のs→リストS-27
5	though**t** it	弱くなる音→リストM-08	14	**are** **i**ntroduced	連結→リストM-09
6	i**t**	tの脱落（poor T）→リストM-03	15	introduce**d**	過去分詞形-t→リストS-19
7	beau**t**iful	弱くなる音→リストM-08	16	it'**s e**xciting	連結→リストM-09
8	**S**ince	CC-Lemon→リストS-02	17	**for**	forはフォ→リストS-05
9	Sin**ce A**pple	連結→リストM-09	18	customer**s**	複数形・三単現・isの短縮のs→リストS-27

STEP 5 STEP 4のルールと意味の句切れ目とイントネーション、内容語・機能語などを意識してスクリプトを読み上げてみましょう。音声は、アメリカ人男性ナレーター→アメリカ人女性ナレーター→日本人著者の順に3回読み上げられます。 DL-059

I remember ↑ the Bondi blue ↑ iMac G3. ↓
I saw one ↑ in the school library ↑
and thought ↑ it was so beautiful. ↓
Since Apple products ↑ usually come in ↑ the iconic silver, ↓
when color variations ↑ are introduced, ↓
it's exciting ↑ for customers. ↓

※白色ハイライトは内容語

複合名詞・形容詞などひとかたまりで発音する単語

▸ Bondi blue／school library／Apple products／color variations

注意すべきアクセントの位置

▸ **iconic** (iCOnic) [ai·**kaa**·nuh] ｜第2音節にアクセント。アクセントのあるcoの部分は「カ」に近い音で発音しましょう。

▸ **variations** (variAtions) [veh·ree·**ay**·shnz] ｜第3音節にアクセント。アクセントのあるaは「エィ」と発音します。-tionsは、「シュンズ」。

STEP 6 STEP 5までの発音やリズム（句切れ目）に慣れてきたら、音声をもう一度聞きながらシャドーイングしてみましょう。

Column

グリーン、イエロー、オレンジ、ピンク、パープル、ブルー、そしてシルバーなどの多彩なカラーをそろえ、新しいiMacのデザインは他のどんなコンピュータも真似できないような形であらゆる空間を好みに合わせてレベルアップさせます。iMacは、ユーザーがコンテンツに集中できるように、前面にはより柔らかなカラーとより細い外枠を採用する一方、背面は大胆で彩り豊かな色合いで目を引きます。シンプルなデザインを完成させるため、iMacには磁石で取り付けられる新しい電源コネクタと、美しく編み込まれた同色の2メートルのケーブルが付属しています。

Unit

60 Language Extinction

STEP 1〜STEP 6の順に進みながら、スピーキングに必要な英作文する思考を養い、発音力とスピーキング力を鍛えましょう！

STEP 1 テーマの説明を読んで、理解を深めましょう。

A fifth of the world's 7,000 languages will be out of use or dead by the end of the century. Languages and cultures are becoming extinct at a rapid speed.

今世紀末には世界の7,000言語のうち5分の1が使われなくなるか消滅します。言語と文化は急速なスピードで失われつつあります。

STEP 2 テーマに関する、簡単なスピーチ（自分の意見）を述べてみましょう。次の日本語を英語にするとどのようなスピーチになるか考えてみましょう。

回答例の日本語訳

言語は文化を具現化したものであり、人類に新たな視点を与えてくれます。文化的な観点から見ても、言語の保存は非常に重要です。

英作文のヒント

› 意見を述べるときの視点・考え方のヒント

▸言語を勉強している人として言語に関する知識は知っておくといいでしょう。世界がグローバル化すればするほど言語が減っていく可能性があります。言語数がどんどんなくなり、まとまっていくほうがいいのか、色々な言語が存在していたほうがいいのか、いずれかの立場で述べると良いです。

▸例えば日本語の「お疲れ様」が他の言語では簡単に言い換えられないということを考えるとどうでしょうか。文化的なものを表す語は他の言語に翻訳しにくいのです。そう考えると、その文化を表すツールとしての言語は非常に重要だと言えます。この意見文では具体例はないものの、その立場に立って述べられています。

▸公用語話者数ランキングを見ると1位が英語で約14億人。その次に中国語の10億人、ヒンディー語の7億、スペイン語、ロシア語、フランス語、アラビア語と続きます。日本語は母語話者数ランキングで見ると9位で1億2000万人ほどいるのですが、公用語話者数になると、一気にランキングから下がってしまいます。英語を公用語として話す人が10億人以上いるのは「世界一の国際（共通）語」と呼ばれるゆえんです。

› 単語・表現のヒント

tangible「具体的な」／representation「表現したもの」／provide「与える」／humankind「人類」／perspective「視点」／preservation「保存」

STEP 3 回答例を確認しましょう。STEP 2の日本語から英語にするときに、どのような点を注意したら、より英語らしい表現になるか、解説を読んで確認してみましょう。

Language is a [1]tangible representation of culture. [2]It provides [3]humankind with new perspectives. [4]From a cultural point of view, language preservation is [5]extremely important.

言語は文化を具現化したものであり、人類に新たな視点を与えてくれます。文化的な観点から見ても、言語の保存は非常に重要です。

スピーチ表現のポイント

1 | tangible representation

例 › The Olympic flag is a **representation** of international unity.
（オリンピックの旗は地球的な結束を表している）

▸ 法廷で自分の弁護人として立ってくれる人もrepresentationと言います。

2 | It provides humankind with new perspectives.

▸ It provides A with B「AにBを与える」という意味のイディオムです。

例 › Vaccines **provide** people **with** protection against COVID-19.
（ワクチンは人々を新型コロナから保護してくれる）

3 | humankind

▸ ここでhuman ではなくhumankind「人類」という語を使うのは、話しているテーマのフォーマル度に合わせているためです。

4 | From a cultural point of view

▸ culturalのほかに、historical, business, different, artisticなどの形容詞がくることが多いです。From the point of view of ...「…の視点では」、From my point of view「私の視点では」という表現も使えるようになりましょう。

5 | extremely

▸「極めて」。「非常に」をさらに強調した語。very<extremelyだと考えておけばOKです。類語にextraordinarily「通常ではなく；非常に」、exceptionally「群を抜いて」が

ありますが、ここでは置き換えられないので単純な比較はできません。

例 > He is exceptionally outstanding.（彼は群を抜いて優秀だ）

STEP 4 回答例のスクリプトから、巻頭の「ルールハンティング・リスト」を使って、「ルールハンティング」しましょう。注意すべき発音をあらかじめ押さえます。

1 Langua**ge is a** 2 3 tangib**le** 4 5 6 **r**e**pr**esentatio**n o**f culture. 7 I**t** 8 provide**s** humankind with new 9 perspective**s**. 10 Fro**m a** 11 cultura**l** 12 poin**t o**f view, 13 **l**anguage 14 preservatio**n is e**xtremely 15 16 17 imp**ort**an**t**.

ルール一覧

1	Langua**ge is a**	連結→リストM-09	10	Fro**m a**	連結→リストM-09
2	tangible	えの口であ→リストS-17	11	cultura**l**	Dark L→リストS-03
3	tangib**le**	Dark L→リストS-03	12	poin**t o**f	連結→リストM-09
4	**r**epresentation	本当のr→リストS-30	13	**l**anguage	Light L→リストS-08
5	re**pr**esentation	子音クラスター→リストS-20	14	preservatio**n is e**xtremely	連結→リストM-09
6	representatio**n o**f	連結→リストM-09	15	imp**or**tant	スポーツのor→リストS-24
7	I**t**	tの脱落（poor T）→リストM-03	16	impor**t**ant	小さいつ→リストM-06
8	provide**s**	複数形・三単現・isの短縮のs→リストS-27	17	importan**t**	tの脱落（poor T）→リストM-03
9	perspective**s**	複数形・三単現・isの短縮のs→リストS-27			

STEP 5　STEP 4のルールと意味の句切れ目とイントネーション、内容語・機能語などを意識してスクリプトを読み上げてみましょう。音声は、アメリカ人男性ナレーター→アメリカ人女性ナレーター→日本人著者の順に3回読み上げられます。 DL-060

Language is a ↑
tangible representation ↑ of culture. ↓
It provides humankind ↑ with new perspectives. ↓
From a cultural ↑ point of view, ↓
language preservation ↑ is extremely important. ↓

※白色ハイライトは内容語

複合名詞・形容詞などひとかたまりで発音する単語

▸ language preservation

注意すべきアクセントの位置

▸ **tangible** (TANgible) [**tan**·juh·bl] | 第1音節にアクセント。-bleは子音クラスターなので母音を入れないように。

▸ **representation** (represenTAtion) [reh·pruh·zen·**tei**·shn] | 第4音節にアクセント。sen部分は「ゼン」と発音します。

▸ **perspectives** (perSPECtives) [pr·**spek**·tuhvz] | 第2音節にアクセント。-tivesは「ティブズ」というよりも「リブズ」と発音します。

▸ **extremely** (exTREMEly) [uhk·**streem**·lee] | 第2音節にアクセント。アクセントのあるtreの部分は少し伸ばし気味に発音します。

STEP 6　STEP 5までの発音やリズム（句切れ目）に慣れてきたら、音声をもう一度聞きながらシャドーイングしてみましょう。

Column

現在使われていることが確認されているのは世界で7,097言語あります。グローバル化や少数民族の人口減などの様々な理由によって話者がいなくなって、失われつつある言語もあります。
大半の人が使用している言語はたった20数言語で90%もの言語が2100年には消滅または消滅しかかっているだろうという説もあります。
母語話者数で見ると、中国語、スペイン語、英語、ヒンディー語の順に多いのですが、これは人口の多さによるもので、世界で話されている言語の1位はやはり英語なのです。英語を第一言語とする国に加え、公用語・準公用語とする国をあわせると50カ国以上あり、その数は14億以上とも言われています。

学校紹介

▶ 株式会社コミュニカについて

COMMUNICA

株式会社コミュニカは、独自に開発したメソッドを通して、未来を築き、世界で通用する人材を育成しています。講演・研修、コンサルティング、経営塾、英語塾など幅広い事業を手がけています。代表取締役会長は山元賢治氏が、代表取締役副社長は本書著者である小西麻亜耶氏が務めています。経営塾（別名、山元塾）を主に山元氏が、英語塾（別名、コミュニカ英語塾）を小西氏が担当しています。

▶ ビジョン＆ミッション

MISSION 01 Create your future「あなたの未来をあなたの手で—山元塾を通じてつながる—」
人口減少でマーケットそのものが縮小する今こそ、グローバルな世界で活躍できる人材が必要とされています。変革期にある日本のリーダーを育てるため、講演、研修、顧問、カウンセリング活動を通して、グローバル・リーダーに必要な方法論や覚悟について伝承していきます。次世代の坂本龍馬の発掘を目指しています。自分や自分の会社の未来を自分の手で創造することが大切です。

MISSION 02 Design your English「あなた自身の英語をデザイン—コトバこそ最大の自己表現—」
唯一絶対の「正しい英文法」なるものは存在しません。ことグローバリゼーションが急速に進んでいる現代においては、世界のスーパーパワーであるアメリカの英語をプロトタイプとする中心から様々な方向にWorld Englishesが広がっているというのが実情です。いつまでも机上の空論でしかない「正しい英語」を身につけようともがくのではなく、いかに自己表現を英語でするかに発想を転換してみませんか。「間違いを恐れながら学ぶ英語から、自分らしさを追求する英語へ」それが Design Your Own Englishの理念です。

MISSION 03 Visualize your Career「あなたのキャリアを描き出す—自分の道を進む—」
自分が本当に何をしたいのか、どんな職業につきたいのか、どんな時に達成感を感じるのか、それさえも決められずに彷徨っている状況が、年齢に限らず、現代の多くの日本人がもっている一番大きな悩みのように見えます。どのようなキャリアに進むべきか悩んでいる人や高校生・大学生への講演・研修を通して未来のキャリアをイメージするお手伝いをしています。

代表取締役社長　山元賢治氏紹介

1983年 日本IBM株式会社
1995年 日本オラクル株式会社
1999年 イーエムシー ジャパン株式会社（2001年 副社長）
2002年 日本オラクル株式会社 取締役専務執行役員
2004年 アップルコンピュータ株式会社 社長兼米国アップルバイスプレジデント
2012年 株式会社コミュニカ　CEO & Founder

神戸大学卒業後、日本IBMに入社。日本オラクル、ケイデンスを経て、EMCジャパン副社長。2002年、日本オラクルへ復帰。専務として営業・マーケティング・開発にわたる総勢1600人の責任者となる。2004年にスティーブ・ジョブスに指名され、アップル・ジャパンの代表取締役社長に就任し、iPodビジネスの立ち上げからiPhoneを市場に送り出すまで、国内の最高責任者としてアップルの復活に大きく貢献。現在は株式会社コミュニカのCEO兼Founderとして自らの経験をもとに、「これからの世界」で活躍できるリーダーの育成、英語教育に力を注いでいる。

著者紹介

小西麻亜耶

Konishi Maaya

株式会社コミュニカ取締役副社長。

18 歳のときに米ハーバード大学で言語学に出会う。2007 年に慶応義塾大学を卒業後、米コロラド大学で言語学の修士過程に進学、首席にて卒業。2009 年に三菱 UFJ モルガン・スタンレー証券に入社。NTT データや豊田通商の M&A 案件のアドバイザリー担当としてキャリアをスタート。2011 年に日英同時通訳・翻訳家として独立。投資家ジム・ロジャースの講演の逐次通訳やペットフードのヒルズコルゲート社長の専属通訳などを担当。2012 年に元アップル・ジャパン社長山元氏にその英語力を認められ株式会社コミュニカに入社。独自に開発した英語発音矯正プログラムで、全国から集う生徒は 3,000 名以上。「英語を諦めない」「話せない人には聞こえない」「聞き返されない英語」をモットーに英語教育に力を注いでいる。著書に『人生を変える英語力』（大和書房）、『世界でたたかう英語』（ディスカバー・トゥエンティワン）、『10 秒リスニング』（三修社）など。

音声ダウンロード・ストリーミング

① PC・スマートフォンで本書の音声ページにアクセスします。
https://www.sanshusha.co.jp/np/onsei/isbn/9784384060515/

② シリアルコード「06051」を入力。

③ 音声ダウンロード・ストリーミングをご利用いただけます。

編集協力　本多真佑子
校正協力　長尾和夫／トーマス・マーティン／ Brooke Lathram-Abe
カバー・本文デザイン　上坊菜々子
カバーイラスト　Yunosuke
DTP　小林菜穂美
翻訳協力　鈴木奈々

10秒スピーキング

2022年9月30日　第1刷発行

著　者　小西麻亜耶
発行者　前田俊秀
発行所　株式会社 三修社
〒150-0001　東京都渋谷区神宮前2-2-22
TEL03-3405-4511　FAX03-3405-4522
https://www.sanshusha.co.jp
振替　00190-9-72758
編集担当　竹内正明
印刷・製本　日経印刷株式会社

ISBN 978-4-384-06051-5 C2082